并购
全景洞察
方法与实战启示

米度并购 李　敏　张维明◎编著

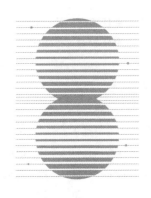

中国财富出版社有限公司

图书在版编目（CIP）数据

并购全景洞察：方法与实战启示 / 米度并购，李敏，张维明编著. -- 北京：中国财富出版社有限公司，2025. 2. -- ISBN 978-7-5047-8365-3

Ⅰ. F279.21

中国国家版本馆CIP数据核字第2025GR4588号

策划编辑	杜 亮	**责任编辑**	杜 亮	**版权编辑**	武 玥
责任印制	苟 宁	**责任校对**	孙丽丽	**责任发行**	董 倩

出版发行	中国财富出版社有限公司			
社　址	北京市丰台区南四环西路188号5区20楼		**邮政编码**	100070
电　话	010-52227588 转 2098（发行部）		010-52227588 转 321（总编室）	
	010-52227566（24小时读者服务）		010-52227588 转 305（质检部）	
网　址	http://www.cfpress.com.cn	**排　版**	宝蕾元	
经　销	新华书店	**印　刷**	宝蕾元仁浩（天津）印刷有限公司	
书　号	ISBN 978-7-5047-8365-3 / F·3790			
开　本	710mm×1000mm 1/16	**版　次**	2025 年 3 月第 1 版	
印　张	22.5	**印　次**	2025 年 3 月第 1 次印刷	
字　数	312千字	**定　价**	68.00 元	

推荐序

在资本市场的宏大舞台上，并购交易一直是引人注目的焦点之一，它蕴含着无限的机遇与挑战。我认为并购重组不仅有利于企业做大做强，能够打造出行业龙头企业；有利于上市公司进行结构调整，提高上市公司质量；有利于创新型和新质生产力型企业借助上市公司重组进入资本市场；还有利于提高行业集中度，克服内卷式恶性竞争。我把这归纳为并购重组的"四个有利于"。对于企业与行业而言，并购重组可以说是企业实现跨越式发展、产业实现转型升级的重要发展策略。李敏是国内资本市场中专注并购这一赛道的专业人士，我希望中国的企业家以及其他各种市场力量通过阅读这本书，不断加深对并购市场的理解与感悟，共同推动这一市场的发展。

我过去在中国建材和国药集团的工作中，是一路并购整合走过来的，那是一段既充满挑战又收获颇丰的历程。在企业发展的关键时期，我提出并成功实践了并购战略，大家对我给被重组者端出的"三盘牛肉"尤为感兴趣。这个战略是紧密结合当时建材行业产能过剩、资源分散的实际状况，经过深思熟虑与反复实践形成的。通过并购，即"选好并购对象""整合好并购企业""做好市场协同"，我们成功整合了近千家企业，将原本分散的建材企业凝聚成一个有机整体，实现了规模经济与协同效应。我也把在建材领域的重组经验带到了国药集团，在国药集团重组了近700家企业，构建起了全国性的医药分销网络。

多年的并购实践让我深刻认识到，并购绝非简单的资产买卖，而是一项复杂的系统工程，需要深厚的专业知识、敏锐的市场洞察力以及卓越的整合能力。要在并购领域取得成功，持续学习与不断总结至关重要。所以，当我翻开米度团队的这本关于"并购交易"的最新著作时，内心充满喜悦。

这本书内容丰富而深刻，对并购交易的各个方面进行了全面而深入的剖析。书中精心选取了大量中外资本市场的经典并购案例，这些案例涵盖了不同行业、不同规模、不同发展阶段的企业，具有很强的代表性。从互联网巨头的跨界并购，到传统制造业的产业整合，每一个案例都像是一个生动的故事，将并购过程中的战略决策、交易谈判、风险防控以及整合协同等关键环节一一展现在读者面前。通过对这些案例的研读，读者仿佛置身于并购的第一线，能够真切感受到并购过程中的惊心动魄与智慧较量，从中汲取宝贵的经验教训。

在成功经验的总结方面，这本书深入挖掘了每一个成功并购案例背后的核心要素，提炼出了一系列具有普适性的成功经验。例如，在并购前对目标企业进行全面而细致的尽职调查，不仅要关注财务状况，还要深入了解其企业文化、核心竞争力以及潜在风险；在并购谈判中，要善于把握双方的利益平衡点，实现互利共赢；在并购后的整合过程中，要注重文化融合、业务协同以及人员稳定，确保并购的协同效应得到充分发挥。这些经验都是经过实践检验的，对于并购从业者而言，具有一定的参考价值。

尤为值得一提的是，本书还系统地阐述了众多实用的交易方法，李敏以诙谐幽默的方式阐述了并购交易中各种"疑难杂症"的解决方案，包括避免业绩暴雷、弹性对赌安排等，这是她从成功实践中归纳出来的方法论。

在当前的政策环境下，新"国九条""并购六条"等一系列政策的积极出台，为并购市场注入了新的活力，也标志着并购市场未来将进入一个全新的发展时期，这些政策将并购重组提升到了资本市场战略层面的高度，为企业通过并购实现转型升级、优化资源配置提供了更为广阔的空间和有力的支持。身处资本市场的企业家正在积极拥抱变革，深入研究并购市场的新趋势、新机遇，勇于实践，不断提升自身的并购能力，在这个过程中，我也很乐意为并购市场添砖加瓦的建设者鼓与呼。

宋志平

2025 年春

推荐序

我和李敏认识的时候，她刚开始做律师不久，总是行色匆匆，每天有忙不完的工作。一晃 20 多年过去了，她依旧活跃在资本市场一线，只是服务的对象更广了，对资本市场的理解更深了。

2024 年 9 月 24 日，证监会发布《关于深化上市公司并购重组市场改革的意见》，主要内容共六条（简称"并购六条"）。这是继 2024 年 4 月 12 日发布的《国务院关于加强监管防范风险推动资本市场高质量发展的若干意见》（简称新"国九条"）后出台的又一重磅新政。

"并购六条"出台后，我和李敏做了很深入的探讨，主要基于在政策鼓励的大背景下，上市公司如何快速实现质的飞跃，如何少走弯路不走错路，我们如何帮助上市公司有效地推进并购工作等。李敏告诉我，她创办米度并购的使命就是要让股权交易不再难，愿景就是要帮助中国 1000 名企业家实现 10 倍数的增长，这与我要做的工作十分契合。

中国上市公司协会是中国证监会领导下的全国性自律组织，服务于上市公司实现高质量发展是协会的重要工作之一。目前，提高上市公司质量主要从存量和增量两个关口把关，除了对 IPO 增量公司把好入口关，并购重组也是提高存量上市公司质量的一个重要抓手，有利于促进企业转型升级，防范风险。

近年来，上市公司加大了对新技术、新产品的研发投入，成为科技成果转化、传统产业转型、新质生产力发展的主力军。2024 年出台的新"国九条"体现了党中央、国务院对资本市场的重视和期望。随着证监会"科八条""并购六条"以及中长期资金入市等"1+N"政策框架的渐次落地，在并购市场呈现出五大积极变化：一是央国企的并购重组提速；二是前几年热衷于蹭热点炒概念的并购重组让位于上下游的产业整合；三是科创型并购迅速活跃，战略新兴行业的并购重组在整个并购市场里占比达到50%；四是市场化特征非常明显，更加富有商业逻辑；五是产业投资并购渐成趋势，有实力的上市公司正在科技创新等领域发挥越来越重要的引领作用。

新时期的并购不能延续原有的老路，我们在过去的并购实践中出现了一些问题，根源在于我们始终在摸着石头过河，没有真正理解资本市场的作用以及并购交易的机遇和风险并存。我很开心的是，李敏能够带领她的米度团队从市场第一线的角度撰写本书，从经典案例和方法论这两个维度，为并购市场提供学习工具和实操手册。这本书既适合被并购方也适合并购方阅读，还适合市场各个层面的并购从业人员阅读。

未来，随着经济回暖、信心恢复、监管政策工具的逐步释放，并购市场将迎来新机遇，大有可为。

孙念瑞

中国上市公司协会

2024 年 12 月

推荐序

知道老同事兼师妹李敏带领团队完成这本专著，我非常高兴受邀为本书作序。

李敏曾经是中伦律师事务所的合伙人，她的加入给中伦带来了很多创新的业务以及出色的业绩。人们都说女律师是女强人，而李敏则是强人中的强人，她永远不知疲倦地奔跑在业务一线，其对上市公司证券事务的深刻理解和钻研能力至今还被中伦同事津津乐道。2018 年前后，李敏逐步淡出中伦。她创办了米度基金和米度并购，不仅接连成功投资多家 IPO 企业，更在中国资本市场进入存量博弈阶段后专注于并购交易市场，成功案例从韩国并购到军工并购，从破产重整到问题纾困，米度并购已成为近年来 A 股市场颇有名气的并购精品投行。

2024 年是中国资本市场新一轮"并购元年"，在新"国九条"和"并购六条"等一连串政策支持下，并购热潮在 2024 年下半年被重新点燃。有别于数年前的并购热潮中上市公司围绕"市值"做并购，在新的经济形势下，现在的主流并购要求围绕"产业"做整合，这给上市公司的并购交易提出了更高的要求，也为并购市场从业人员提高并购交易的成功率和可持续性带来了挑战。

所以，我推荐有志于在并购领域有所成就的同仁能够阅读米度并购的这本书：这本书不同于蹭热点、博流量的并购书籍，它不但还原了资本市场诸多经典并购案例，还融合了近 20 年资本市场并购实战的经验总结；它深入浅出、由表及里地告诉读者一个完整的并购交易应该是什么样子，并购交易能够给上市公司带来什么样的积极变化；同时，这本书通过并购方法论、并购风险点及化解方法等一系列的实用工具，帮助上市公司打消并购焦虑，协助并购市场参与者设计和完善并购方案。

世人都说并购很难，但成功的经验值得我们不断学习。企业的发展之路充满了挑战与机遇，从模仿学习到超越，才能逐渐走出适合自己的发展道路。

"言中伦、行中虑"不仅是中伦律所的名称由来，也是其文化内涵。我相信无论是现在的中伦人，还是曾经的中伦人，都会在各行各业践行"言语合乎伦理法度，行为经过深思熟虑"的精神，并将此带到所有服务过的地方。希望李敏带领米度继续与所有中伦人携手前行，共同谱写中国资本市场并购市场的宏伟篇章。

张学兵

北京市中伦律师事务所

2024 年 12 月

推荐序

我和李敏是20多年的老友，初识于2003年，多次乘绿皮火车往返于北京和济南，一起完成了A股迄今为止唯一一例创投公司上市。她是市场为数不多的可以在律师、投行、投资等多个身份之间自如切换的专业人士。那个时期做并购还能坚持至今的人已寥寥无几，在这个市场中甚是稀缺。

跑步、写作、带娃、做各种境内外创新交易，她身上总是迸发出无穷的活力和创造力，好奇心让她不停地尝试资本市场的不同角色和各种交易。她酒品豪爽，曾替不会喝酒的我化解了很多尴尬，这也是20多年过去了，我还念念不忘，欣然提笔写序的原因之一。

她2017年放弃大律所合伙人的身份开始专注米度并购，并带领整个队伍在市场取得了不俗的业绩。无论是上市公司的破产重组，还是跨境并购，都给市场贡献了很多优秀案例。

如今她和团队又推出本书，书中集合了她和团队20多年并购实践所得，同时结合各种案例，从买卖双方的角度，详细分析了各方面临的风险和机遇，以及过程中应该考量的因素。并购本身就是实践的艺术，交易及整合成败，既考验参与各方的战略格局，也依赖执行过程中每一个细节的把握。这本一线人员切身实践所总结的经验教训之书，一定会对未来并购交易的参与人员有所启发。

当下，中国经济转型升级、企业治理优化、资本市场新陈代谢，都需要发展并购市场。在政策鼓励并购的大背景下，市场也开始慢慢活跃，因此，这本书又显得非常及时。相信在并购市场打拼20多年的老兵的一线经验，会带给大家不一样的启示。

刘晓丹

2024年12月

推荐序

在商业世界的浪潮中，真正能够跨越行业壁垒、实现认知升维的实践者弥足珍贵。张维明，这位曾与我并肩作战多年的伙伴，以他特有的敏锐、坚韧与创新精神，在职业征途中不断突破边界，如今又以投行人的身份，从学者的深度，将并购这一复杂命题凝练成书，实为幸事。作为他职业生涯的见证者，我欣然受邀为本书作序，既是对其过往积淀的肯定，亦是对未来探索的期许。

关于维明：从职业经理人到跨界思考者的蜕变

初次与维明相识是在 2014 年我加入 Sonos 作为大中华区总裁之时。彼时他初露锋芒，便展现出超越职级的全局视野——既能以技术思维拆解商业逻辑，又能以客户视角预判行业痛点。这一特质在后续的 Sonos 共事时期愈发鲜明：从产品本地化到商业合作生态搭建，他始终是那个"既能俯身解题，又能登高谋势"的团队核心成员之一。他主持的多个项目，表面是商业模式的创新，内核实为对行业价值链的重构。这种将战略思维与执行细节融会贯通的能力，在职业经理人中殊为可贵。

更令我欣赏的，是他对"终身学习"的践行。从外企高管到投行合伙人，赛道转换的背后，是他对商业本质的不懈追问。在米度资本，他并未停留在交易撮合的表层，而是以实业经验反哺资本逻辑，以并购案例为棱镜，透析战略协同与文化整合的深层规律。这种跨界的复合视角，恰是本书区别于同类著作的核心价值。

关于并购：从资本工具到战略艺术的进化

中国并购市场历经三波浪潮：2000 年代初的外资入华（如亚马逊收购卓越网，我有幸曾参与其中）、2010 年代的中企出海（消费与资源领域），以及当下技术驱动的产业整合。维明亲历其中两段历程，其观察兼具历史纵深感与时代前瞻性。本书中，他犀利指出当前并购市场的若干悖论：估值理性与战略冲动的博弈、短期财务回报与长期生态价值的割裂、全球化愿景与本土化落地的错位。这些洞见，正源于其横跨实业与资本的双重经验。

尤为可贵的是，本书超越了传统并购指南的工具性论述，将交易升华为"商业哲学的艺术"。书中对案例的剖析（如并购交易的"对赌陷阱"、三年对赌期后的"协同幻影"）展现难得的反思勇气；而对新兴趋势的前瞻（如国资并购的悖论与创新之路，并购参与方的困惑、错配与解决之道）则凸显战略预见性。这种既务实又思辨的写作态度，恰是当下浮躁市场亟须的清醒剂。

关于未来：在不确定中寻找确定性的方法论

站在 2025 年的节点，全球并购市场正经历范式转变：地缘政治重塑交易版图，AI 技术颠覆尽职调查模式，反垄断监管升级挑战交易设计。本书的出版恰逢其时，它不仅提供历史镜鉴，更构建了一套动态方法论——如何用"反脆弱思维"设计交易条款？如何在非对称信息中建立"动态估值模型"？这些原创框架，凝聚着维明及米度团队在硬科技、新消费等领域的实战心得。

作为读者，我特别关注第一部分第一篇文章《爱尔眼科：千亿市值成就之路》和第二部分第一篇文章《瞻前顾后：防治三年对赌期后业绩暴雷的五个方法》。前者充分展示了并购式发展的战略前景和路径，高屋建瓴；后者则系统化提出了并购交易中大家最担心的业绩暴雷问题的解决之道，脚踏实地。这与当年我们主导跨国并购时的经验遥相呼应，又因注入了中国本土智慧而更具普适价值。这种理论创新，正是一个实践者给予行业的最佳馈赠。

期许：以思想火种照亮实践迷思

推荐本书，不仅因其内容的厚度，更因其承载的行业责任。在资本愈发追逐短平快收益的今天，维明及米度团队选择以"慢思考"的姿态深耕并购本质，这种坚守令人敬佩。期待本书能启发更多从业者：并购不是财务报表的数字游戏，而是企业家精神的延续，也是产业生态的进化实验，更是商业文明的价值传承。

维明常笑言自己是个"跨界的闯入者"，但或许正是这种身份，让他摆脱路径依赖，在资本的冷峻与实业的热忱之间找到独特的叙事角度。此书是一个投行人的实战手记，是一位思考者的思想札记，更是中国并购市场进化史的鲜活注脚。

愿每一位读者都能从中照见自己的商业哲思，在不确定的时代，找到属于自己的确定性答案。

王汉华

亚马逊前全球副总裁兼中国区总裁

2025 年 2 月

推荐序

首先祝贺李敏和维明的新书《并购全景洞察——方法与实战启示》面世。

维明是我哈工大的师弟，但在学校期间我们交集不多。后来我们在北京校友会结识，因为有很多共同校友、圈子的交集，再加上同为哈工大子弟，十年来逐渐熟识。

结识伊始，我是理光软件研究所（北京）有限公司的董事长兼总经理，负责日本理光集团在中国的技术研发、技术孵化和 CVC 投资；维明是 Sonos 中国区副总，负责技术及战略合作业务。所以我们一起探讨的第一个项目是如何把 Sonos 的智能音响和理光的办公设备结合起来给客户提供更好的价值。第一次在理光开会，由于有日本同事参加，会议最终开成了中日英三种语言的多语言会议，我现在还记忆犹新。

2020 年维明转换赛道，加入米度资本从事并购类投行业务，介绍了李敏及团队给我。我们又一起探讨如何把理光集团的底层技术引入国内上市公司体系，一方面帮助理光推广技术，另一方面解决国内公司技术积累不够的问题，可以说是一个双赢的好想法。

虽然因为种种原因，项目最终没有成功落地，但我非常感谢维明和李敏给我提供了第一次学习并购相关知识的机会。

2021 年 11 月，我离开理光集团，加入联想控股股份有限公司做副总裁，负责早期技术孵化，再次有了和维明探讨合作的可能性。特别是最近几年市场各种情况变化，作为 IPO 之外的退出机制，并购也逐渐被大家重视起来。

其间我也看到维明他们积极在各种场合公益性地为大家做知识普及、宣传，深为钦佩。现在提前看到《并购全景洞察》新书样稿，我先睹为快，也和大家分享一下读后感。

本书分为两部分，第一部分是并购案例论，共有 12 个并购案例，覆盖不同行业、不同性质的公司，数据翔实，脉络清楚，每个案例都有作者的点评，夹叙夹议，画龙点睛。这本书不禁让我想起现在 AI 领域很火的一个词"蒸馏"，这些案例就像是并购界的学霸给我们这些小白"蒸馏"出了一个例题册，供我们事半功倍地学习相关知识。第二部分是并购方法论，内容包括理论和案例。方法总结得很生动，既有对囚徒困境这样耳熟能详的理论的新解释，也有像"三盘牛肉"这样鲜活的例子，特别是还有对很多行业的深刻解读。很多方法不仅适用于并购领域，还可以拓展到整个商业范畴。

我不是并购领域的专家，不敢说本书是能帮助大家打通任督二脉的武林秘籍，只是从一个行业小白的角度觉得受益匪浅，也推荐给大家。

于浩

联想控股副总裁

2025 年 2 月

推荐序

首先，热烈祝贺行动教育"校长EMBA"学员李敏的新书问世。

在企业经营中，并购作为快速扩张的关键路径，其高风险与高失败率要求企业家必须不断学习相关知识和技能。李敏此时推出本书，恰逢其时。书中不仅涵盖了多行业的并购案例与方法论，还深入探讨风险控制，为企业家提供了宝贵的参考与启示。

近年来，随着"国九条""并购六条"等政策的实施，资本市场迎来新的发展机遇，上市公司并购成为推动产业升级和增强市场活力的重要力量。李敏校长作为行动教育校长班的学员，长期专注并购领域。我有幸提前阅读书稿，深感其价值，特此推荐给希望在新经济常态下获得更多发展之道的朋友们。

企业发展有两条路径：内生式发展和外延式发展。在当前环境下，有些行业仅靠内生性增长已不足以应对挑战，并购成为整合产业链资源、吸引顶尖人才、增强竞争力、实现市值倍增的关键策略。

本书不仅详细解析了上市公司并购的经典案例，还提供了从策略制定到风险控制的全面指导，包含企业家、投资银行家、律师、会计师等并购交易参与者的宝贵经验。并购方法论是本书的核心内容之一。作者凭借深厚的专业知识和丰富的实践经验，系统地阐述了并购交易从前期策划、尽职调查，到谈判签约、整合实施的全过程。并且，每一个环节都有详细的操作指南和实用的技巧建议，从而为读者提供了一套完整而有效的并购操作手册。无论您是并购领域的新手还是资深专家，都能从中获得深刻的洞见和实用的操作指南。

在并购风险的把握及化解方面，本书详细梳理了并购过程中可能面临的各种风险，如法律风险、财务风险、整合风险等，并针对每一种风险提出了切实可行的应对策略。

在"国九条""并购六条"的政策指引下，本书更是紧密结合政策导向，深入解读政策对上市公司并购的影响。本书不仅帮助读者理解政策的内涵和意图，更指导读者如何在政策框架内制定合理的并购策略，充分利用政策红利，实现企业的快速发展。

总之，这本书是一本并购领域的工具书籍，我诚挚推荐这本书，希望它能像一盏明灯，为在复杂多变的并购环境中探索前行的企业家和从业者提供案例借鉴和工具支持。

李仙

行动教育联合创始人

2025 年 2 月

自　序

本书的策划从 2024 年 5 月开始，由于团队每天要进行大量的业务对接工作，文章撰写比较缓慢。当然我们也希望慢工出细活，但不知不觉中就等到了"并购六条"的出炉。

2024 年 9 月 24 日，证监会发布《关于深化上市公司并购重组市场改革的意见》，主要内容共六条，俗称"并购六条"。这是继新"国九条"后出台的又一重磅新政。

对于长期奋战在资本市场和并购市场一线的我们来说，这段时间以来，前来洽谈并购合作的企业明显增多，似乎有一种"十年寒窗无人问，一举成名天下知"的感觉。

我 1997 年研究生毕业，从券商投行出发，到律师、知名律所管理合伙人，再到做基金投资和并购交易，这二十几年来我见证了中国经济的腾飞和变革，也深刻感受到中国资本市场和上市公司的乱象："一管就死，一放就乱。"

我认为，新"国九条"和"并购六条"等政策组合拳是十年级别的政策，对中国资本市场和上市公司的影响会很深远。前两次十年级别政策的出现分别在 2004 年和 2013 年，前一次是股权分置改革，后一次是新股发行体制改革。而本次"并购六条"的发布，发生在过去大半年 IPO 近乎停摆、"保壳"条件被提高、问题公司面临应退尽退、禁止跨界并购、各种窗口指导对于并购十分不友好的背景下，这些使上市公司中的"差等生"惶惶不可终日，陷入一种无助的"等死"状态。

但实际情况是，从新"国九条"开始，监管就是坚定地鼓励并购的，但必须是正经并购，不鼓励投机取巧。让上市公司规范发展，价值不断提升，对投资人的吸引力不断加强，这是任何一国证券监管部门的核心使命。所以在当前市场下，上市公司必须有一个"翻新"，或者说价值重塑的过程，而这个过程中的核心工具就是并购。

2017年开始，我作别证券律师的身份，全力以赴创立米度并购这个新企业、新品牌。二次创业的赛道选择，是个重大的战略问题，我也是摸着石头过河，但是一些基本的、朴素的底层逻辑是清晰的。那就是要进入一个未来20年、30年市场极大、天花板极高的领域。

我认为，经过改革开放40余年，中国的发展阶段由个体民营企业蓬勃发展让位于生态竞争。股权的存量交易成为最大的市场，对存量交易的服务有极大的刚需，而供应者寥寥无几。显然，中国资本市场的并购就是这样一个广阔的领域，这便是我从事并购交易的决心来源。

经过短暂的摸索和沉淀，米度并购很快在并购市场崭露头角，成功的并购案例层出不穷。从广联航空并购成都的航空零部件公司和西安的飞机发动机零部件公司，到利安隆纵向整合润滑剂公司、出海并购韩国IPI公司，再到探路者跨境收购OLED芯片公司……近年来米度并购的成功案例遍布制造业、化工业、大消费领域、大健康领域、新能源产业、半导体产业等，帮助近百家上市公司进入其第二曲线、第三曲线。从2020年起，米度还深入参与多家上市公司和上市公司控股股东的破产重整：2020年围海集团、2021年实达集团、2023年金一文化。其中，不乏"化腐朽为神奇"的化解债务最大、审理效率最高的案例。

经过7年扎扎实实的拓荒，米度并购形成了一套自有打法，我将其总结为"六脉神剑"，也就是：产业视角、绑定买家、落地实效、金融为器、认知为魂、以终为始。其中，认知为魂、以终为始更是"真经"。认知为魂代表"知"，以终为始代表"行"，真正做到知行合一，威力无穷。

如今，米度并购作为中国并购投行界公认的一面旗帜，已经在国内五个城市设有办公室，同时也是全国工商联并购公会的理事单位，被广泛邀请参与各种业内论坛。

米度并购的成功，一方面源于我们对并购交易的热爱和坚持不懈，以及共同的价值观和愿景。我们的使命就是要让股权交易不再难，愿景是要帮助中国 1000 名企业家实现 10 倍数的增长。

另一方面，米度并购的"打法"汇集了我和各位合伙人二十几年成功的并购经验和总结，如今我们决心将这些经验的点点滴滴汇集到这本书中，呈现给大家。

对于每一家上市公司和其背后的实控人而言，并购是必须掌握的一门资本市场语言、一个工具。这就好比中考增加了一个科目，如果你不学，就相当于主动放弃了这科的成绩，你就在竞争中输在了起跑线上。

米度并购的核心合伙人包括来自中国资本市场一线投行、律所、会计师事务所、基金、银行、媒体、上市公司等领域的专业人士，在上市公司并购重组、产业并购、股权投资、企业治理和风险化解等领域积累了多年的实操经验。由于团队每个人的风格和经历不同，本书的每篇文章都会呈现出不同的文风，有的文字陈述不苟言笑，有的又如讲故事般娓娓道来。

本书分为两部分，第一部分是并购案例论，囊括了 A 股、港股和海外市场中经典的、具有代表性的成功案例，并融合了米度并购的观点，尽可能地还原交易本身，无论是读者还是上市公司管理层、专业的并购从业人员，都能够在阅读中身临其境地感受交易的魅力。

第二部分是并购方法论，囊括了并购交易中最实用、核心、关键、让人无法回避的"利益纠葛"，这是对米度并购打法精髓的提炼，也是米度并购各位合伙人多年奋斗在并购一线的经验总结。在这部分，我们从制造业的并购、锂电设备行业的并购、国有控股上市公司的并购入手，端出了"三盘牛肉"的并购理论，希望各个并购交易者能够首先认清自我、赢在起跑线上。我们还分析了并购尽调过程中可能产生的"陷阱"、并购交易中的"囚徒困境"，还原和回答了买方和卖方担心的各类问题，包括上市公司普遍担心并购对象业绩暴雷的问题……我们给出了行之有效和拿来即用的解决方法。我们希望，这不仅是一本过往案例的总结之书，还是一本时读时新的工具之书。

"并购六条"让并购市场"火"了，各家上市公司摩拳擦掌、跃跃欲试。对此，我们希望并购市场的各方能够认真学习并购，并基于公司的战略导向和长期主义来实施并购。因为没有产业基础，靠拍胸脯、赌业绩而来的并购，监管部门是不会相信的：一个把上市公司搞得乱糟糟的团队如何能驾驭好一块新的业务呢？我想，坚持战略导向、长期主义，才是获得监管部门支持的前提条件。

道阻且长，行则将至。中国的企业家，尤其是上市公司应当利用并购政策的这段窗口期，打下坚实的并购基础，这样才可从容地享受资本市场的红利，实现弯道超车。

李敏

2024 年 12 月

自 序

　　正如李健的那首《传奇》中表达的"只是因为在人群中多看了你一眼，再也没能忘掉你容颜"，我与米度资本结缘，并结识敏总于 2020 年 6 月的一次行业闭门论坛。感谢米度与敏总的信任和邀请，让我以 20 多年科技行业及外企老兵的身份，踏入了此前从未企及的投行及并购赛道。一路走来，从进入新领域的惶恐及自我怀疑，到参与做成首个并购交易的欣喜与庆幸，再到结合实战大量阅读并购书籍及案例后的触类旁通，以及后续实践中深入交易背后对交易艺术的思考、探究，甚至质疑，再到结合过往自身行业经验对交易背后的人性、产业性、产品性、企业性的洞察，在交易设计过程中成功地通过交易创新化解交易双方冲突的喜悦，我和米度人共同成长、相互守望。

　　并购交易之美，在于追问与思考，在于洞察与梳理，在于质疑与创新，在于信任与给予，在于困惑与释然的螺旋上升，在于成就人生价值的强烈渴望与未来不确定性的拉扯。

　　我们试图把一路走来的部分思考汇集成书，分享给大家。这里有我们的思考、我们的视角、我们的困惑，也有我们走出迷雾的欣喜，更有我们拾级而上的追问和自我审视。

　　我和我的伙伴们愿以此书为约，邀请各行业对并购有强烈兴趣和心存抱负的朋友加入我们。我们亦试图以出书为剑，与大家相约在并购交易的华山之巅，乘着并购时代这个浪潮，我们摔杯为号，扬眉剑出鞘。

　　最后，认知的分享充满了喜悦。本书之外，我们愿把米度为企业家们开发的《并购交易要点与陷阱》公益讲座 PPT 分享给大家，并不定期地举行线下研讨会。可通过关注米度公众号或添加微信 13511067653 索取文档或报名。

张维明

2025 年 2 月

目 录

能源汽车等领域占据重要地位并持续引领行业发展。

医药和华东医药并购逻辑清晰。远大医药借壳上市后，在多领域频繁并购，通过赋能放大其价值，实现收入递增。华东医药并购战略明确，并购优势标的推动收入与市值双增长。

规避，本文基于实操经验总结出五大解决方法。

规范与长效发展，提升企业运营自信，实现基业长青。

第一部分

并购案例论

01

爱尔眼科：千亿市值成就之路

李 敏

爱尔眼科（300015）是 A 股并购驱动研究者绕不开的一个灯塔，2009 年上市之后，业绩持续上涨，市值曾经一路飙升到将近 4000 亿元。业绩市值的持续增长依赖公司持续收购眼科医院。持续收购导致业绩持续增长，业绩增长导致公司持续高估值，高估值保证持续收购。但这种趋势性并购也可能并不可持续。在合适标的大幅减少的情况下，公司的成长性就会受限，市值就会下跌。

爱尔眼科 2003 年在长沙成立。在 2009 年上市之初，其营业收入仅为 6.06 亿元，净利润为 0.92 亿元，市值为 69 亿元；而 2023 年其营业收入达到 203.67 亿元，净利润为 33.59 亿元，市值为 1471 亿元。2021 年市值一度达到 3912 亿元。上市近 15 年来，收入翻了 32.6 倍；净利润翻了 35.5 倍，市值也翻了 20.3 倍。截至 2024 年 7 月 18 日，公司市值 1001 亿元①。

爱尔眼科取得这样指数级的成长，并购是其重要手段，米度试图抽丝剥茧，从中总结经验与路径。

---

① 资料来源：亿牛网，https://eniu.com/gu/sz300015#。

一、业务发展

1. 创始人

爱尔眼科实控人陈邦于 1965 年出生，湖南长沙人。他 20 岁开始创业，于 1990 年拿到海南椰树代理权后一夜暴富，而后在海南房地产市场赚得盆满钵满。1994 年海南房地产泡沫破灭，陈邦几近破产。陈邦从做眼科医生的妻子的口中了解到眼科治疗的市场机会，于 1996 年和战友在长沙开始"科室承包"创业之路，后在 2001 年收购了长沙钢厂职工医院，这是爱尔眼科首家医院，陈邦也由此走上了自建医院之路。2003 年，爱尔眼科医院有限公司正式成立。20 年后的"2023 年胡润百富榜"上，陈邦以 800 亿元的财富蝉联湖南首富。

2. 发展轨迹

2003 年成立爱尔眼科医院有限公司之后，雄心勃勃的陈邦没有安守单体医院，迅速在长沙、武汉、成都、沈阳开设 4 家爱尔眼科连锁医院。

2004 年，陈邦曾考虑让爱尔眼科在海外上市，但最终放弃。不过，2006 年爱尔眼科获得了世界银行旗下国际金融公司（IFC）800 万美元的贷款支持，2007 年又获得达晨财信的 1920 万元投资。从 2006 到 2009 年，爱尔眼科以平均每年超 50% 的速度成长。

2009 年，爱尔眼科在深交所创业板成功上市，以高达 61 倍的市盈率完成发行，融资 8.82 亿元。爱尔眼科上市以来收入的年均复合增长率为 28.8%，归母净利润的年均复合增长率为 32.31%。目前其在西班牙、新加坡还各有一家上市公司，3 家上市公司总市值超 1000 亿元。

爱尔眼科在 2009 年上市时仅拥有 19 家医院，截至 2024 年 6 月 26 日，爱尔眼科品牌医院、眼科中心及诊所在全球范围内共有 875 家，其中，中国内地 744 家（包括上市公司旗下 428 家、产业并购基金旗下 316 家），中国香港 8 家，在海外布局 123 家眼科诊所（美国 1 家、欧洲 108

家、东南亚 14 家），爱尔眼科通过并购实现了快速扩张。

虽然起步可能远远低于公立医院，但经过高效发展的爱尔眼科，已经不知不觉间在临床、教学、科研、人才等方面赶超行业龙头，在门诊量、手术量、营业收入等方面逐步占据更大的市场份额，效益日益凸显。同时，随着新十年战略的实施、国际化战略的深入推进，国际交流和合作的不断优化，公司整合全球资源的能力不断提高，全球一体化加速。爱尔眼科与 STAAR Surgical 合作成立 EVOICL 国际培训中心，与韩国 B&VIIT（江南明亮世界）眼科中心签署战略合作协议，与香港理工大学眼视觉研究中心（CEVR）建立战略合作；正式启用了达到全球领先水平的爱尔眼科国际临床培训中心，该中心包括三大理论区域、四大全技能眼科实操功能分区、百余台世界一流眼科仪器设备，同时配备全球最大体量眼科虚拟设备，为全球的眼科医生学习眼科技术创造了条件；启动了国际屈光手术专科医生培训项目，完成了由科学技术部国际合作司主办、爱尔眼科医院集团承办的"第九届白内障防治技术国际培训班"，顺利完成与香港理工大学战略合作框架下的视光人才临床培养项目，获得第 18 届世界眼科医院协会年会主办权和第 19 届世界近视眼大会的主办权。

回首 2009 年首批在创业板上市的 28 家公司，金亚科技（300028）已经退市，市值 30 亿元以下的企业有 3 家（占比 11%），市值 30 亿~100 亿元的企业有 13 家（占比 46%），市值>100 亿~300 亿元的企业有 8 家（占比 29%），市值超过 300 亿元的企业有 3 家（占比 11%），其中市值超过千亿元的仅爱尔眼科一家。表 1 为这 28 家企业 2009 年和 2024 年（截至 7 月 18 日）的市值对比。

表1　28家企业2009年和2024年（截至2024年7月18日）市值对比

证券代码	证券简称	2009年市值（亿元）	2024年市值（亿元）	市值增长倍数
300015	爱尔眼科	69	1001	13.51
300014	亿纬锂能	38	701	17.45
300003	乐普医疗	118.96	458.53	2.85
300002	神州泰岳	130.07	230.2	0.77
300024	机器人	65.52	224.78	2.43
300026	红日药业	40.26	203.63	4.06
300017	网宿科技	56.3	194.34	2.45
300012	华测检测	36.15	190.83	4.28
300001	特锐德	38	181.42	3.77
300009	安科生物	47.44	177.53	2.74
300027	华谊兄弟	257.4	121.66	−0.53
300010	立思辰	33.75	84.86	1.51
300005	探路者	257.4	71.5	−0.72
300019	硅宝科技	20.67	68.05	2.29
300007	汉威科技	24.07	61.04	1.54
300008	上海佳豪	27.18	55.44	1.04
300020	银江技术	37.37	55.44	0.48
300021	大禹节水	22.12	46.78	1.11
300006	莱美药业	26.44	40.44	0.53
300016	北陆药业	24.56	39.62	0.61
300004	南风股份	44.09	36.75	−0.17
300018	中元股份	27.09	33.5	0.24
300025	华星创业	22.01	33.28	0.51
300011	鼎汉技术	30.99	32.66	0.05
300023	宝德股份	23.33	23.58	0.01
300013	新宁物流	24.38	21.4	−0.12
300022	吉峰科技	29.18	17.84	−0.39
300028	金亚科技	44.09	0.77	−0.98

3. 爱尔眼科业务模式——"三级连锁"

爱尔眼科在眼科行业一骑绝尘也得益于其差异化的业务管理模式。公司将临床及科研能力最强的上海爱尔作为一级医院，定位为公司的技术中心和疑难眼病会诊中心，并为二级医院进行技术支持；把具有一定规模和较强临床能力、位于省会城市的连锁医院作为二级医院，代表了省级水平的疑难眼病会诊中心，并为三级医院提供技术支持；把位于地级市的医院作为三级医院，侧重眼视光及常见眼科疾病的诊疗服务，实现眼科领域的分级诊疗。

"三级连锁"模式较好地适应了我国眼科医疗服务行业"全国分散、地区集中"的市场格局，而后升级为"四级连锁"体系，形成了区域内的竞争优势。

二、爱尔眼科并购业务布局

1. 早期并购——上市融资资金收购

在上市初期，公司主要依靠上市募集的资金进行收购。

2009—2014 年，爱尔眼科通过自有资金收购的案例代表如下。

2010—2014 年，爱尔眼科分三次收购北京英智 100% 股权，总计出资 1.28 亿元。2009 年，该医院营收 5064 万元，净利润 1125 万元，净资产 1729 万元，整体估值 1.29 亿元，PE 为 11.5 倍，PB 为 1.5 倍[①]。北京英智成立于 2003 年，是北京医疗保险定点三级眼科专科医院，也是北京地区接收国际患者较多的医院之一。

2011 年 1 月，爱尔眼科以 5719 万元的价格收购西安古城眼科医院 66.5% 的股权。2010 年，该医院营收 1430 万元，净利润 115 万元，净资

---

① 资料来源：《爱尔眼科医院集团股份有限公司关于收购北京英智眼科医院股权的可行性研究报告》《爱尔眼科医院集团股份有限公司关于收购北京英智眼科医院 27.112% 股权的可行性研究报告》。

产 3301 万元，全部股权估值 8600 万元，PE 为 74.7 倍，PB 为 2.6 倍[①]。在股权收购完成后，爱尔眼科再以 1003.34 万元增资，投后估值为 9600 万元，此后共持有其 70%的股权。

2012 年 1 月，爱尔眼科以 9684 万元收购成都康桥眼科医院合计 51%的股权。该医院净利润 999 万元，全部股权估值 1.9 亿元，PE 为 19.5 倍[②]。2013 年，爱尔眼科又以 7500 万元购买了余下 49%的股权，全部股权估值 1.5 亿元。

2. 并购转折点——设立并购基金，采用"上市公司+PE"模式

2014 年是爱尔眼科并购历程中的一个重要转折点，公司开始设立并购基金，采用"上市公司+PE"的运作模式。很多企业都有这个想法，但能够有效践行并取得一定效果的上市公司并不多。因此，爱尔眼科成为研究中国式并购基金的一个很好的对象。

爱尔眼科的并购基金逻辑是自己出资 10%～19%，作为有限合伙人，募集各种资金，设计各种优先劣后结构，然后由并购基金进行收购或者建设项目，同时上市公司授权上述项目使用爱尔眼科品牌，对标的企业进行赋能，收取相应费用，最终在合适的时机对合适的项目进行收购。这种操作模式既扩充了潜在收购对象，又减轻了公司在培育期的压力。截至 2022 年 1 月，爱尔眼科参与了 10 只并购基金，总规模近百亿元，爱尔眼科在这些并购基金中的投资额合计 17.48 亿元，占总募资额的 18%[③]。

2017 年年底，爱尔眼科定增 17.2 亿元，其中 5.8 亿元用于收购并购

---

① 资料来源：《爱尔眼科医院集团股份有限公司关于收购西安古城眼科医院股权并增资的可行性研究报告》。
② 资料来源：《爱尔眼科医院集团股份有限公司 2012 年度报告》。
③ 资料来源：《优质商业模式促发展，全球眼科巨舰再启航》，西南证券 2022 年 5 月 24 日的研究报告。

基金投资的 9 家医院的控制权，并购基金收购或设立这 9 家医院时，收购作价合计为 3.73 亿元，而本次交易中，9 家医院 100% 股权作价合计为 8.24 亿元，并购基金投资这 9 家医院约 3 年的时间整体回报率约为 120.9%。2016 年，这 9 家医院合计实现净利润 4546 万元，远超过刚收购或设立时的净利润。爱尔眼科完成了估值近百亿元的项目收购，这些项目的盈利能力很强，毛利率、净利率、净现金流，甚至净资产收益率都很高。2024 年中报医院的整体毛利率为 49%，净利率为 21%，净资产收益率为 21%[①]，现金流状态极好，营运资本占比很低。

通常认为，并购基金的好处有如下几个。一是利用基金扩大了规模，使上市公司用较少的资本金收购了较多的项目，帮助上市公司快速成长。这种扩张要比定向增发融资来得更为快捷，同时规避了定增窗口期不确定的风险。二是选择了较好的项目进入上市公司，美化报表，刺激股价一路上涨，公司也多次在高点融资，累计融资超过 85 亿元。三是降低了上市公司的负债风险，上市公司财务杠杆风险较低，资产负债率维持在 35% 左右，基本不存在债务风险。

但我们也需要对其商业本质做深入探究，并购基金更多的是出表的会计操作。根据会计准则，爱尔眼科对基金的投资只是一笔金融资产，但我们知道会计准则有很多局限，我们应当根据企业披露的信息对业务本质进行判断，编制自己心中的报表。我们再来看两个核心问题：爱尔眼科对并购基金是否能控制？上市公司是否需要对基金进行兜底？实际上并购基金除了募集工作之外，运作、项目投资及后续管理都由上市公司完成，如果从实际控制角度而言，其他资金方即便担当了 GP（普通合伙人），实际上也不具备管理该基金投资的能力，以及对项目投后管理的能力，更多的是财务投资者而已。从这个角度看，上市公司是具备控制

---

① 资料来源：企查查网站"爱尔眼科医院集团股份有限公司"相关信息。

整个基金的能力的，纳入报表也无可厚非。

就商业本质上看，无论体内业务还是体外业务，应该是个完整的商业主体，本质上就是公司募集资金投资医院，使其不断成长。人为地将业务割裂为体内、体外两部分，其本质就是资产出表行为。同时这种操作还有一种功效，就是可以进行实质上的关联交易。上市公司可以向体外项目收取高额品牌使用费，进行各种利润的转移，这些操作都可以使上市公司报表更加好看。由于两块业务同属一家企业实际控制，但财务上认为是非同一企业控制，甚至连关联交易都不算，这种模式使企业很容易调整利润。并购基金的模式导致体外资产是极其不透明的。这固然对投资人而言存在风险，但是对于在混沌中"乱拳打死牛"还是必要的。

3. 布局中国香港、海外市场

（1）布局中国香港。

2015 年，爱尔眼科以 1.82 亿港元（约 1.66 亿元）收购香港亚洲医疗集团（Asia Medicare）100% 股权和 3000 万港元（约 2750 万元）用于亚洲医疗集团收购茂天有限公司所持有的亚洲护眼有限公司（Asia Eye-Care）20% 的股份，整体估值分别为 1.66 亿元和 1.37 亿元，净资产分别为 6500 万港元（约 5900 万元）和 3500 万港元（约 3200 万元），本次交易 PB 分别为 2.8 倍和 3.9 倍[①]。收购完成后，香港爱尔持有亚洲医疗集团 100% 股权，亚洲医疗集团持有亚洲医疗服务香港有限公司（Asia Medicare Hong Kong）80% 和亚洲护眼有限公司 85% 的股权。

该集团持有的亚洲医疗服务香港有限公司在香港拥有 2 家眼科诊所，由香港著名眼科专家创建，是香港名列前茅的近视激光矫正手术中心和白内障手术中心；持有的亚洲护眼有限公司是香港著名的基础眼检查和医学视光中心。

---

① 资料来源：《关于全资子公司爱尔眼科国际（香港）有限公司拟收购股权资产的公告》。

（2）布局欧美。

一是收购西班牙上市公司 Clínica Baviera。

2017 年，公司收购进一步提速，耗资 12.73 亿元收购欧洲最大的连锁眼科医疗机构 Clínica Baviera87% 的股权[①]。Clínica Baviera 当时营收为 9157 万欧元（约 7.2 亿元），净利润为 794.5 万欧元（约 6024 万元），整体估值为 14.6 亿元，PE 为 24 倍。Clinica Baviera 市值约为 2.6 亿元。

这一交易使爱尔眼科成为全球最大的眼科服务集团，以及全球唯一一家拥有中国、欧洲两家上市公司的眼科医疗连锁机构，服务地域覆盖亚、美、欧三大洲，辐射人口逾 20 亿。Clínica Baviera 集团是欧洲最大的连锁眼科医疗上市机构，具有 25 年的发展历史，截至 2023 年年底，集团诊所网络分布在欧洲西班牙、德国、奥地利和意大利 4 个国家，共设有 108 个眼科中心，300 余名眼科和视光医生，包括其创始人在内的骨干医生在欧洲拥有很高声誉。其众多眼科诊疗技术在全球领先，老花眼手术在欧洲市场占有率第一，近视手术在德国、西班牙市场占有率第一。

二是收购美国 AW Healthcare Management。

2017 年同年，爱尔眼科还耗资 1800 万美元（约 1.2 亿元）收购美国连锁眼科医院 AW Healthcare Management，LLC75% 的股权，进入美国市场，包括 Wang VisionInstitution（以下简称"眼科中心"）的所有资产、业务。本次交易整体估值为 1.6 亿元，PE 为 5.7 倍。

眼科中心由国际著名屈光手术和角膜病治疗专家 Dr. Ming Wang 于 2002 年创建，是一家具有世界影响力的眼科中心，拥有全球前沿的屈光手术技术，并拥有全面的角膜成像技术。该眼科中心面向北美乃至全球高端客户，已经服务了来自超过 55 个国家以及全美 40 多个地区的病人。Dr. Ming Wang 是世界眼科权威，曾任美国食品和药品监督管理局

[①] 资料来源：《爱尔眼科医院集团股份有限公司关于要约收购 Clínica Baviera, S.A. 实施完成的公告》。

（FDA）准分子激光新技术和仪器设备审批委员，在全世界拥有 55000 多例成功眼科激光手术经验，拥有多项美国视觉恢复领域的生物技术专利，成功主刀世界首例人工角膜激光植入术、首例角膜基质环植入治疗圆锥角膜的手术，拥有 8 项国际技术专利[1]。

4. 并购全面提速——市值爆发式增长

2018 年，公司继续收购步伐，新并表 6 家眼科医院，总支付对价 0.55 亿元，商誉 0.32 亿元，标的体量较小。

（1）2019 年全面提速。

2019 年，爱尔眼科并购全面提速，其市值也开始爆发式增长。当年公司并表的增加实体达 17 家，其中包括 14 家眼科医院，共计耗资 11.87 亿元，商誉增加 8.84 亿元。

2019 年公司还以约 3.47 亿元收购新加坡上市公司 ISEC Healthcare Ltd. 35% 的股份[2]，ISEC 净资产 6133 万新元（约 5.2 亿元），整体估值为 9.9 亿元，PB 为 1.9 倍，ISEC 市值约为 1.2 亿元。

ISEC 是东南亚领先的连锁眼科医疗机构，于 2014 年在新加坡凯利板上市，拥有新加坡、马来西亚和缅甸的 12 家眼科及全科诊所，为东南亚地区提供涵盖高中低端不同档次的专业眼科服务。其创始人 Lee Hung Ming 医生以 LASIK 屈光和白内障手术享誉业内，曾获亚太白内障及屈光委员会颁发的 A.C.E 奖项；创始人 Wong Jun Shyan 医生作为著名的玻璃体视网膜专家，曾担任马来西亚医学委员会眼科学会副主席。

2019 年，爱尔眼科再次进行大规模非公开增发，其中并购标的资产合计作价 18.7 亿元，商誉 15.28 亿元，发股支付 16.53 亿元，占总交易

---

① 资料来源：《爱尔眼科医院集团股份有限公司关于全资子公司爱尔（美国）国际控股有限责任公司拟收购股权资产的公告》。

② 资料来源：《爱尔眼科医院集团股份有限公司关于要约收购 ISEC Healthcare Ltd. 实施完成的公告》。

作价 88.4%，发股价格为 21.25 元/股。募集配套资金 7.1 亿元，发行价格 42.33 元/股①，主要收购对象天津中视信（现已注销）为承接之前设立并购基金所辖医院的过渡实体，包含 26 家医院。天津中视信为特定交易设立的公司，其主要作用是从特定的几家企业收购 26 家医院的部分股权。爱尔眼科通过收购天津中视信 100% 的股权，间接持有这 26 家医院的部分股权。

（2）2023 年起继续增加收购医疗机构数量。

进入 2023 年，爱尔眼科继续其收购步伐。1 月、9 月、11 月，爱尔眼科三次公告，分别收购了 14 家、19 家、7 家医疗机构，共计 40 家。

2024 年 5 月 31 日，爱尔眼科公告收购重庆眼视光、周口爱尔等 52 家医疗机构部分股权，合计交易金额达 13.44 亿元②。此次收购的标的医院 2023 年整体收入为 9.54 亿元，相较 2022 年增长 26.67%。

2024 年 7 月 29 日，爱尔眼科再次公告收购虎门爱尔、运城爱尔等 35 家医院部分股权，合计交易金额约 9 亿元③。

大规模收并购带来的效果斐然，截至 2024 年 7 月 18 日，公司市值已达 1011 亿元。

三、并购总结

1. 高效资金协同奠定了爱尔眼科在眼科医疗服务这一大市场的市场地位

在我国进入老龄化社会，青少年近视问题严重，以及人均 GDP 突破 1 万美元的大背景下，眼科医疗服务是一个大市场，且民营机构必然会

---

① 资料来源：《爱尔眼科医院集团股份有限公司 2019 年年度报告》。
② 资料来源：《爱尔眼科医院集团股份有限公司 关于收购重庆眼视光、周口爱尔等 52 家医疗机构部分股权的公告》。
③ 资料来源：《爱尔眼科医院集团股份有限公司关于收购虎门爱尔、运城爱尔等 35 家医院部分股权的公告》。

代替公立机构。但是爱尔眼科在成立之初，只是众多微如蝼蚁的小门诊之一。其能够在 20 年后达到市值千亿元、全球行业影响力第一，是非常值得复盘的。笔者认为其成功之关键要素就是驱动大资金高效协同。2004 年，爱尔眼科成立第二年就战略定位上市。虽然在美国上市未果，但是与大资金的结盟就始于此，并结出果实：2006 年、2007 年先后两次共获得近 8000 万元的资金，这笔资金直接支持了其早期 50% 的年增长，使其抓住第一批登陆创业板的机会。

爱尔眼科在创业板上市时享受超募红利，募资 8.8 亿元。但是别忘了，当初首批 28 家上市公司，包括第一年的 100 余家上市公司均享受了这个超募红利，可是现在市值达到千亿元以上的寥寥无几。支持爱尔眼科第二波大发展的资金源于并购基金。粗略统计，不考虑已经换成上市公司股票的基金，目前体外还存续的爱尔眼科的并购基金规模差不多有百亿元。这就意味着百亿元规模的资金在协同爱尔眼科攻城略地。兵马未动，粮草先行。爱尔眼科利用并购基金做大，财务表现良好，市值大幅上涨，实现融资分红，最终化解了基金风险。在大发展的路上，爱尔眼科靠认知、战略，就已经先人一步，不战而胜。

并购基金的加持，推动了爱尔眼科高速增长逻辑的建立、确信乃至实现；也创造了 2017 年定增 17.2 亿元、引入主流大买方高瓴资本，2020 年定增融资 23.6 亿元，2022 年定增融资 35.4 亿元的持续融资的业绩①。

2. 认准赛道，秉承长期主义

可以说，携带几百亿元资金在市场上左冲右突，不断并购，对公司掌舵人的心力是极大的考验。因为每买一笔资产，都意味着背后有不可预知的众多风险。经营中来不得半点马虎，在商场驰骋，如履薄冰，如

① 资料来源：企查查网站"爱尔眼科医院集团股份有限公司"相关信息。

临大敌。如果公司掌舵人没有坚持长期主义，没有系统性并购思维，没有以系统对抗个别风险的认知，是无法坚持下去的，也无法成功"摸着石头过河"。爱尔眼科近十几年通过深化"共享全球眼科智慧"，完善公司多层次医疗体系，持续扩大眼科领域领先优势，不断以少量资金撬动未来的收购，该方式既扩充了潜在收购对象，又减轻了公司在培育期的压力。

谁都曾是少年，都曾懵懂地走过，唯有底层逻辑的支撑是最有力量的。

米度并购创始合伙人李敏女士简介

中国人民大学法学博士，清华大学金融管理学硕士，曾担任北京师范大学、天津财经大学、中国人民大学硕士生导师。拥有法律职业资格和 CPA 非执业会员资格。

拥有 20 年的投资银行、资本市场律师经验以及 8 年投资及并购顾问经验。曾任北京市中伦律师事务所高级合伙人、北京市君泽君律师事务所高级合伙人、中信建设（前身华夏证券）投行部项目经理，被评为北京市优秀律师、年度最佳 IPO 律师，先后主导完成近 50 家公司的 IPO 或借壳上市，是中国成功推荐上市公司家数最多的律师之一。

参与、主导多起国内上市公司产业并购项目，累计并购金额近 90 亿元。在投资领域，作为创始合伙人参与创立、管理君度资本、和同资本、米度资本。累计主导的项目投资金额约 30 亿元。

02

东山精密：买出来的"400亿"

曲忠原

东山精密（002384）成立于 1998 年，2010 年 4 月登陆深交所中小板。上市前一年，即 2009 年，公司收入 5.89 亿元，净利润 7231 万元[①]，主要为通信设备、新能源与机床行业客户提供精密钣金件（基站天线、滤波器盖板等）、精密铸件（滤波器腔体等）产品，绑定爱立信、华为、阿尔卡特朗讯等大客户。到 2023 年，收入已从 5.89 亿元增长至 336.51 亿元，涨幅达 5613.24%，CAGR（复合年均增长率）为 33.50%；净利润从 7231 万元增长至 19.65 亿元，涨幅达 2629.17%，CAGR 为 26.64%[②]。主营业务也由精密钣金件、精密铸件产品变为电子电路产品（PCB，印制电路板）、精密组件产品、触控显示模组、LED 显示器件等，其中 PCB（含 FPC，柔性线路板）更是实现收入 232.61 亿元，对整体收入的贡献达到了 69.12%。

梳理企业发展史，我们发现善用并购工具是其实现抢时间、抢战略、补短板并取得如此成绩的不二法门。

一、起家

东山精密的实控人是袁氏三父子——袁永刚、袁永峰系袁富根之子，

---

① 资料来源：《苏州东山精密制造股份有限公司 2010 年年度报告》。
② 资料来源：《苏州东山精密制造股份有限公司 2023 年年度报告》。

袁永峰系袁永刚之兄长。目前由弟弟袁永刚担任上市公司董事长，哥哥袁永峰担任总经理。

父亲袁富根 1950 年生人，1977 年起至 1998 年先后在苏州市东山镇上湾村办厂任技术员、厂长并承包村办企业。

儿子袁永刚 1979 年生人，1998 年即加入公司，历任市场部部长、副经理、副董事长等职务。2007 年，袁富根退休，袁永刚接任董事长（28 岁，年轻有为），推动公司于 2010 年上市。依托东山精密的支持，袁永刚于 2012 年开始频繁涉足资本市场，在 2019 年前后收购了蓝盾光电、安孚科技的控制权，并推动两家企业成功 IPO。目前，袁永刚不仅是东山精密、安孚科技、蓝盾光电的实控人，还是禾盛新材的第五大股东，同时是新三板公司帝瀚环保的并列第二大股东。此外，袁永刚曾是元力股份的第二大股东，目前已通过大规模减持退出。

二、第一次并购：小试牛刀，切入触控面板领域

2013 年，东山精密以 5100 万美元现金收购牧东光电（中国台湾上市公司）持有的 MOGL 公司 100%的股权及相关知识产权[①]。MOGL 公司主要业务为中小尺寸触控面板销售，主要资产为牧东光电（苏州）有限公司（以下简称"苏州牧东"）100%股权。苏州牧东主要从事新型触控显示屏电子元器件研发、生产、销售业务。

收购前一年，即 2012 年，上市公司收入 18.16 亿元，净利润−1.11 亿元，总资产 27.40 亿元，净资产 13.12 亿元，资产负债率 52.12%，在手货币资金 1.73 亿元[②]。

收购时，MOGL 公司最近一年一期主要财务数据如表 1 所示。

---

① 资料来源：《苏州东山精密制造股份有限公司关于向牧东光电股份有限公司收购 Mutto Optronics Group Limited 100%股权及部分知识产权的公告》。

② 资料来源：《苏州东山精密制造股份有限公司二零一三年年度报告》。

表 1　　　　MOGL 公司主要财务数据（2012—2013 年 8 月）　单位：万元

项目	2013 年 1—8 月	2012 年
总资产	62006.34	57371.25
净资产	14579.39	23254.96
营业收入	60709.93	74327.40
净利润	−8148.21	−8113.39
经营现金流净额	7859.59	−620.95

从数据可见，MOGL 公司当时的经营状况并不好，但这与其定位有关，母公司牧东光电将 MOGL 公司定位于附加值率较低的生产加工环节，而生产所需境外材料采购以及境外销售业务均经由牧东光电实现，不排除直接把利润留在母公司的可能。另外，MOGL 公司所处行业竞争加剧、部分新产品良率较低、成本费用控制不力等也是客观存在的原因，但这给了东山精密赋能、扭转经营困局的空间。

分析当时的并购背景，东山精密跨入触控面板领域并非偶然。早在 2011 年，东山精密就开始涉足光电领域精密电子制造业务，其显示屏背光模组产品已经开始供应液晶电视品牌厂商以及笔记本电脑品牌厂商，而 MOGL 公司主要客户为智能手机以及平板电脑品牌厂商，包括惠普、中兴、华为、TCL、联想等重点客户。东山精密通过并购成熟的触控面板规模化生产企业，可以迅速介入这一领域，分享下游产品快速增长的市场空间，培养公司新的支柱性业务。同时，触控面板的客户群体与东山精密原有业务显示屏背光模组的客户群体一脉相承，客户同时向公司采购触控面板和显示屏背光模组，既满足综合显示技术解决方案需求，还能获得更大的成本优势，提高采购议价能力，降低客户的采购成本。

并购后公司触控面板及 LCM（LCD Module，液晶显示模组）业务财务数据如表 2 所示。

表 2   触控面板及 LCM 业务财务数据

项目	2014 年	2015 年	2016 年
收入（亿元）	5.7	8.74	15.51
毛利（亿元）	0.26	0.36	0.76
毛利率（%）	4.52	4.16	4.89
业务收入比例（%）	16.17	21.89	18.46

观察数据可见，财务回报并不是很可观，但东山精密通过此次风险可控的并购介入新的市场领域，熟悉并购工具的使用，进行团队和业务的整合，为后续成功并购奠定了坚实的基础。

2023 年，公司触控面板及 LCM 业务实现收入 48.62 亿元，占公司整体收入的 14.45%[1]。

三、第二次并购：大显身手，切入 FPC 领域

2016 年，东山精密以 6.1 亿美元现金收购美国纳斯达克上市公司 Multi-Fineline Electronix, Inc.（以下简称"MFLX 公司"）100% 的股权[2]，进入苹果核心供应链体系（通过并购成为当时苹果唯一内资 FPC 供应商）。

MFLX 公司成立于 1984 年，管理总部位于美国，主要生产基地位于苏州市，在美国、新加坡、韩国、荷兰等国家拥有销售团队，主要从事柔性线路板（FPC）和柔性电路组件（FPCA）的设计、生产和销售，产品应用于手机、平板、个人电脑、可穿戴设备及其他电子消费品等领域。2012—2014 财年，MFLX 公司源自智能手机行业的销售占比分别为 69%、71%、71%，源自平板电脑行业的销售占比分别为 27%、21%、16%。

---

① 资料来源：企查查。

② 资料来源：《苏州东山精密制造股份有限公司关于收购 Multi-FinelineElectronix, Inc. 100% 股权的公告》。

2014 年，MFLX 公司以 6.3 亿美元的产值在全球 PCB 制造商中排在第 27 位[1]，在专业 FPC 制造商中排在第 5 位，是全球最大的专业柔性线路板和柔性电路组件供应商之一。

收购前一年，即 2015 年，上市公司收入 39.93 亿元，净利润 0.32 亿元，总资产 69.12 亿元，净资产 27.18 亿元，资产负债率 60.68%，在手货币资金 10.44 亿元[2]。

收购时，MFLX 公司 2014—2015 年主要财务数据如表 3 所示。

表 3　　　　　MFLX 公司主要财务数据（2014—2015 年）　　　单位：万元

项目	2015 年	2014 年
总资产	325574	321768
净资产	233322	200693
营业收入	397244	388062
净利润	26798	−36500
经营现金流净额	61117	16106

回顾此次并购，以下几点值得关注。

第一，仅从上市公司本身业务的业绩来看，并没有什么亮点，39.93 亿元的收入，仅 0.32 亿元净利润。向具备更高附加值的业务转型是必经之路，但从零开始培育显然不现实，并购一块主要市场还掌握在外资企业手里的成熟资产是最优选择。在当时的柔性线路板市场，日本旗胜、韩国 Inter Flex、住友电工、日东电工等排在前列，前十名中基本没有中国企业。

第二，并购资产的选择仍强调产业协同、客户协同，上市公司并购 MFLX 公司主要是为掌握上游原物料、零组件供应，并扩大与终端客户

---

① 中原捷雄：《中国撑起印制电路世界——2014 年全球百强 PCB 制造商排名》，龚永林译，《印制电路信息》2015 年第 10 期。

② 资料来源：《苏州东山精密制造股份有限公司二零一五年年度报告》。

关系，由于 MFLX 公司已入列苹果供应链，上市公司借此并购可以搭起与苹果之间的合作桥梁，且目标不仅是软板订单，更希望借此扩大争取其他零组件订单。

第三，上市公司通过定增募集资金用于此次并购，但因定增募集资金到位时间与此次并购资金支付时间不一致，上市公司通过自有资金、并购贷款、夹层融资等自筹资金先行支付，控股股东袁氏父子多次采用股权质押方式进行融资，质押股份多用于对上市公司收购 MFLX 公司的融资提供担保及资金支持。在并购交易发生同期，公司实际控制人袁永刚的个人累计质押股份比例占公司股份的 90% 左右，远远高于普通水平。可见实控人袁永刚要付出极大的心力，以及此次并购对上市公司未来命运的重要性。

并购后公司 PCB 业务财务数据如表 4 所示。

表 4　　　　　　　　　并购后公司 PCB 业务财务数据

PCB 业务	2016 年	2017 年	2018 年	2019 年	2020 年	2021 年	2022 年	2023 年
收入（亿元）	19.7	63.9	102.35	146.57	187.71	204.95	218.19	232.61
毛利（亿元）	2.61	8.62	18.82	25.47	31.87	31.76	45.83	48.36
毛利率（%）	13.26	13.49	18.39	17.38	16.98	15.5	21.01	20.79
收入占比（%）	23.44	41.52	51.62	62.23	66.82	64.46	69.09	69.13

并购次年，即 2017 年，PCB 业务迎来爆发式增长，并一举奠定上市公司最核心主业的地位。至 2023 年，PCB 业务收入已达到 232.61 亿元，占上市公司总收入的 69.13%，赶上了中国 FPC 市场规模从 2016 年的 316 亿元扩张至 2023 年的 887 亿元的快班车。

四、第三次并购：布局 5G 通信产业，跨界陶瓷介质新材料

2017 年，东山精密以 1.72 亿元现金收购苏州艾福电子通讯有限公司

（以下简称艾福电子）70%股权①。艾福电子由韩国公司 ROSWIN 和韩国人姜南求（KangNam Gu）于 2005 年共同设立，是中国最早研发陶瓷介质射频器件并具有量产能力的企业之一，其创始股东 ROSWIN 在无线通信行业中被公认为射频（RF）和微波信号发生组件的领先供应商，姜南求则毕业于 Kang-Reung 大学材料科学和工程专业，在韩国 SANGSHIN 电子通讯株式会社担任工程师多年。2015 年，ROSWIN 退出艾福电子，姜南求继续经营，并引入一些中国本土投资机构。

艾福电子主要从事无线移动通信及卫星通信用射频部件和模块产品研发、生产及销售，掌握陶瓷粉料配方、滤波器结构和性能设计、粉料干压成型、陶瓷焊接组装、陶瓷表面金属自动化、自动化调试等方面的核心技术，拥有陶瓷介质滤波器件、陶瓷介质模块、陶瓷谐振器三大系列产品，主要面向国内外运营商主干网供应商、运营商网络信号优化设备供应商、移动终端设计制造商、特殊通信设备供应商等，拥有中兴、摩托罗拉、诺基亚等一批优质客户资源。

收购前一年，即 2016 年，上市公司收入 84.03 亿元，净利润 1.44 亿元，总资产 151.39 亿元，净资产 27.47 亿元，资产负债率 81.86%，在手货币资金 27.15 亿元②。

收购时，艾福电子最近一年一期主要财务数据如表 5 所示。

表 5　　　　艾福电子主要财务数据（2016—2017 年 6 月）　　　单位：万元

项目	2017 年 1—6 月	2016 年
总资产	8231	7163
净资产	5308	5304

---

① 资料来源：《苏州东山精密制造股份有限公司关于苏州艾福电子通讯有限公司完成工商变更登记的公告》。
② 资料来源：《苏州东山精密制造股份有限公司二零一六年年度报告》。

续 表

项目	2017 年 1—6 月	2016 年
营业收入	2687	4880
净利润	146	423

此次并购与前两次并购有一些不同。

第一，客户协同基础上跨界。艾福电子的客户群体与上市公司通信业务的客户群体一脉相承，客户可以同时向上市公司采购基站天线、滤波器和陶瓷介质材料，但此次并购区别于前两次并购看中并购标的的精益制造和成本管控能力，并购艾福电子更看中其材料开发能力在 5G 通信时代带来的可能性，上市公司当时对体声波（BAW）滤波器和声表面波（SAW）滤波器的市场预测约为 200 亿美元。

第二，引入业绩承诺。若管理团队不能实现业绩承诺（2017 年净利润不低于 1200 万元，2018 年不低于 2300 万元，2019 年不低于 3700 万元），则须以剩余股权对上市公司进行补偿。

第三，约定剩余股权退出安排。上市公司同意以业绩承诺期最后一年实际业绩的 13 倍 PE 进行剩余股权收购。

查询上市公司公告，上市公司在 2019 年 4 月 20 日发布董事会决议公告，同意将原来的 2017—2019 年 3 年的业绩目标合计 7200 万元调整为 2019—2020 年 2 年的业绩目标合计 15000 万元；同时，将剩余股权收购 PE 调整到 2020 年扣非净利润的 10 倍。

艾福电子 2018—2020 年主要财务数据如表 6 所示。

表 6　　　　　艾福电子主要财务数据（2018—2020 年）　　　单位：万元

项目	2020 年	2019 年	2018 年
总资产	30279	28680	12221
净资产	19633	13888	6473

项目	2020 年	2019 年	2018 年
营业收入	22477	19884	7891
净利润	1145	3535	483

可见，艾福电子并未完成业绩承诺，管理团队对上市公司进行了现金补偿。

2019 年，艾福电子引进了 5000 万元的战略投资者，并于证监会在 2019 年 12 月 12 日发布《上市公司分拆所属子公司境内上市试点若干规定》后的 2020 年 3 月发布了《关于分拆所属子公司苏州艾福电子通讯股份有限公司至创业板上市的预案》公告，不过由于 5G 基站建设进度低于预期，市场竞争加剧，且艾福电子的客户和产品较为集中，导致其经营业绩不达预期，上市公司最终于 2022 年 2 月终止了艾福电子在创业板上市的计划。

在终止前一年的 2021 年 1 月和 3 月，上市公司和艾福电子的部分少数股权股东（包括管理团队）签署了少数股权转让协议，上市公司以 8340 万元购买 19.44% 的股权，并向艾福电子增资 5200 万元①。本次少数股权转让整体估值 4.29 亿元，相较于 2017 年的整体估值 2.45 亿元有大幅提升，上市公司并未因为管理团队未完成业绩承诺，就对管理团队穷追猛打，而是以较高估值收购管理团队股权并持续增资及为艾福电子借款提供担保，可见上市公司对这一业务坚定看好，是非常好的买方。

五、第四次并购：填补硬板空白，跻身全球前 5 大 PCB 厂商

2018 年，东山精密以 2.925 亿美元（约 19 亿元）收购纳斯达克上

---

① 资料来源：《苏州东山精密制造股份有限公司对外投资公告》。

市公司 FLEX（伟创力）旗下的 PCB 制造业务相关主体①，合称为 Multek（超毅），具体包括位于珠海的五家生产主体、位于毛里求斯和中国香港的两家贸易主体、位于英属维尔京群岛和中国香港的四家控股主体。

伟创力是一家总部位于新加坡的纳斯达克上市公司，是全球知名的电子制造服务提供商，在全球 30 多个国家和地区拥有上百家子公司，业务涉及通信、汽车、网络、医疗、能源等多个行业。Multek 作为伟创力旗下 PCB 制造业务的核心资产，拥有近 40 年的发展历史，主要生产基地位于中国珠海，研发和制造包括刚性线路板（可生产任意层互联板 ELIC）、刚柔结合板等在内的各类 PCB 产品，代表产品为 BGA 基板和 68 层背板，产品覆盖通信设备（40%）、消费电子（20%）、工业控制（20%）、汽车（18%）等多个行业，拥有 300 多家遍布全球的优质客户。根据 PCB 行业权威研究机构 Prismark 统计数据，Multek 在 2013—2018 年全球 PCB 制造商排行榜中稳居前 30 阵营，年销售规模约为 30 亿元。

收购前一年，即 2017 年，上市公司收入 153.90 亿元，净利润 5.26 亿元，总资产 221.13 亿元，净资产 77.92 亿元，资产负债率 64.76%，在手货币资金 29.41 亿元。

收购时，Multek 主要财务数据如表 7 所示。

表 7　　　　Multek 主要财务数据（2015—2017 年 9 月）

项目	2015 年	2016 年	2017 年 1—9 月
营业收入（亿元）	33.58	30.98	22.85
净利润（万元）	370.34	9473.58	8106.82

数据看上去不是很亮眼，实际上 Multek 每年需向伟创力提交 2500 万美元的特许权费用，这也是外资企业转移利润的一种方式，上市公司完

---

① 资料来源：《苏州东山精密制造股份有限公司关于收购 Multek 公司股权交割的公告》。

成并购后不用再交该笔费用，可以大幅改善 Multek 的盈利能力。

通过此次并购，上市公司可以实现多重目的。

第一，直接成为国内 PCB 行业真正的龙头，且成功跻身全球前 5 大 PCB/FPC 厂商。

第二，全面布局 PCB/FPC/软硬结合板产品线，有望与其他业务板块实现客户协同拓展，打开市场空间，降低 FPC 业务绑定苹果大客户的风险。

第三，最重要的是全球 PCB 产业正在经历欧美—日本—中国台湾—中国大陆的产业转移，而在并购前一年，即 2017 年，本土 PCB 公司批量登陆 A 股市场，深南电路、奥士康、广东骏亚、传艺科技、世运电路、景旺电子和华正新材纷纷上市。不仅如此，众多 PCB 厂商还通过自有资金、非公开发行、重大资产收购以及发行可转债等方式积极扩产。东山精密若不能抓住并购机会，将错过此次产业转移的战略机遇期。

六、第五次并购：积极把握新能源汽车发展趋势，押注车载显示业务

2022 年 10 月，东山精密以 13.83 亿元收购 Japan Display Inc.（株式会社日本显示器，以下简称 JDI）持有的晶端显示精密电子（苏州）有限公司（以下简称苏州晶端）100% 股权[①]。

JDI 是国际领先的显示器龙头企业之一，由日本政府牵头，索尼、东芝、日立和松下四家公司旗下的液晶面板业务整合而成，是 LCD 领域的龙头企业，曾作为 iPhone7、iPhone7 Plus 的 LCD 屏幕独家供货商，在全球车载显示屏领域市占率为 16%～20%。苏州晶端成立于 1996 年，系 JDI 在华全资子公司，承载了 JDI 60% 的模组产能，主营车载显示产品，

---

① 资料来源：《苏州东山精密制造股份有限公司关于收购晶端显示精密电子（苏州）有限公司 100%股权的进展公告》。

包括液晶显示器、半导体等电子应用机械类产品和相关零部件，是全球前五的车载屏厂商。当时苏州晶端服务的客户主要是传统车厂，实现了全球前十大 Tier1 的全面覆盖。

收购前一年，即 2021 年，上市公司收入 317.93 亿元，净利润 18.62 亿元，总资产 379.51 亿元，净资产 146.70 亿元，资产负债率 61.34%，在手货币资金 59 亿元[①]。

收购时，苏州晶端最近一年一期主要财务数据如表 8 所示。

表 8　　　　苏州晶端主要财务数据（2021—2022 年 11 月）　　单位：万元

项目	2022 年 1—11 月	2021 年
总资产	193058	240603
净资产	154531	192002
营业收入	319980	301231
净利润	20054	6246

比较有意思的是此次收购产生了−1.59 亿元的商誉。这一方面源于 JDI 近几年由于业务布局庞杂、外部市场环境等导致经营不善，JDI 欲战略收缩聚焦核心业务；另一方面，上市公司与 JDI 以日元定价，以美元进行标的资产交易结算，叠加当时日元兑美元大幅贬值，导致最终达成的收购价较为便宜。

实际在此次收购前，新能源汽车已经是上市公司的核心重点发展方向，有三大板块涉及新能源汽车的业务：一是传统精密组件板块，核心产品主要有三电结构件、电芯、散热件等；二是电子电路板块，随着新能源汽车电气化程度的提升，市场对于 FPC 和硬板的需求也在提升；三是光电显示板块，上市公司以 Mini LED 为代表的产品也将赢得新能源汽车市场的机遇。

---

① 资料来源：《苏州东山精密制造股份有限公司 2021 年年度报告》。

三大板块中的电子电路板块正是上市公司于 2016 年通过并购 MFLX 公司获得的，MFLX 公司此前已经进入特斯拉的供应链体系，上市公司借此收购拓展了特斯拉、奥托立夫等汽车客户，2016 年就开始为特斯拉供应散热件、结构件、外观件等。2020 年汽车电子产品通过 Tier1 模组厂小批量供货，新能源汽车产品包括电路板、结构件、散热件等。2021 年公司主供的产品有白车身、散热件、FPC、电芯、壳体等，同时客户拓展至国内外其他车企。

通过并购苏州晶端，将原有触控模组技术与显示器技术结合，同时有 Mini LED 技术加持，可以进一步拓展车载显示市场。

苏州晶端并入上市公司后的财务表现如表 9 所示。

表 9　　　　　苏州晶端财务表现（2023 年 2—12 月）　　　　单位：亿元

项目	2023 年 2—12 月
收入	25.14
净利润	1.29
经营现金流净额	4.12

结合上市公司触控面板及液晶显示模组业务的财务数据（见表 10），此次并购已经带来了一定的财务改善，但比较有限，协同效应还有待进一步释放。

表 10　　触控面板及液晶显示模组业务财务数据（2022—2023 年）

项目	2023 年	2022 年
收入（亿元）	48.62	34.03
利润比例（%）	1.69	0.80
毛利率（%）	1.77	1.31

七、第六次并购：持续完善新能源汽车业务布局，加快特斯拉客户配套 4680 电芯结构件等业务

2023 年 1 月，东山精密以 5300 万美元收购北美工厂 Aranda Tooling、AutoTech US 以及墨西哥工厂 AutoTech Mexico，前述工厂主要生产汽车结构件，已经为特斯拉提供深度配套[①]。

通过此次收购，上市公司将首次拥有海外产能，凭借贴近工厂配套，有望加快在特斯拉的料号导入及新产品开发。

八、总结

回顾东山精密的历次并购，我们可以发现如下特点。

第一，不做完全跨界的事情，并购项目一定在某方面能对企业赋能或企业可以管控，以此保证企业家实施重大并购内心的安全感。例如 2017 年并购艾福电子，虽然艾福电子的产品是陶瓷介质滤波器件、陶瓷介质模块、陶瓷谐振器，与公司的其他产品几乎无关联，但其面向 5G 通信市场，公司起家业务积累的爱立信、华为、阿尔卡特朗讯等大客户可以直接为艾福电子的产品打开销路。

第二，绑定大客户。2016 年并购 MFLX 公司，进入苹果核心供应链体系；2023 年为其贡献 187.81 亿元收入，占东山精密总收入的 55.81%。

第三，主要抓产业转移的机会。收购在外资企业中不具有竞争力，但在国内还保持相当竞争优势的先进产能。

第四，喜欢做大交易，一步到位确定上市公司的市场地位，再通过标的公司服务高端客户的能力覆盖其他客户，高维打低维，迅速抓住市场机遇期，绝不犹豫。

---

① 资料来源：《苏州东山精密制造股份有限公司关于对外投资的自愿性信息披露公告》。

米度并购合伙人曲忠原先生简介

管理学学士，获得法律职业资格证书、基金从业资格证书等。具有多年私募证券基金、私募股权基金行研、投资、投行岗位从业经验，深度参与跨境半导体设计公司并购、上市公司破产重整后转型并购、上市公司产业并购、跨界并购咨询等项目。

03

鼎龙股份：产业复制密码

赵 隽

鼎龙股份（300054）的实际控制人为朱氏兄弟，哥哥朱双全1964年生人，弟弟朱顺全1968年生人。1992—2000年，兄弟俩在湖北省外贸技术合作有关部门工作，在此期间了解到电子成像显像用信息化学品的特性、要求，并获得了市场信息和客户资源。2000年，朱氏兄弟创立鼎龙化学，主要产品为电荷调节剂，立志实现"进口替代"。

一、市场先行，国产替代："小而美"的信息化学品公司

电荷调节剂作为添加剂是伴随碳粉企业的需求产生、发展而来的，日本作为全球第一大碳粉生产国，在20世纪70年代开展了电荷调节剂的合成及应用研究，并申请了相关专利，在20世纪80年代开始工业化生产。我国的电荷调节剂在2002年之前全部依赖进口，鼎龙化学从2001年开始独立研究开发，到2010年上市之前，已建成250吨/年的产能，年产销量为230吨左右，全球市场占有率接近7%，国内市场占有率约30%。

截至2010年上市，鼎龙化学的另一主要产品商业喷码喷墨用显色剂是2005年火炬计划的研究成果。电荷调节剂和商业喷码喷墨用显色剂均属于电子成像显像专用信息化学品中的添加剂（电子成像显像专用信息化学品分类见表1）。与电荷调节剂类似，商业喷码喷墨用显色剂也是打

破垄断的高端精细化学品。

表1　　　　　　　　**电子成像显像专用信息化学品分类**

主分类	二级分类	用途
墨水	喷墨打印机用墨水	用于各类喷墨打印机、写真机与喷绘机
	喷码机专用墨水	用于喷制在铁皮、玻璃、木板、塑料上的代码、条码等
	印染专用喷墨水	用于纺织喷墨机
	食用喷墨水	用于生日蛋糕和巧克力等食品喷墨图像
	防伪墨水	用于保密、票据、证卡
碳粉	单色物理碳粉	用于单色激光打印机、多功能一体机、激光型传真机、数码复印机
	单色聚合碳粉	用于单色激光打印机、多功能一体机、激光型传真机、数码复印机
	彩色物理碳粉	用于彩色激光打印机、多功能一体机、数码复印机
	彩色聚合碳粉	用于彩色激光打印机、多功能一体机、数码复印机
添加剂	电荷调节剂	使碳粉带电,是碳粉电子成像的必备添加剂
	显色剂	用于墨水和碳粉的显色
	表面活性剂	用于增强墨水和碳粉颗粒的流动性
	pH酸碱度调节剂	用于调节墨水的酸碱度
	其他功能添加剂	增加墨水和碳粉颗粒专用属性

资料来源:中国计算机行业协会耗材专委会。

鼎龙化学两个主打产品的市场具有典型的"小而美"特征。

"美",在于国产替代。享受国内的低生产成本和媲美进口的高销售价格,毛利率高,电荷调节剂的毛利率在40%以上。

"小",在于市场空间小。电荷调节剂与碳粉的重量比为1%~3%,

随着现代办公设备的普及应用，到 2008 年全球的电荷调节剂用量也只有 4000 吨左右，每年增长率为 6%。按照 200 元/千克的价格计算，全球市场空间不过 8 亿元。鼎龙化学已经成为行业第三的竞争者，营业收入也不过几千万元。显色剂的市场空间只有 500 吨，预计 5 年后可能达到 1500 吨，按照 50 元/千克计算，5 年后的市场空间也不足 1 亿元。

对鼎龙化学而言，要解决发展的问题，一是既有产品要提升市场占有率，二是要对扩充产品品类做长远布局。以不到 2 亿元营业收入、不足 3000 万元净利润的盈利能力，以及 1 亿元出头的净资产体量，显然不足以支撑大规模的产能扩张和技术、产品探索。

日本电荷调节剂的两大巨头东方化学和保土谷曾分别占有 39% 和 45% 的市场份额。2008 年以后，受中韩竞争者的进入以及日元升值、金融危机的影响，两大巨头的市场份额不断下降，这对鼎龙化学是绝佳扩充市场份额的机会。

与此同时，资本的机会也已降临。

二、政策东风，有备而来：十年打造上市平台

2009 年 10 月 23 日，创业板开板。创业板设立的初衷是为暂时不符合主板上市条件的中小企业尤其是科技企业提供融资便利。鼎龙股份的股票代码是 300054，于 2010 年 2 月 11 日上市，正是乘着创业板东风上市的第二批企业。

鼎龙化学 2008 年、2009 年的营业收入分别只有 2.1 亿元、2.3 亿元，大部分收入来自毛利很低的次氯酸钙（即漂白粉）贸易业务。体现其科技属性的主要产品为碳粉用电荷调节剂、商业喷码喷墨用显色剂和高端树脂显色剂，一共贡献了 9000 多万元的营业收入，2009 年 1—6 月数据显示电荷调节剂毛利占比 70% 以上，是主要的利润来源。

表 2、表 3、表 4 中数据引用自鼎龙化学招股说明书。

表2 　　　　　　　鼎龙化学利润表主要数据 　　　　　单位：万元

项目	2009 年 1—6 月	2008 年	2007 年	2006 年
营业收入	10783	20943	19788	11681
营业利润	1461	2321	2468	610
利润总额	1991	3434	2834	613.5
净利润	1696	2966	2625	571
归属于母公司所有者的净利润	1696	2966	2625	572

表3 　　　　　　　　　　收入构成

产品名称或类别	2009 年 1—6 月		2008 年		2007 年		2006 年	
	营业收入（万元）	占比（%）	营业收入（万元）	占比（%）	营业收入（万元）	占比（%）	营业收入（万元）	占比（%）
电荷调节剂	2802.75	25.99	4782.92	22.84	4741.50	23.96	3301.21	28.26
显色剂	1509.49	14.00	4616.07	22.04	4261.08	21.53	3663.08	31.36
次氯酸钙	6116.72	56.72	11131.12	53.15	9638.01	48.71	2545.33	21.79
其他	354.35	3.29	413.33	1.97	1147.46	5.80	2171.80	18.59
合计	10783.31	100.00	20943.44	100.00	19788.05	100.00	11681.42	100.00

表4 　　　　　　　　　　毛利构成

产品名称或类别	2009 年 1—6 月		2008 年		2007 年		2006 年	
	销售毛利（万元）	占比（%）	销售毛利（万元）	占比（%）	销售毛利（万元）	占比（%）	销售毛利（万元）	占比（%）
电荷调节剂	1485.96	77.90	2130.02	62.76	1642.57	64.50	858.10	64.79
喷码喷墨及高端树脂显色剂	239.49	12.55	715.00	21.07	538.76	21.16	265.97	20.08
次氯酸钙	162.51	8.52	472.59	13.92	255.50	10.03	43.72	3.30
其他	19.64	1.03	76.48	2.25	109.72	4.31	156.54	11.82
合计	1907.6	100.00	3394.09	100.00	2546.55	100.00	1324.33	100.00

鼎龙化学 IPO 拟募资 1.45 亿元，其中电荷调节剂技改扩产至 1500 吨拟投资 8500 万元，彩色纳米聚合碳粉生产技术改造项目拟投资 6000 万元。彼时政策的暖意还体现在不限制发行价格上，最终发行价格 30.55 元/股，募资总额 4.58 亿元，募资净额 4.24 亿元，按照 2008 年净利润以及发行后总股数计算，市盈率接近 90 倍①。鼎龙化学的净资产由 1.5 亿元跃升为 5.7 亿元，为其后续扩大产能、延长产业链等一系列战略布局打下坚实的基础。

行文至此才刚刚触及本文的主题，即鼎龙股份的产业复制密码。鼎龙化学上市后何以选择高端电子化学品这一小众市场？因为这是鼎龙的基因。在朱氏兄弟创业之初，对熟悉化学品进出口市场的他们来说，电荷调节剂可能并非唯一的创业选择，在前期市场摸底之后，他们最终选择了做高端、替代进口，以贸易业务孵化电荷调节剂产品。"小而美"，市场空间小也是一种护城河，在国产替代被提上日程之前，尚不会有大规模资本涌入，同时做电荷调节剂产品又有相当的技术难度，一旦做出产品且进入主流客户群体，竞争门槛是很高的。

鼎龙化学上市后，有了资本加持和并购工具，其原有产业是否可以如期做大做强，其原有的发展路径是否可以在新产品上加速复制？

三、并购助力，六年六倍：打印耗材全产业链布局

鼎龙化学从 2010 年上市到 2016 年 6 月，通过 4 次关键并购，布局了打印耗材全产业链。从图 1 可以看出，上市时的主业电荷调节剂不过是行业上游的一种碳粉添加剂，全球市场空间不足 10 亿元。而硒鼓的全球市场规模超过 2100 亿元，中国的硒鼓市场规模占比 30%，超过 700 亿元。"小而美"的鼎龙化学，首先选择在自己擅长的领域向下游延伸。

---

① 资料来源：企查查网站"湖北鼎龙控股股份有限公司"相关信息。

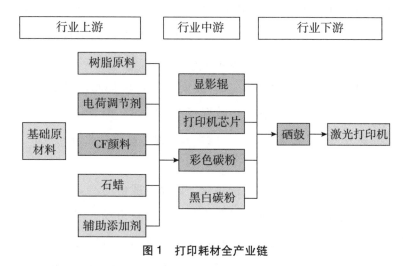

图1　打印耗材全产业链

资料来源：相关公司公告，国金证券研究所。

打印机行业的盈利模式是"剃须刀模式"，即以较低价格出售打印机，靠提高硒鼓、碳粉等耗材的价格赚取更多利润。因此，在打印耗材产业链中，利润最高的部分其实是打印耗材，又以打印机芯片毛利率最高（见图2），打印机芯片种类繁多、设计难度高，国内只有纳思达和旗捷科技能够供应。

仅次于打印机芯片毛利率的是彩色碳粉，因为彩色碳粉的制造难度远高于黑白碳粉，技术壁垒高，长期被日本和美国的大型厂商垄断。

接下来毛利率比较高的是硒鼓，硒鼓是直接面向客户的、最关键的耗材，决定了打印效果的好坏，但国内硒鼓行业发展较快，导致毛利率低至30%左右。

打印机的毛利率则一直处于比较低的水平，一台入门级的彩色激光打印机的毛利率5年间已经降到20%，价格只要约2000元。

打印耗材的参与者包括原生硒鼓（机器厂商生产）、再生硒鼓（收购已废弃的原装硒鼓加工生产，价格比原装的低）、通用硒鼓（专门生产耗材的企业生产）。打印机生产厂商为通用硒鼓厂商设置的最大障碍是芯片。

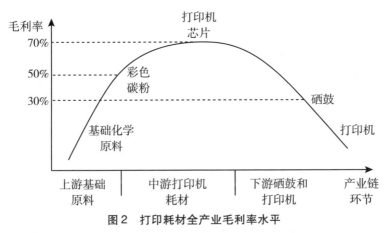

图2 打印耗材全产业毛利率水平

资料来源：相关公司公告，国金证券研究所。

我们结合图3看看鼎龙化学如何完成从碳粉到硒鼓的全产业链布局，在核心关键原材料方面占据优势，最终摘下了产业链中利润率最高的明珠——芯片。

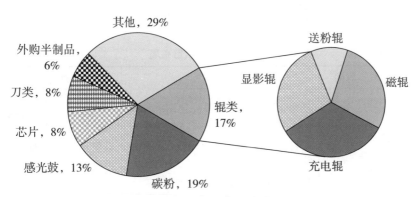

图3 硒鼓原料占比情况（2025年）

资料来源：相关公司公告，东方证券研究所。

1. 彩色聚合碳粉（电荷调节剂的下游，市场空间45亿元）

碳粉是电荷调节剂的下游，彩色聚合碳粉的生产和技术除日本三菱化学掌握之外，几乎全部控制在机器生产商手中。鼎龙化学进入这一市场之前，彩色聚合碳粉全部依靠进口。彩色兼容碳粉2013年需求量为5000吨，当时预计2017年可达到1.5万吨，按照30万元/吨计算，存量市场为15亿元，到2017年有望达到45亿元。假设鼎龙化学早有布局全产业链的梦想，那么彩色碳粉的确适合第一步布局：第一，彩色碳粉是电荷调节剂的直接下游，可以内部消化电荷调节剂；第二，彩色碳粉仍旧是中游工业品，和现有产业的经营管理模式类似；第三，彩色碳粉也属于"小而美"，进口替代产品，适用鼎龙化学擅长的路径和打法。

2006年鼎龙化学就已成立全资子公司为彩粉销售铺路。2008年，鼎龙化学已经完成中试，成本和预期市场售价相比有明显优势。可见布局之早，甚至可能早于公司上市的规划。公司要发展，决不能止步于电荷调节剂，这体现了鼎龙化学在"产品+"战略上的长远思考和打开更大市场的战略决心。具体而言，鼎龙化学通过一系列的投资、并购举措，使彩色聚合碳粉迅速实现规模销售（见表5）。

表5　　　　　　　　　鼎龙化学彩粉项目布局

事项分类	时间	事件	战略意义
市场	2006年	鼎龙化学成立全资子公司湖北坤祥国际贸易有限公司（后更名为三宝新材），从事国内兼容碳粉代理和销售，注册资本500万元。2008年，三宝新材净利润为27万元	为公司未来开展彩色碳粉业务进行前期渠道建设

续　表

事项分类	时间	事件	战略意义
关键原料	2011年	CF颜料是彩色聚合碳粉的核心原材料，其核心生产技术被克莱恩、巴斯夫、东洋油墨等垄断。南通龙翔化工一直从事高端颜料的研发生产，有较强的颜料功能化深加工能力，拥有年产700吨永固紫产能，是国内规模最大的生产基地之一，核心有机颜料出口国外大型公司。 鼎龙化学2011年8月以3740万元增资南通龙翔化工，取得44%股权①，估值8500万元。南通龙翔化工2010年净利润为1500万元，承诺2011年、2012年、2013年净利润分别不低于1600万元、2000万元、2700万元。估值对应2010年净利润的静态PE为5.67倍，对应未来3年净利润的动态PE为4倍。 2012年8月，鼎龙化学以1.7亿元估值收购7%股权，实现51%控股	在彩粉投产前保证关键颜料CF的供给，摆脱进口依赖；增加彩粉的成本优势
产能	2012年9月	2012年9月，募投项目投资6000万元，产能1500吨/年彩粉项目投产	2012年、2013年分别实现33吨、288吨的销量
	2016年	建成彩粉项目二期，产能500吨/年，2016年投产	
产能+市场	2016年	2016年6月，发股及支付现金收购三个标的，其中之一为佛来斯通②。佛来斯通100%股权估值为1.3亿元，静态PE66倍，动态PE22倍。佛来斯通产能为400吨。预计2017年，佛来斯通产能由400吨/年扩大至1000~1500吨/年	佛来斯通是鼎龙化学在化学法聚合彩粉领域的国内唯一竞争者，本次收购旨在消除竞争，成为国内唯一的化学碳粉生产企业

① 资料来源：《湖北鼎龙化学股份有限公司关于预计2011年度日常关联交易的公告》。
② 资料来源：《湖北鼎龙化学股份有限公司关于调整发行股份及支付现金购买资产并募集配套资金的发行价格和发行数量的公告》。

2012 年，彩粉项目投产，鼎龙化学完成了彩色碳粉业务的布局。在此之前，技术的积累、成本的优化、市场的积淀都已完成。彩粉单吨售价 30 万~35 万元，单吨净利润约 6 万元。2012 年销量 33 吨，实现净利润 196 万元；2013 年销量 288 吨，实现净利润 1727 万元。如果我们以 2006 年为彩粉业务的起点，2013 年实现将近 2000 万元的净利润，接近鼎龙化学上市时电荷调节剂业务的体量[①]，7 年时间完成单品的孵化和爆发，资本的加持、并购的力量功不可没。

小结：

布局时间：7 年。

耗费资金量：2.4 亿元（未考虑粉彩扩产的投入以及前期研发投入），均为募集资金。

2016 年，再次借助并购的力量收编竞争对手，鼎龙化学在化学法聚合彩粉领域成为国内唯一、国内第一。第一，鼎龙化学成为国内唯一化学法聚合彩粉供应商。第二，全球市场规模 1.2 万吨，国内市场空间约 2400 吨，鼎龙化学的产能为 2400 吨，主要竞争对手日本三菱化学的产能为 1000 吨。第三，进口彩粉价格高 30%，再加上进口关税，相比之下，鼎龙化学产品进口替代的空间巨大。

2. 载体（和碳粉搭配使用，市场空间 50 亿元）

为了提高静电成像速度、画质，适应高端、高速打印复印的需求，在彩粉中加入适量的载体（其材质为铁），形成双组份复印机彩粉。在双组份复印机彩粉中加入 10% 以上的载体已成为大部分双组份复印机厂商的选择，业界估计载体产品市场还将保持增长。2012 年全球彩色碳粉需求总量约为 5 万吨，按照碳粉和载体的使用比例 10：1 推算，全球彩色碳粉对载体的需求量在 5000 吨左右。相关数据显示，载体的价格在

---

① 资料来源：企查查网站相关信息。

1000元/千克左右，当时以此推算，载体的全球市场规模至少在50亿元，到2017年或将达到80亿元。

2011年鼎龙化学已经开展载体的研发。2012年进入小试阶段。2014年9月，鼎龙化学召开了载体项目投产暨彩粉新品发布会，吸引了国内外行业内120余位企业家、专家参会。

载体项目于2014年年内投产。

但公开披露的信息其实看不到载体业务产生的营业收入，上市公司从2013年开始，收入构成的口径调整为打印复印耗材（硒鼓）、功能化学品（碳粉、碳粉用电荷调节剂、商业喷码喷墨、高端树脂着色剂及有机颜料）、基础化学品（次氯酸钙等产品的贸易业务），可能是为了平滑各单品的业绩波动，也可能是因为全产业链布局之后内部交易更多，打的是组合拳，不宜只看一城一池的得失。2013—2015年，功能化学品的营业收入分别为3.11亿元、3.26亿元、3.48亿元[①]，笔者猜测2013年起量的彩粉业务应该比载体业务的贡献更大。

鼎龙化学上市时的大单品电荷调节剂也存在发展低于预期的问题。在2013年7月的投资者交流会上，有投资者关注，电荷调节剂产能扩张5倍，但年度报告显示营业收入和利润增长幅度并不大，公司的回复是：竞争对手采取了一系列的降价行为，公司为了保证利润，没有与其打价格战。这说明进口替代之战，国外巨头不会坐以待毙，采取降价策略是必然的，因此对毛利率、市场份额的预测都不宜过于乐观。

鼎龙化学在"小而美"的电荷调节剂阶段应该就意识到了这一问题，产业链延伸和"产品+"布局也正是为了避免单一产品导致的业绩波动风险。笔者认为，对此时的鼎龙化学而言，单一产品的不佳表现已经无伤大雅，在全产业链关键环节布局，迅速成为行业第一，积累更多

---

① 资料来源：企查查。

的现金，才是牢固的护城河。

小结：

布局时间：3 年。

耗费资金量：不明确。

3. 彩色硒鼓（产业链向终端品牌延伸，市场空间 2000 亿元）

鼎龙化学向下游彩色硒鼓业务的延伸仍旧是通过先参股后控股的方式完成的。

前文已经提到，彩色聚合碳粉的生产工艺掌握在日本三菱、鼎龙化学和机器生产商手中，而机器生产商只生产适配自身机器的耗材，因此对于鼎龙化学而言，生产兼容各种机型的彩粉，从而差异化供应各机器生产商是其势必选择的入局之道。

选择再向下游延伸一步，进入硒鼓行业，原因有三：一是实现彩色碳粉的内部去化；二是获取品牌和终端渠道，使彩色碳粉产品从工业产品进入终端消费市场，打开千亿级别的市场空间；三是硒鼓行业分散，竞争激烈，具有上游原材料成本优势的企业具备整合整个行业的能力和空间。

2012 年，鼎龙化学收购珠海名图；2014 年，收购珠海科力莱；2016 年，并购超俊科技。鼎龙化学彩色硒鼓行业布局见表 6。

2016 年，鼎龙控股拥有珠海名图、深圳超俊和科力莱三大硒鼓品牌，行业份额第一，但占比还不到 15%。2014 年以来，全球和国内的打印耗材增速下滑，市场进入激烈竞争阶段，只有在上游核心材料如彩粉和耗材芯片等环节有布局的企业才有突围的可能，因此，上游芯片的布局势在必行。

小结：

布局时间：4 年（收购 3 个品牌）。

耗资：7.8 亿元，均为募集资金。

表 6   彩色硒鼓项目布局

事项分类	时间	事件	战略意义
进入硒鼓行业：技术+产能+市场	2012 年	2012 年 12 月，鼎龙化学以 3740 万元受让 20% 老股，参股珠海名图①，100% 股权估值 1.87 亿元。2013 年，鼎龙化学通过发行股份及支付现金的方式收购剩余 80% 的股权，对价 2.77 亿元，100% 股权估值 3.46 亿元，同时配套融资 0.9 亿元。2012 年，珠海名图营业收入 2.3 亿元，净利润 3570 万元，承诺 2013—2016 年平均净利润不低于 5325 万元。静态 PE 为 9.7 倍，动态 PE 为 6.5 倍	珠海名图和科力莱均为国内再生彩色硒鼓行业的龙头企业
市场	2014 年	2014 年 2 月，鼎龙化学通过珠海名图实现对科力莱控股。交易方案为 9300 万元估值收购 51% 老股②。科力莱 2012 年净利润 1519 万元，承诺 2013 年度、2014 年度、2015 年度经审计净利润分别不低于 1650 万元、2000 万元、2400 万元。静态 PE 为 6.12 倍，动态 PE 为 4.6 倍	科力莱是收购珠海名图公告文件中所列明的竞争对手，收购科力莱也是为了消除二者之间的无序竞争，进行产业整合
市场 + 产品互补	2016 年	2016 年，鼎龙化学并购超俊科技 100% 股权，估值 4.2 亿元，静态 PE11 倍，动态 PE7.9 倍	超俊科技是通用硒鼓的生产制造商，产品主要销往金砖国家和新兴国家市场，鼎龙化学子公司珠海名图、珠海科力莱的产品主要销往欧美

① 资料来源：《湖北鼎龙化学股份有限公司审核报告》（大信专审字〔2015〕第 2-00085 号）。
② 资料来源：《湖北鼎龙化学股份有限公司关于全资子公司对外投资的公告》。

事项分类	时间	事件	战略意义
市场＋产品互补	2016 年		市场，二者市场存在互补。超俊科技主要生产兼容产品，珠海名图和科力莱生产再生系列，产品也可互补。收购之后，可以整合研发、采购，销售领域减少无序竞争，形成全球销售网络

4. 显影辊（硒鼓核心配套部件，市场空间 30 亿元）

上市公司 2015 年 8 月投资新设合营子公司珠海鼎龙新材料进行显影辊的生产，一方面，能优先满足公司自有硒鼓产品对显影辊原材料的差异化适配要求，提升硒鼓质量、性能稳定性、成本优势，提升硒鼓的市场竞争能力；另一方面，可以创造新的盈利增长点。显影辊在硒鼓成本中占比 5%，全球市场空间约 100 亿元。

鼎龙化学和珠海名图分别出资，合计持股 70%，团队持股 30%[①]。一期产能 1500 万支/年显影辊项目于 2016 年第二季度顺利投向市场实现销售，于 2016 年下半年开始盈利，毛利率 45% 左右。当时预计 2 年左右时间可以形成 2 亿~3 亿元营业收入，3000 万元净利润。

从显影辊的布局可以看出，鼎龙股份在打印耗材全产业链布局中已经形成相当的竞争优势，这种竞争优势又会进一步降低其产业版图扩张的难度。

小结：

[①] 资料来源：《湖北鼎龙化学股份有限公司对外投资暨设立子公司珠海鼎龙新材料有限公司的公告》。

布局时间：3年。

耗资：1000万元。

5. 硒鼓芯片（关键卡脖子原材料的布局，市场空间12亿元）

2016年2月，鼎龙化学发布了上市以来最大手笔的资本运作，发行股份及支付现金近10亿元收购旗捷科技100%股权、超俊科技100%股权、佛来斯通100%股权，同时募集配套资金10亿元[①]。收购超俊科技和佛来斯通的战略意义更多的是消除竞争对手、扩展版图，而收购旗捷科技，目标是其生产的产业链上技术难度最大、毛利率最高的芯片。

旗捷科技100%股权估值4.4亿元，静态PE17.6倍，动态PE7.33倍。硒鼓上游最重要的四个原料/零部件为彩粉、芯片、显影辊和OPC鼓，鼎龙化学目前是彩粉全球第一大企业，显影辊国内第一大企业，芯片国内第二大企业。通过并购，鼎龙化学快速完成了硒鼓上游零部件的布局。

截至当时，鼎龙化学打印耗材全产业链布局完成，此后已经不需要大规模的资金投入或者收购即可保持行业领先地位。鼎龙化学需要做的是集合全产业链的力量，去争取硒鼓市场更大的份额，而下游硒鼓产量的提升，又会成倍带动上游彩粉、显影辊、芯片业务利润的增加。

小结：

布局时间：并购当年即完成布局。

耗资：4.4亿元，均为募集资金。

6. 总结

从2010年上市到2016年完成10亿元规模的并购，鼎龙股份耗资14.7亿元（均为募集资金），历经4次并购，完成了"CF颜料—彩色聚合碳粉、芯片、显影辊—再生硒鼓"打印耗材全产业链的贯通，成为行

---

① 资料来源：《湖北鼎龙化学股份有限公司发行股份及支付现金购买资产并募集配套资金报告书摘要》。

业第一。营业收入、净利润、净资产、市值基本上翻了4~5倍。

营业收入从2.4亿元增长至13亿元，净利润从0.52亿元增长至2.6亿元，营业收入翻了近5倍，净利润翻了4倍，这一数据还未考虑2016年收购的标的只有半年并表业绩。打印复印耗材贡献了收入规模，功能性化学品营收占比虽然只有33%，但是贡献的毛利与打印复印耗材基本相当。

净资产由5.9亿元增长至25亿元。

鼎龙股份已经是一家市值稳定在百亿元以上的上市公司，相比上市时涨了10倍多。

在打印耗材领域成为第一之后，鼎龙化学的路在何方？从公告中看，鼎龙化学早在2013年就已经开始在化学品新材料领域进行大规模探索和论证。鼎龙化学的定位是"全球卓越化学品新材料供应商"。2016年更名为鼎龙股份。对于下一个要攻克的堡垒，鼎龙化学选择了CMP（化学机械抛光）抛光垫和抛光液。

四、百亿出发，第二曲线：半导体、显示用化学品

1. CMP产业

鼎龙化学何以选择CMP产业？在2016年8月的一次投资者说明会上，公司的答复是：CMP产业进入门槛高、具有行业壁垒、市场相对集中、能够实现国产替代。进口替代是鼎龙的基因，而鼎龙在打印耗材领域又积累了足够的项目运作经验。抛光垫（全球市场空间50亿元）、抛光液（全球市场空间70亿元），抛光垫陶氏垄断，抛光液的竞争格局未定，国内巨头安集科技占30%市场份额。随着2018年、2019年大量晶圆厂投建，集成电路产业链向中国转移，以及国产替代要求的提出，市场环境足够好。

我们从人才、技术、资金、市场几个维度看看鼎龙的CMP产业是如

何发展起来的。

（1）抛光垫。

抛光垫产业布局见表 7。

表 7　　　　　　　　　　抛光垫产业布局

事项分类	事件	意义
平台	鼎龙股份 2015 年 10 月成立鼎汇微电子	便于后续在子公司层面筹集资金、股权激励
资金+产能	2015 年，首发超募资金及利息 1 亿元投入 CMP 产业化一期工程，年产 10 万片 CMP 抛光垫。2016 年，10 亿元规模发股购买资产，10 亿元配套融资中 1.16 亿元用于 CMP 产业化二期。2019 年，湖北高新投战略投资 3000 万元，估值 7.8 亿元。2021 年，建信信托投资 2.1 亿元（其中 1.3 亿元增资），估值 25 亿元。银行/股东长期借款 2 亿元	以上股权投资合计 3.76 亿元
人才（技术+产品）	（1）2020 年，以 5.2 亿元估值，将 20% 股权转让给持股平台，预计 120 人，包括上市公司和鼎汇微电子的核心员工（一半为实际控制人持有），对价 1.04 亿元。 （2）2022 年 4 月，对价 7.6 亿元，估值 40 亿元，收购持股平台持有的全部股权，不少于 3.8 亿元对价需要购买公司股票并分 3 年解锁。交易所问询之后终止。 （3）2024 年 4 月，对价 4.75 亿元，估值 25 亿元收购平台持有的全部股权，持股平台承诺 2024—2026 年合计净利润不低于 7 亿元，税前 15% 的对价 7125 万元用于二级市场集合竞价购买股票，6 个月内购买完毕，锁定 12 个月①。鼎龙股份 2023 年年报显示，货币资金+交易性金融资产 12 亿元，净资产 48 亿元	2020 年实现 8000 万元规模收入，开始进行员工激励。2023 年实现营业收入 4 亿元，净利润 1.8 亿元，以 4.75 亿元收购员工持股，实现激励

---

① 资料来源：《湖北鼎龙控股股份有限公司关于收购控股子公司少数股权暨关联交易的公告》。

续　表

事项分类	事件	意义
市场+技术	2018 年 1 月，5631 万元收购成都时代立夫 65% 股权，估值 8663 万元①。时代立夫经过初期技术研发、工艺改进阶段，已通过国内部分晶圆代工厂的线上测试，于 2016 年中期开始进入正式生产阶段，已具备了将技术研发成果转化为规模化产品的能力，产品得到了下游客户的认可；同时承接了"极大规模集成电路制造装备及成套工艺"（以下简称国家"02 专项计划"）的国家科技重大专项课题任务，体现其技术先进性以及行业地位	虽然时代立夫净资产只有 2000 万元，营业收入不足 200 万元，但从为鼎龙迅速掌握技术和进入市场发挥的作用来看，收购十分必要且成本不高

经营成果总结：2013 年开始布局，2020 年实现规模收入并扭亏，2022 年、2023 年营业收入分别为 5 亿元、4.2 亿元，净利润分别为 2.3 亿元、1.8 亿元。截至 2023 年 12 月 31 日，总资产 11 亿元，固定资产与无形资产合计 6.4 亿元，长期借款 2 亿元，递延收益 1.5 亿元，净资产 6.4 亿元，未分配利润 3 亿元②。从 2015 年大规模投入到实现自我造血正向循环历经 5 年。

耗费资金：建厂运营耗费资本金 3.76 亿元（均为募集资金），团队激励耗费资金 4.75 亿（自有资金），收购技术和市场耗资 0.6 亿元（自有资金），不算团队激励，合计 4.4 亿元，算上团队激励，合计 9 亿元。

（2）抛光液。

抛光液产业布局见表 8。

经营成果：

从 2015 年成立平台公司，到 2023 年实现营业收入 0.77 亿元，尚未盈利，历经 8 年，耗资 5 亿元。

---

① 资料来源：《湖北鼎龙控股股份有限公司关于控股成都时代立夫科技有限公司的对外投资公告》。
② 资料来源：《湖北鼎龙控股股份有限公司 2023 年年度报告》。

表8   抛光液产业布局

事项分类	事件	意义
平台	鼎龙股份 2015 年 12 月成立鼎泽电子	便于后续在子公司层面筹集资金、股权激励
资金+产能	仙桃投资 4 亿元。已经建成本部 5000 吨抛光液产能，以及仙桃 2 万吨抛光液和研磨粒子产能	
人才	2017 年成立时，李文超持股 25%，HUNGJU 持股 5%。2019 年，PAOCHING 增资入股 2020 年，鼎龙泰豪以 1700 万元估值入股 20%，泰豪为鼎龙实际控制人持股的平台。2022 年，鼎泽获得主流晶圆厂量产订单后，兑现股权激励。按照 1.5 亿元估值，鼎龙泰豪将部分股权落实到员工 11%，部分落实给李文超，鼎龙增资之后持股 70%	在此之前，实际控制人以较低价格入股先锁定股权激励份额，避免实缴出资金额过大；抛光液达成里程碑进展之后，股权激励立刻落实到个人。接下来鼎泽盈利之后，将与鼎汇类似，上市公司回购以兑现激励

2. 显示、半导体用 PI（聚酰亚胺）

PI 产业布局见表9。

表9   PI 产业布局

事项分类	事件	意义
平台	鼎龙股份于 2017 年 8 月成立武汉柔显，成立时上市公司持股 65%，其余为自然人股东	便于后续在子公司层面筹集资金、股权激励
资金	2018 年使用募集资金 3000 万元①。2022 年自有资金增资 1.5 亿元②，并且对仙桃 PSPI（光敏性聚酰亚胺）投资 1.5 亿元	

---

① 《湖北鼎龙控股股份有限公司 2018 年年度报告》。

② 《湖北鼎龙控股股份有限公司 2022 年年度报告》。

事项分类	事件	意义
人才+技术+ 市场	2020 年 8 月，泰豪入股 10.65%，柔显两个核心高管员工持股平台持股 10%，估值为 5734 万元。 2022 年 4 月，投前估值为 3 亿元，2000 万元受让部分高管持股，同时上市公司和新投资方增资，完成后，公司持股比例上升为 70%。投后估值为 4.676 亿元。 2024 年，以 5600 万元收购泰豪和李文超持有的 12% 股权，投后估值 4.676 亿元。收购完成后，上市公司持股增加到 82%	截至 2020 年 8 月，柔显营业收入为 0，净资产为 1300 万元，2019 年全年亏损 560 万元。 2020 年第二季度，建成 YPI（黄色聚酰亚胺）1000 吨产能，并产生吨级订单，收入不足百万元。 2021 年，实现营业收入 5000 万元。 2023 年，柔显扭亏为盈，兑现激励

经营成果：围绕着聚酰亚胺材料，公司持续深化在显示和半导体领域的产业版图，其中柔显用 YPI、PSPI 是公司最先放量的 PI 产品，此外，公司取向 PI、无氟 PSPI、黑色 PSPI 均处在研发状态，新品在按计划开发送样中。半导体领域，公司已经完成了多款主流非光敏 PI、正性 PSPI 光刻胶和负性 PSPI 光刻胶的开发，涵盖高低温固化制程，具备了吨级量产能力。

从 2013 年立项到 2023 年扭亏为盈，历经 10 年，这也说明进入 PI 材料领域的确难度高、门槛高，是企业竞争的护城河。

耗费资金：3 亿元（算上早期的研发投入）。

3. 光刻胶

国内厂商现已实现 g/i 线光刻胶的量产，但在更为先进的 KrF、ArF、EUV 光刻胶领域尚未实现大规模量产，KrF、ArF 胶的 CR4 均约有八成或以上，应化、杜邦、信越、住友、JSR 几乎垄断了高端光刻胶领域市场。在国际市场技术封锁、国内半导体产业加速发展的大背景下，覆盖了从 0.25μm 到 7nm 的主要半导体先进制造工艺的 KrF、ArF 胶国产化替代诉求极为迫切。Trendbank 2022 年年底预测，2023 年我国半导体光刻胶市场规模突破 40 亿元，其中 ArF 光刻胶市场需求量约 245 吨，市场规模达 19.6 亿元，尚有充分的国产替代空间。

光刻胶产业布局见表 10。

表 10　　　　　　　　光刻胶产业布局

事项分类	事件	意义
平台	鼎龙股份 2022 年 11 月成立潜江新材料	便于后续在子公司层面筹集资金、股权激励
资金	资金需求 8 亿元。2024 年 3 月，鼎龙股份发布可转债预案，拟募资 10 亿元，其中 4.5 亿元用于光刻胶项目①	
人才	2023 年 12 月，潜江新材按照 1.4 亿元增资，其中鼎龙股份出资 1.025 亿元持股 75%，员工持股平台合计出资 3000 万元持股 20%（18% 为潜江新材核心员工，员工持股平台分 4 年按照 10%、20%、30%、40% 实缴出资），外部投资人出资 750 万元持股 5%（关晓平持股 70%，栾力冰持股 30%）	
市场	通过 CMP 产品已经和半导体客户产生业务关系，具备一定信任基础	

经营成果：进行中。

截至 2023 年年末，鼎龙股份产能建设情况见表 11。

---

① 资料来源：《湖北鼎龙控股股份有限公司关于调整向不特定对象发行可转换公司债券方案及系列文件修订说明的公告》。

表 11　　　　　　　　鼎龙股份产能建设情况

园区	产品	产能	进度
武汉本部	抛光液	5000 吨	稳定供应
	清洗液一期	2000 吨	稳定供应
	YPI	1000 吨	量产出货
	PSPI	200 吨	量产出货
	抛光垫一期二期	30 万吨	稳定供应
仙桃园区	抛光液及配套研磨粒子	2 万吨	2023 年 11 月竣工
	清洗液一期	1 万吨	2023 年 11 月竣工
	PSPI	1000 吨	2023 年 11 月竣工
潜江园区	抛光垫三期	20 万片	已投产，逐渐放量
	KrF/ArF 光刻胶	300 吨	预计 2024 年第四季度完工

资料来源：投资者问答，公司公告，国盛证券研究所。

4. 总结

鼎龙股份的第二曲线布局，其实在整合打印耗材产业链的时候，就已经开始显现。抛光垫业务目前占整个公司营业收入的 20%，但贡献了 33% 的利润，PI 业务也已经扭亏为盈，其他板块尚未盈利。第二曲线的产品毛利率普遍在 50% 以上，且门槛更高，突破盈亏平衡点之后，将会逐渐成为贡献利润的主力。

上市 14 年，鼎龙股份营业收入达到 27 亿元，净利润 4.5 亿元（营业收入和净利润选取的是 2022 年数据），净资产 49 亿元[①]，相比于 6 年前，营业收入增长 100%，净利润增长 80%，净资产增长 100%。账面现金连续多年维持在 10 亿元以上，相当于再造了一个 2016 年的鼎龙。

从抛光垫业务形成规模销售开始，鼎龙股份的市值一直波动向上，目前已经稳定在 200 亿元以上。PE83 倍，这是市场给予毛利更高、门槛

---

① 资料来源：《湖北鼎龙控股股份有限公司 2022 年年度报告》。

更高的国产替代电子化学品的估值。

五、鼎龙股份的产业复制密码

1. 高举高打，进口替代，做难而正确的事

鼎龙从最开始创业选择进口替代的小众高端化学品，到后面布局的CMP、PI、光刻胶等电子化学品，都是突破国外垄断的产品。不论从服务到位、成本更低的商业逻辑，还是从国产替代、自主可控的大势来看，这都是顺势而为的正确的事，但也面临技术、人才、市场的多重考验。高举高打让鼎龙建立了真正的技术和市场护城河。

2. 做大做强，规模优势，集合整个产业链的势能参与市场竞争

除了技术和市场护城河，鼎龙迅速将规模做到最大，将产业链中最核心的环节控制住，这样还会有机会以比较低的成本将竞争对手尽可能收编或者消灭。有了规模优势之后，除了终端，还可以从容、成倍地从上游产业链赚钱。

3. 战略到哪，并购到哪，稳准狠地通过并购实现战略目的

本文重点分析了鼎龙在打印耗材时代的 4 大经典并购，耗资 14.7 亿元，建立起全产业链、多个细分核心产品第一的优势。大部分的并购都是控股型收购，充分控制风险。在并购了核心资产之后，往往伴随整合市场型的收购，后被收购的标的往往价格更低，可以想象在具备产业链势能的竞争对手的打击下，其他市场主体的压力。

4. 战略到哪，人才到哪，里程碑事件伴随股权激励及时兑现

在第二曲线的布局上，鼎龙对人才的重视和激励是非常明显的，也可能电子化学品的难度更大，对人的要求和依赖也更高。鼎汇、鼎泽、柔显、潜江微电子，每个产品立项之初即设立平台公司，主要为了便于对内外部核心人员进行激励。视项目进展情况，在达成量产、盈利等里程碑事件之后，股权激励落实到个人名下，或者由上市公司按照较高估

值回购员工持股。约定明确，即时兑现，激励效果非常明显。同时，不产生商誉，不产生费用，这对上市公司财务报表也非常友好。

米度并购合伙人赵隽女士简介

曾任北京市中伦律师事务所（钱伯斯亚太 2019 榜单获推荐数第一）资本市场部高级律师，于 2018 年加入米度并购，为客户提供控制权交易的精品投行服务。

取得清华大学民商法学硕士、吉林大学法学学士，拥有法律职业资格，以及近 6 年投行律师经验以及 4 年并购顾问及投资经验。曾深度参与 IPO、上市公司并购重组、再融资以及破产重整等业务，了解企业证券化流程、核心关注点以及规范手段，熟悉并灵活运用上市公司各种资本运作工具。在并购重组领域，对并购重组的标的画像、尽调、选择，搭建交易框架、协助交易谈判、把握交易文本，以及税收筹划、投后管理等方面都有规则、理论积累和丰富的实操经验。

04

汇川技术：战略清晰、效率极高、并购助力的成长故事

李 敏

俗话说，"女怕嫁错郎，男怕入错行"。从某种意义上来说，汇川技术（300124）所处的行业可用一个词形容——"苦逼"。技术成熟且被国外垄断，只有"定制化"一条路，可这条路注定投入大、竞争强，也很难通过"一招鲜"吃遍天，因为先行者的知识产权很难被保护。加之能源革命以及逆全球化，使身处电气行业的企业家在左冲右突间，或举步维艰，或经常面临瞬息万变。而汇川技术交出的答卷如此辉煌。创业板前 123 家上市企业中，8 家如今已经退市，市值 10 亿元以下的 2 家，市值 30 亿元以下的 39 家，占比 32%。汇川技术以市值 1241 亿元位居第二，为 3 家千亿元市值上市公司之一（第一为东方财富，第三为爱尔眼科）。在全部 A 股上市公司中排名前 1.6%。对这样一家公司庖丁解牛、管中窥豹，应可以汲取很多养分。

汇川技术成立于 2003 年，2010 年深交所创业板上市，主营工业自动化控制产品，2023 年收入 304.2 亿元，净利润 47.76 亿元[1]，相比 2010年上市之初的收入增长近 45 倍，净利润增长约 21 倍，年均增长 24.5%。上市之初，其业务的 99% 为低压变频器，收入 6.68 亿元，国内市占比

1%~2%。2023 年，低压变频器销售收入 51.68 亿元，国内市占比 17%；伺服系统收入 60.35 亿元，国内市占比 28.2%；PLC（可编程逻辑控制器）收入 24.5 亿元[①]，国内市占比 15.3%（排名第二，在国产品牌中排名第一）；新能源乘用车电机控制产品国内市占比 10.2%（排名第二，第一名、第三名分别为比亚迪、特斯拉），新能源乘用车电驱总成国内市占比 5%（排在前十名），新能源乘用车电机产品国内市占比 3.8%（排在前十名），新能源收入合计 99.22 亿元；工业机器人收入 39.65 亿元，国内市占比 6.5%（排名第七）。

汇川技术的老板朱兴明是公司的灵魂人物，1967 年生人，东北重型机械学院硕士，他与其 16 位最初的创业团队成员均是市场上传奇的"华为—艾默生"系。华为在 2001 年为换取现金流将其子公司华为电气出售给美国的艾默生公司，后来一批人离开艾默生公司开始创业，成就了十几家 A 股上市公司，包括汇川技术、英维克、千方科技、上能电气、麦格米特、禾望电气、盛弘股份、欣锐科技、中恒电气、鼎汉技术、蓝海华腾。朱兴明也就是凭借在华为和艾默生摸爬滚打 10 余年所积累的产业洞见、产业资源和华为的组织效率，终于使汇川技术位列千亿元市值上市公司。

本文从其企业发展脉络的分析入手，探索其并购路径，结合市值演化，深入探究支撑企业高速发展的企业文化。

一、"小华为"的成长密码

汇川被业内称为"小华为"。战略择高而立，战术稳扎稳打，组织高效灵动。总结其成长特点如下。

1. 进入外资未触及的领域，将单一产品做到极致，并完成上市

2003 年汇川只掌握一种技术——变频器矢量控制，只有一种产

---

① 资料来源：《汇川技术 2023 年年度报告》。

品——变频器，后又开发了电梯一体化控制器，这两款产品让汇川进入了通用工业和电梯行业，成为国内电梯一体化产品的首创者。

2007年中国本土的自动化厂商只生产变频器产品，汇川意识到伺服是未来驱动器的王者，开始从自动化的驱动层进入控制层，分别于2006年、2007年组建PLC、伺服技术团队，陆续研发推出一系列相关产品，成为当时少数集控制、驱动、执行于一体的国内企业。2009年，营收达到3.04亿元，净利润1.03亿元，净资产2.16亿元[①]。这样，汇川作为外资独大的行业新兵，迅速形成基石业务，并在细分领域杀出一条血路，奠定了未来发展的基础，并实现了上市。

2. 聚焦市场的高研发投入，抓住每一个产业大发展的风口

2010年汇川上市之后，开始拓展产品线，进军光伏逆变器、汽车空调、商用车电控、工业电机领域。支持其在不同的大产业开疆拓土的核心能力是领先的研发。

汇川2012—2019年研发投入占比均在9%以上，远超竞品公司。汇川和华为一样，都是在技术相对成熟且核心技术被国外公司掌控的领域，抓住市场大爆发的机会，采取"先专用后通用"模式，通过开发专用产品卖出钱来，再为企业后续研发提供窗口，进而保持持续的领先。这个策略使得汇川可以在竞争公司极其强势的市场，用新品类实现品牌崛起和商业突围，打开新的细分市场。

汇川有很多产品都是通过精准切入行业技术的断层迭代而引领行业革命的。例如，电梯从有机房到无机房、从有磁到无磁；工业电机从异步到同步；汽车从燃油车到新能源汽车。一个企业能够为行业提供独特的价值，就是在行业技术出现断层的时候，能够领先一步，从而形成"时差"和"势差"。

---

① 资料来源：《深圳市汇川技术股份有限公司2010年年度报告》。

3. "定制化+快速响应"的模式

贴近客户也是汇川学习华为的一个点。"所有的 TOB 业务本质都是非标业务",在认识到这个第一性原理后,汇川采取了与其他公司不同的打法:不仅向客户提供工艺改进的平台,还提供共同攻关的团队,与头部客户联合攻关和开发,最终实现工艺的突破。

汇川和客户之间的关系价值,就是从简单的交易关系走向行业定制、客户定制和联合开发,与战略客户实现战略共享。因为只有保护客户的创新,才能保证创新之活水源头。维护产业链的生态健康优先于短期的交易利益,此发展模式一旦取得成功,将快速占领市场,且不易被其他竞争者替代。

4. 强大的人才管理能力

人才不是核心竞争力,管理人才是核心竞争力。朱兴明曾说:"我们要把人才的培养跟生产制造放在一个概念里。如同生产线有生产流程,有原材料,有生产、复制的工艺,人才也同样。"汇川 10 年来一直在建"人才生产线",复制人才是业绩成长的必要条件,也是强大组织能力的重要保障。而唯有强大组织能力,方可成就在定制化业务模式下的快速反应能力和品质保障能力。

二、汇川并购的艺术——从拼图到王座

1. 2013 年收购南京睿瞻科技:南京大学"机器视觉+传感器"的工业机器人公司

工控领域的高端应用必须具备工业视觉能力,对工业视觉公司南京睿瞻的收购,使汇川在自动化整体解决方案上向高端延伸,而工业视觉整体解决方案也意味着需要采购大量的伺服、PLC 等,对汇川当前的产品有良好的拉动作用。

南京睿瞻的核心研发团队源自南京大学视觉领域专家团队,是国内

从事物联网、智能视频分析、工业视觉控制等相关系统研发的头部公司。

截至收购前，南京睿瞻的营收为 13.42 万元，净利润为 -13.49 万元，净资产为 110.72 万元。汇川以现金 1200 万元收购其 60% 的股权，整体估值为 0.2 亿元，对应的 PE 为 -148.26 倍，PB 为 18.06 倍[①]。

2. 2013 年收购宁波伊士通：最重要的细分市场注塑机控制器龙头公司

国内注塑机系统集成业务主要由控制器生产企业主导，通过收购与自身产品协同度极高的控制器企业伊士通，汇川可以将伊士通的控制器和自身的伺服驱动器、电机等打包销售，同时，伊士通在伺服系统、PLC 等关键组件的应用需求，也为汇川现有产品线带来了显著的拉动效应。

截至收购前，伊士通的营收为 0.93 亿元，净利润为 0.15 亿元，净资产为 1.07 亿元。汇川以现金 11000 万元收购其 40% 股权，整体估值为 2.75 亿元，对应的 PE 为 18.33 倍，PB 为 2.57 倍。业绩承诺为：伊士通 2014—2016 年累计净利润不低于 1 亿元，对应动态 PE 为 8.25 倍[②]。

3. 2015 年收购江苏经纬：轨交牵引与控制系统

收购江苏经纬使汇川能够直接获取轨交牵引与控制系统的关键技术和市场准入资质，打开了轨交这一高增长潜力市场，江苏经纬成为汇川在轨交领域的核心平台。

江苏经纬通过与斯柯达电气的合资合作和技术转让，具备轨道交通牵引项目准入资质，不仅建成了轨道交通牵引系统平台，还成功交付了苏州 2 号线等项目，在轨交的牵引与控制系统领域掌握核心技术与工艺。

截至收购前，江苏经纬的营收为 0.62 亿元，净利润为 0.1 亿元，净

---

① 资料来源：《深圳市汇川技术股份有限公司关于向南京睿瞻信息科技有限公司增资的公告》。
② 资料来源：《深圳市汇川技术股份有限公司关于宁波伊士通技术股份有限公司 2014 年—2016 年业绩承诺完成情况的专项说明》。

资产为 0.27 亿元。汇川以现金 11082.6 万元收购其 39.3% 股权，并增资 10058 万元增持其 17.63% 股权，整体估值为 4.7 亿元，对应的 PE 为 47.47 倍，PB 为 17.41 倍[1]。业绩承诺为：2 年内协助江苏经纬在中国国内（不含苏州、深圳）的城市地铁招标中至少成功获取 1 条完整的牵引系统订单（含 1 条），后更改为至少成功获得 2 条分属不同城市完整的牵引系统订单（含 2 条），并完成了更新的承诺。

4. 2016 年收购上海莱恩：工业自动化核心机械传动部件高精度滚珠丝杠设计公司

汽车是汇川"以大博更大"重要的历史机遇点和战略性赛道。2016 年，汇川全面进入新能源乘用车行业。滚珠丝杠是工业自动化领域核心的机械传动部件，收购拥有高成熟度的滚珠丝杠企业上海莱恩，对汇川进军汽车领域具有重要意义。

上海莱恩已经有成熟的高精度滚珠丝杠设计能力和工艺，以及机械设计、制造领域的人才队伍，相关产品也已经在相关市场、客户中进行了长达数年的销售，产品的可靠性和稳定性已经得到初步验证。

截至收购前，上海莱恩的营收为 0.197 亿元，净利润为 0.026 亿元，净资产为 0.34 亿元[2]。汇川以现金 5000 万元收购其 55.56% 股份，并增资 1000 万元，合计持有 60% 股权，整体估值为 0.9 亿元，对应的 PE 为 34.62 倍，PB 为 2.65 倍[3]。业绩承诺为：莱恩 2016 年、2017 年和 2018 年的营业收入合计不低于 1.2 亿元，对应的动态 PE 为 2.25 倍。

5. 2018 年收购德国 PA 公司：数控机床

收购德国 PA 公司完善了汇川数控机床及伺服系统的整体解决方案，

---

[1] 资料来源：《深圳市汇川技术股份有限公司关于收购江苏经纬轨道交通设备有限公司 39.3% 股权暨增资事项进展的公告（二）》。

[2] 资料来源：企查查网站"上海莱恩精密机床附件有限公司"相关信息。

[3] 资料来源：《深圳市汇川技术股份有限公司关于使用自有资金收购上海莱恩精密机床附件有限公司部分股权暨增资的公告》。

对汇川延长产品线和技术整合有重要意义。

PA 公司主要从事 CNC（数控机床）软件开发和应用，是全球最早的基于 PC 高端开放式数控系统供应商之一，而 CNC 也正是我国企业的技术痛点和难点。目前德国 PA 公司是汇川全球五大研发中心之一，也是汇川欧洲总部所在地。

2018 年，汇川的全资孙公司意大利汇川使用自有资金 1100 万欧元收购德国 Power Automation AG 及 Power Automation Gmbh（合称 PA）的整体资产①。

6. 2019 年收购上海贝思特：电梯电气部件

汇川的电梯一体化业务已覆盖了绝大多数国产品牌电梯厂商，而贝思特则在国际品牌市场中占有很高的份额。此次收购使汇川和贝思特均在各自的优势市场增加渗透率。

截止收购前，贝思特营收为 21.87 亿元，净利润为 2.18 亿元，净资产 24.87 亿元。汇川以现金（51%）和发股（49%）合计 24.87 亿元购买其 100% 股权②，整体估值为 24.87 亿元，对应 PE 为 11.41 倍，PB 为 1.0 倍。

并购的艺术，不仅在于买下多少公司，更在于如何将这些公司整合成一个更强大的整体，实现 "1+1>2" 的效果。汇川的并购特点可以概括为三：一是并购标的都在特定技术领域有独特的能力并因此拥有独特的市场地位。二是只做战略并购，不做财务并购：通过并购增强技术实力和市场份额，实现 "技术+市场" 的双赢。三是并购后多层面的输出策略：输出自己的管理干部、企业文化和管理平台，确保整合和发展。

---

① 资料来源：《深圳市汇川技术股份有限公司董事会关于本次发行股份及支付现金购买资产并募集配套资金前 12 个月内购买、出售资产的说明》。

② 资料来源：《深圳市汇川技术股份有限公司关于发行股份及支付现金购买资产之标的公司 49% 股权完成过户的公告》。

正是凭借其持续并购，以及并购后依托强大组织能力的深度整合，在国产替代的大潮中，汇川终于将盘踞各领域的国际巨头挑落马下。

三、市值成长之路——12 年市值增长 18 倍

汇川 2010—2024 年市值变化如图 1 所示。我们把汇川市值成长之旅总结为三级跳，具体如下。

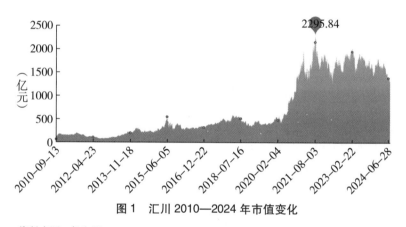

图 1　汇川 2010—2024 年市值变化

资料来源：亿牛网。

1. 第一阶段（2010—2012 年）：喧嚣之后，归于平淡

汇川上市初期 PE（TTM）一度高达 95 倍，市值高达 178 亿元，但是到了 2012 年，市值下跌到 70 亿元，PE 仅有 20 倍[①]。挤掉泡沫的过程可能会痛苦，但这是健康的调整。当时的汇川可以说仍然处于单打独斗的跟随期，并没有站在生态链的顶端。汇川深刻地认识到这一点，更加专注于提升实际业绩，一步一个脚印，而不是被高估值的压力所困扰。

2. 第二阶段（2013—2018 年）：收购积聚能力，业绩稳定增长

进入 2013 年，汇川开始通过一系列收购行动积聚实力。这一阶段，

---

① 　资料来源：亿牛网，https：//eniu.com/gu/sz300124/market_value。

汇川业绩稳步增长，翻了 2.8 倍，市值也从 100 亿元增长到 500 亿元，市盈率常年保持在 40 倍左右。2018 年，市值更是达到 593 亿元[1]，显示出强大的增长潜力和市场信心。这一阶段的成功为汇川未来的发展奠定了坚实基础。

3. 第三阶段（2019—2022 年）：兼具茅台、宁德时代的特质——科技、蓝筹、成长

首发时汇川计划募资 3 亿元，实际募资 19 亿元，一举解决了其到 2018 年 10 年的 CAPEX（固定资产+并购开支）的资金（其间这部分开支总计 15 亿元）。2019 年，汇川继续展示出其强大的成长性和市场吸引力。这一年收购了贝思特，并配套融资 15 亿元，3 年后又进行了 21 亿元的定增[2]。尽管负债率达到 40%，但汇川固定资产在总资产中仅占 8%。2020 年 2 月，汇川的市值从 494 亿元增长到 1963 亿元，再到数月后的 2295 亿元[3]，如此高的增长速度令人瞠目，汇川在智能制造和新能源汽车双轮驱动两个领域都稳居王者地位。无论是追求行业龙头的确定性投资者，还是偏好高技术高成长的投资者，都能在汇川找到自己的投资机会。

四、企业文化：赚难赚的钱

一流的企业家一定也是思想家，不仅关注企业的经营和管理，更注重把握企业的核心战略和独特打法。正如朱兴明所言："企业是人的企业，方向大致正确，最近一年的工作丝丝入扣。"汇川组织上的"狼性"是业内公认的。

正是战略上的择高而立，战术上的步步落地，使汇川能够跟得上新能源汽车以及其他行业快速成长的步伐，成为"王"。

---

① 资料来源：企查查。
② 资料来源：企查查。
③ 资料来源：亿牛网，https://eniu.com/gu/sz300124/market_value。

05

迈瑞医疗：小鱼出水圆纹见，轻燕穿帘折势成

——科创板首单"A 收 A"交易全解析

臧宇峰

2024 年以来，关于并购重组的政策暖风不断，在此背景下，科创板通过并购重组实现产业整合的热情显著升温。

开年不到一个月，就有亚信安全、思瑞浦、惠泰医疗等科创板公司接连发布重组预案。其中，亚信安全是科创板首单收购港交所上市公司的案例，思瑞浦是 2023 年 11 月证监会发布定向可转债规则后，沪市首单定向可转债案例。

作为市场关注度较高的科创板首单"A 收 A"交易，迈瑞医疗（300760）于 2024 年 1 月 28 日发布公告，以协议转让、现金收购方式，66.52 亿元的超大交易金额，471.12 元/股的高价取得惠泰医疗的控股权①。监管层支持通过资本市场开展高质量产业并购，体现了监管对此类公司整合的态度，有助于消除大众对"A 控 A"的一些误解。

小小的鱼儿，轻轻地跳跃；细细的波纹，圆圆地扩散。

本文将深度剖析这笔科创板首单"A 股"收购"A 股"的典型案例，供读者学习借鉴参考。

---

① 资料来源：《深圳迈瑞生物医疗电子股份有限公司关于收购深圳惠泰医疗器械股份有限公司控制权的公告》。

一、人物介绍

惠泰医疗原实控人为成正辉、成灵父子。其中，父亲成正辉（持股24.97%）是公司法人、董事长、总经理，已年逾60，儿子成灵（持股7.48%）除曾担任公司商务经理，一直未出现在公司董事会及高管中，且其本身没有医疗器械相关的学历背景。对这样的家族企业而言，在当前 A 股二级市场长期低迷、实控人减持、监管趋严的现状下，以约30%的溢价出让控制权并实现财富变现或许是一个不错的选择。

迈瑞医疗实控人为李西廷和徐航。董事长李西廷（持股26.98%），新加坡籍，1951 年生于安徽砀山县，当过工程兵，退伍后参加高考，考入中国科学院大学低温物理专业，毕业分配到武汉物理所做研究员，其间前往法国做过访问学者，1986 年被选派至中国最早的医疗器械公司深圳安科。1991 年，李西廷与同事徐航一起创办迈瑞医疗。经过多年发展，迈瑞医疗成为中国最大的医疗器械集团，并在全球位列前 30 强[①]。

董事徐航（持股24.49%），中国香港人，1962 年生于广州的军人家庭。清华大学计算机学士、生物医药工程硕士，毕业后加入深圳安科，并升至超声科学技术负责人。和李西廷创办迈瑞医疗后，于 2007 年成立鹏瑞集团进军房地产行业，"深圳湾 1 号"就是徐航打造的国内顶级豪宅之一。

二、交易双方介绍

迈瑞医疗 1991 年成立于深圳南山区，产品涵盖生命信息与支持、临床检验及试剂、数字超声、放射影像四大领域。产品应用于全球 190 多个国家和地区，覆盖中国 10 万多家医疗机构、95% 以上的三甲医院。

---

① 资料来源：2024 全球医疗器械公司 100 强榜单。

2006 年作为中国首家医疗企业在纽交所上市，2016 年完成私有化退市，2018 年在深交所创业板挂牌上市。2024 年 9 月市值约 3001 亿元，静态市盈率 25.9 倍。2021—2023 年收入分别为 253 亿元、304 亿元、349 亿元，净利润分别为 80 亿元、96 亿元、116 亿元，2024 年上半年收入为 205 亿元，净利润为 75.6 亿元，收入及利润逐年增长[①]。

2008 年起，迈瑞医疗开启并购之路，先后完成医护监控设备商 Datascope、高端超声影像制造商 Zonare、IVD 原料商 Hytest 等 20 余起并购交易，拓宽了产业链长度，积累了并购交易经验。截至 2024 年 6 月 30 日，账面资金 205.99 亿元，资金充裕[②]。

惠泰医疗 2002 年成立于深圳南山区，产品覆盖电生理、冠脉通路和外周血管介入等心血管治疗用医疗器械领域。2020 年成为电生理国产厂商第一名，但其市场占比仅为 3.1%。2021 年登陆科创板以来，业绩持续增长，2021—2023 年收入分别为 8.3 亿元、12.2 亿元、16.5 亿元，净利润分别为 2.1 亿元、3.6 亿元、5.3 亿元，2024 年上半年收入为 10 亿元，净利润为 3.4 亿元，财务状况优良[③]。同时，惠泰医疗股权相对集中，除两位实控人，无其他持股 5% 以上的股东，便于收购控制权。

三、交易基本情况

<u>迈瑞医疗使用自有资金通过"协议转让+表决权"方式收购惠泰医疗控制权。</u>

迈瑞医疗受让惠泰医疗 24.61% 股权。其中，以 471.12 元/股的价格直接收购惠泰医疗合计 21.12% 的股权，对价 66.52 亿元；以 461.34 元/股的价格收购珠海彤昇 0.12% 的普通合伙权益进而间接持有惠泰医疗

---

① 资料来源：亿牛网，https：//eniu.com/gu/sz300760。
② 资料来源：《深圳迈瑞生物医疗电子股份有限公司 2024 年第三季度报告》。
③ 资料来源：企查查网"深圳惠泰医疗器械股份有限公司"相关信息。

3.49%的股权，对价 129 万元。[1]

同时，原实际控制人成正辉承诺，永久放弃所持标的公司 10%的表决权。

交易整体估值约 315 亿元，以 2023 年第四季度计，惠泰医疗净利润 5.3 亿元，PE 为 59 倍；净资产为 19.1 亿元，PB 为 16.5 倍[2]。经核实，本次交易迈瑞医疗形成 61.7 亿元商誉，对价为 471.12 元/股，参照惠泰医疗公告前一日均价，溢价率约为 30%。

1. 具体交易内容

深迈控以 129.28 万元的对价受让晨壹红启持有的珠海彤昇全部 0.12%的普通合伙权益，此前迈瑞医疗持有珠海彤昇 99.88%的有限合伙权益，且珠海彤昇为惠泰医疗第一大流通股东[3]。于是，深迈控与珠海彤昇成为一致行动人，并拿下珠海彤昇持有的惠泰医疗 233.53 万股（占比 3.49%）的股权。

与此同时，深迈控以 471.12 元/股的价格受让扬州澎旭持有的惠泰医疗 93.51 万股股份（占比 1.40%），花费约 4.40 亿元[4]。此前，扬州澎沅（迈瑞持股 99.43%，晨壹红启持股 0.57%）为扬州澎旭的有限合伙人，且持有其 99.83%的权益，晨壹红启作为扬州澎旭的普通合伙人及执行事务合伙人持有其 0.17%的权益。

接下来，深迈控通过协议转让方式以 471.12 元/股的价格，收购成正辉、成灵、戴振华及其他机构合计持有的惠泰医疗 1318.52 万股股份

---

[1] 资料来源：《深圳迈瑞生物医疗电子股份有限公司关于收购深圳惠泰医疗器械股份有限公司控制权的公告》。

[2] 资料来源：亿牛网，https://eniu.com/gu/sh688617。

[3] 资料来源：《深圳迈瑞生物医疗电子股份有限公司关于收购深圳惠泰医疗器械股份有限公司控制权的公告》。

[4] 资料来源：《深圳惠泰医疗器械股份有限公司关于股东权益变动暨控股股东和实际控制人拟发生变更的提示性公告》。

（占比 19.72%），花费约 62.12 亿元。同时，惠泰医疗的实际控制人成正辉承诺，在其收到全部股份转让价款之日起，自愿、永久且不可撤销地放弃所持标的公司 10% 的股份所享有的表决权。

迈瑞医疗并购惠泰医疗具体交易内容如表 1 所示。

表 1   迈瑞医疗并购惠泰医疗具体交易内容

步骤	转让方	受让方	转让标的
1	晨壹红启	深迈控	珠海彤昇 0.12% 的普通合伙权益（珠海彤昇为惠泰医疗第一大流通股东，持股惠泰医疗 3.49%，约 233.53 万股）
2	扬州澎旭	深迈控	惠泰医疗 1.40% 的股份，约 93.51 万股
3	成正辉、成灵、戴振华、上海惠深、上海惠疗、启华三期、启明融科、启明融盈、QM33 Limited	深迈控	惠泰医疗 19.72% 的股份，约 1318.52 万股（原实控人成正辉放弃其 10% 的表决权）
合计			惠泰医疗 24.61% 的股份，约 1645.56 万股

2. 迈瑞医疗并购惠泰医疗历程

迈瑞医疗并购惠泰医疗历程如表 2 所示。

表 2   迈瑞医疗并购惠泰医疗历程

时间	事件
2023 年 4 月 24 日	晨壹投资设立珠海彤昇基金，基金注册资本 8.51 亿元，晨壹出资 100 万元（0.12%），其余为迈瑞医疗出资
2023 年 5 月 22 日	晨壹投资设立扬州澎旭基金，基金注册资本 6.01 亿元，晨壹出资 100 万元（0.17%），其余均为迈瑞医疗出资
2023 年第三季度	珠海彤昇增持惠泰医疗 3.49%
2024 年 1 月 26 日	惠泰医疗上市满 3 年，发布限售股流通公告，创始人成正辉及儿子成灵股份解禁
2024 年 1 月 28 日	签署《股份转让协议》《权益转让协议》，成正辉承诺放弃表决权

续　表

时间	事件
2024 年 1 月 29 日	迈瑞医疗发布《深圳迈瑞生物医疗电子股份有限公司关于收购深圳惠泰医疗器械股份有限公司控制权的公告》，惠泰医疗发布《深圳惠泰医疗器械股份有限公司关于股东权益变动暨控股股东和实际控制人 拟发生变更的提示性公告》

3. 交易前后股权结构

本次交易前后股权结构如表 3 所示。

表 3　　　　　　　　　交易前后股权结构

出让方	转让前比例	转让比例	转让后比例	受让方	转让后表决权比例
成正辉	24.97%	6.24%	18.73%	深迈控	8.73%
成灵	7.48%	7.48%	0	深迈控	-N/a
戴振华	1.52%	0.28%	1.24%		
上海惠深	1.66%	0.70%	0.96%		
上海惠疗	0.06%	0.01%	0.05%		
启华三期	2.32%	1.43%	0.89%		
启明融科	2.25%	1.39%	0.86%		
启明融盈	0.71%	0.44%	0.27%		
QM33 Limited	2.81%	1.74%	1.07%		
合计	43.73%	19.72%	24.01%	-N/a	-N/a
扬州澎旭	1.4%	1.4%	0	深迈控	
珠海彤昇	3.49%	0	3.49	深迈控一致行动人	
全部合计	48.62%	24.61%	24.01%	-N/a	
深迈控等一致行动人合计受让	-N/a	24.61%	-N/a	-N/a	34.61%

4. 交易亮点

第一，迈瑞医疗是中国医疗器械市值"一哥"，通过收购惠泰医疗将进入电生理相关赛道。

第二，晨壹红启管理珠海彤昇基金成立后，唯一操作就是在二级市场对惠泰医疗持续买入。珠海彤昇基金 2023 年 4 月注册成立，并于当年 5 月更换合伙人为迈瑞医疗。迈瑞医疗出资额为 8.5 亿元（占比 99.88%），晨壹红启出资额为 100 万元（占比 0.12%），注册资本为 8.51 亿元[①]。2023 年 6 月底，珠海彤昇占股比例为 3.03%，一举成为惠泰医疗第三大股东。2023 年 9 月，珠海彤昇基金增仓惠泰医疗至 3.49%[②]。

第三，本次交易总转让股数 1645.6 万股×每股转让价格 471.12 元=转让总价 77.5 亿元，实际支付对价为 66.52 亿元和前期珠海彤昇所持 3.49% 的原投资成本 5.5 亿~8.5 亿元。推测收购方节省了约 2.5 亿~5 亿元，差额是由晨壹红启管理的珠海彤昇基金通过提前布局、分步收购实现的。

第四，迈瑞医疗持有惠泰医疗 24.61% 股权，成正辉持有 18.73% 股权，二者之间相差 5.88%，为避免第一大股东和控股权丢失，成正辉做出不谋求控制权承诺及表决权设置。

第五，考虑到目前 A 股二级市场低迷状况以及实控人减持股份的实际难度，本次交易对于原实控人来说也是一个家族财富变现的机会，本次并购完成后成正辉先生仍持有惠泰医疗 18.73% 的股份，可以继续享有惠泰医疗未来成长的收益。

第六，本次交易溢价率基本与沪、深交易所 2021 年以来交易规模大于 10 亿元的上市公司控制权转让 30% 的平均溢价率持平。

---

① 资料来源：企查查。
② 同上。

5. 本次交易重点关注的问题

（1）惠泰医疗为何出让上市公司控制权？

尽管惠泰医疗是国内心血管细分领域的龙头，但其在行业内并非占绝对优势。

例如，2020 年惠泰医疗虽是电生理国产厂商的第一名，但其市场份额占比仅为 3.1%，与第二名微创电生理仅相差 0.4%，而且微创电生理还背靠微创集团。同时，冠脉通路器械、外周血管介入器械外资占有率超过 60%，电生理外资占有率更是超过 90%，外资在该领域占据主导地位，国产替代之路道阻且长。

可以说，惠泰医疗面临着内外资同行的双重竞争压力，未来存在较大的不确定性。

（2）收购前，迈瑞医疗实际上早已间接成为惠泰医疗的第一大流通股东。

早在 2023 年 5 月 12 日，迈瑞医疗就曾发布公告，拟与晨壹基金共同投资有限合伙企业。晨壹基金属于晨壹系成员企业，其实控人刘晓丹曾担任中国证监会第四届、第五届并购重组审核委员会委员。

2023 年 5 月 16 日，由晨壹系旗下企业晨壹红启、晨壹并购于 2023 年 4 月创设的珠海彤昇发生了合伙人变更，迈瑞医疗取代晨壹并购，和晨壹红启成为珠海彤昇的"唯二"合伙人。

珠海彤昇成立后的唯一操作，就是对惠泰医疗进行持续买入动作。在惠泰医疗 2023 年中报中，珠海彤昇以 202.26 万股一举跻身惠泰医疗十大股东，并在三季报时增仓至 233.53 万股，占比为 3.49%，继续稳坐第一大流通股东位置[1]。

（3）溢价 30%，收购价 471.12 元，甚至超过了惠泰历史股价最高点

---

[1]　资料来源：《深圳惠泰医疗器械股份有限公司 2023 年半年度报告摘要》。

464 元。

迈瑞医疗获取惠泰医疗控制权是基于公司未来发展战略，目的是以产业方的角色进入心血管电生理赛道，而不是基于资本市场的行情做财务投资。进入电生理赛道，正常而言需要 30% 以上的股份才有资格控制次新股公司，控制优秀的次新股公司更难。而惠泰医疗独特的股份结构加上背景（二代不愿接班），使迈瑞医疗仅仅拿到 24.61% 股份就能成为新的实控人，控制惠泰医疗每年 16 亿元营收、5 亿元净利润且高速增长的业务。惠泰医疗总市值高达 240 亿元，因此溢价 30% 收购能取得控制权还是比较值的。

（4）创始人继续担任总经理，且永久放弃 10% 表决权。

创始人父子合计持股 32.43%，不难看出，这次股份出售，其他股东只是零头，30% 的溢价主要是创始人受益。

当然创始人也相应地做出了回报：一是收购后成正辉继续担任公司副董事长、总经理；二是永久放弃剩余 10% 股份的表决权；三是承诺绝不谋求公司实控人地位。

（5）惠泰与迈瑞携手能在研发和营销方面发挥协同效应。

本次交易完成之后，在迈瑞研发体系、营销平台的助力下，惠泰医疗能加深构筑护城河。

第一，研发协同。迈瑞医疗成立 30 余年，对医疗器械研发有着深厚的技术积淀。截至 2023 年年底，迈瑞医疗研发人员已近 4400 名，其可以凭借自身的技术积淀在机械、算法、图像处理、工程化等各方面对惠泰医疗研发赋能，提升惠泰医疗新产品研发的效率和质量。

第二，营销协同。迈瑞医疗拥有 50 余个境外子公司和 5 个海外研发中心，产品销往全球 190 多个国家和地区，销售网络覆盖全球市场。而惠泰医疗 2022 年度海外市场业务营收占比为 11% 左右①，迈瑞医疗则为 40% 左右②，借助迈瑞医疗海外营销体系，惠泰医疗的产品可以更快地打开国际市场。

四、总结提炼

并购重组是企业优化资源配置、实现价值发现与价值创造的重要手段，是提升竞争力、赋能技术创新的重要途径，是实现优质资产与资本市场"双向奔赴"的重要渠道。

值得一提的是，本案例中，迈瑞医疗通过与晨壹资本合作设立的并购基金珠海彤昇、扬州澎旭，提前半年介入并合计持有惠泰医疗 4.89% 股份，避开了交易敏感期，距离 5% 的"举牌线"和"信披义务人"仅有一步之遥，可谓设计精准。这是"并购女王"刘晓丹的杰作。该交易的成功也将为国内并购基金市场注入一针强心剂，验证了并购基金可以发挥战略性作用，帮助企业提前锁定并购机会。

本次迈瑞医疗收购惠泰医疗控制权的快速推进，也与近期监管层支持上市公司通过资本市场开展高质量产业并购有关。作为市场关注度较高的"A 收 A"交易，迈瑞医疗选择以协议转让、现金收购方式取得惠泰医疗的控股权，整体体现了监管对此类上市公司整合的支持态度，有助于消除市场对于"A 控 A"的一些误解。

米度并购合伙人臧宇峰先生简介

南通大学自动化学士，哈佛商学院战略部署、项目管理持证导师。加盟米度后，以产业为本、战略为势、创新为魂、并购为器为心诀，拥抱未来中国企业并购、产业整合的大浪潮。

---

① 资料来源：企查查相关信息。
② 同上。

拥有超过 20 年的世界 500 强外资企业跨国项目经验。曾任古河电工、大冢制药、葛兰素史克等公司技术部长、项目总监、事业部总经理等职，具有协同海外技术、管理团队推进海外产品国产化经历。

主持包括三菱重工、日阪制作所、大冢制药苏州工厂、硫酸沙丁胺醇吸入气雾剂、拉米夫定片剂扩产、古河电工制热等多个产业项目。参与大型跨境并购项目，包括田村制作所并购整合苏州古河奇宏电子、重庆药友（复星医药）并购葛兰素史克（苏州）等。

06

三七互娱：类借壳顺荣股份

——看原老板和新老板之间的精妙配合成就经典

罗 毅

孤狼不会是资本市场的王者，合赢才是亘古不变的真理。

虽然 A 股市场诞生了许多富豪，但能将资本运作玩得很溜的老板可不多见。三七互娱（002555）的原实控人吴绪顺和现实控人李卫伟都是这样的人。实际上，正是他们的通力配合，成就了一段资本市场的传奇。

顺荣股份原实控人吴绪顺，1948 年生，安徽芜湖南陵人，初中学历，后获得大专文凭。之前担任过胶木厂厂长、塑料厂厂长，随后一手打造出顺荣汽车部件公司，并于 2011 年成功上市。然而，仅两年时间，顺荣股份净利润就从 4100 万元下滑到 300 万元，这导致公司股价长期低迷，停牌前市值不足 15 亿元。

移动互联网行业风起云涌，既搅动着资本市场的神经，也撩动了吴绪顺的心弦。凭借上市公司平台，他开始谋划收购上海的游戏公司三七互娱，并通过一系列精妙的资本运作和协议，规避了"借壳上市"的监管。

这一波操作给吴绪顺带来的是市值不足 15 亿元的公司变成了市值500 亿元，他因此三度成为安徽首富。

正所谓"赠人玫瑰，手有余香"。通过"类借壳上市"的三七互娱也背靠上市公司这棵大树获得了丰厚回报。

通过定增收购了多家游戏公司，三七互娱从一家游戏小厂商发展成为国内仅次于腾讯和网易的游戏巨头，也是 A 股上市公司中营收、业绩规模最大的游戏龙头企业之一。2014—2018 年，三七互娱营收分别为 5.9 亿元、46 亿元、52 亿元、62 亿元、76 亿元，净利润分别为 0.58 亿元、9 亿元、12 亿元、18 亿元、11 亿元；2019—2023 年，三七互娱营收达到 132 亿元、144 亿元、162 亿元、164 亿元、165 亿元，净利润更是高达 24 亿元、30 亿元、28 亿元、29 亿元、26 亿元[①]。

当初为稳定控制权，力保重组顺利过会，吴绪顺配合李卫伟，承诺 36 个月不减持股份。2017 年年底，吴氏家族所持股份全部解禁。

据 Wind 数据统计，2018 年 1 月至今，吴绪顺家族通过各种方式进行了 100 余次减持，三七的创始团队李卫伟、曾开天、胡宇航三人也曾效仿吴氏家族进行多次减持操作。各大股东的套现减持已经达到 140 多亿元，其中高管套现超 70 亿元，实控人李卫伟套现 20.53 亿元。

目前，李卫伟作为三七互娱的实控人，身价高达 60 亿元。

一、沉得住气才能玩得顺溜：一个借壳做 6 年

1. 历次变革

（1）从运营到自研，迅速成为页游领军发行商（2011—2014 年）。

公司成立之初，以网页游戏平台运营业务为主，受益于页游高速发展及管理层前瞻布局研发体系、精细化游戏运营的策略；到 2014 年，公司网页游戏运营平台市占率达 13%，仅次于腾讯，并推出爆款自研产品《大天使之剑》《传奇霸业》，成功转型集研发和发行于一体的页游厂商。

（2）依托页游研运经验，成功实现页游转手游（2015—2017 年）。

2013 年建立 37 手游，发展手游代理发行业务；2016 年推出首款自

---

① 资料来源：亿牛网，https：//eniu.com/gu/sz002555/lrb。

研手游《永恒纪元》，上线30天流水破亿元，后持续推出《大天使之剑H5》等爆款手游；2017年移动游戏业务收入超过页游成为业绩主要增长点，公司手游市场市占率已达第三（仅次于腾讯、网易）。

（3）流量运营独树一帜，"品牌+流量+AI赋能"高效投放（2018—2019年）。

公司以高效买量经营持续获得过亿新增注册用户，其间最高MAU（月活跃用户数量）达到4000万，提升整体收入规模效果显著。随着"量子""天机"等智能化平台的投入使用，游戏单收入流量费用连续下降至0.54元，单用户流量费用大幅下降至2.12元，预计未来买量及人工成本将进一步下降，效率进一步提升。

（4）"精品+多元"，拥抱游戏全球化（2020年至今）。

公司持续投入研发，增强精品游戏产出能力，研发能力始终保持行业领先地位，丰富游戏多元矩阵。

2020年起推出的"三消+SLG（策略类游戏）"产品《Puzzles & Survival》、MMORPG（大型多人在线角色扮演游戏）《云上城之歌》、模拟经营游戏《叫我大掌柜》等在全球市场多点开花，多次进入海外地区游戏畅销榜，突破过往以ARPG（动作角色扮演游戏）发行为主的产品发行思路。在产品研发及运营端均采取因地制宜的策略下，在2020年新冠疫情中全球经济的激增效应带来的高基数上，2021年海外业务再次翻倍创新高，成为收入增长驱动点，市占率在同类公司中占比最高达4.6%，仍处于显著增长阶段。

公司在data.ai发布的2022 Level Up年度全球52强发行商榜单中实现爆发增长，跻身榜单第25名，在2022年度中国游戏厂商出海收入榜30强中排在第5位，并在2022年4月发布的出海收入榜中跃居第2位。

2. 借壳前夕

顺荣股份于2011年上市。初登资本市场，顺荣股份在2年内净利润从 4100 万元下滑到 300 万元，公司股价长期低迷，停牌前，其市值不足 15 亿元。

上市前 3 年，顺荣股份的营收分别为 1.90 亿元、2.36 亿元、3.17 亿元，对应的归母净利润分别为 0.22 亿元、0.39 亿元、0.49 亿元。

上市后 3 年，顺荣股份的营收分别为 3.38 亿元、3.09 亿元、2.57 亿元，对应归母净利润分别为 0.41 亿元、0.13 亿元、0.04 亿元[1]。

移动互联网行业风起云涌，搅动着资本市场的神经，也撩动了吴绪顺的心弦。

2011 年，李卫伟、曾开天首期分别出资 100 万元设立上海三七玩。李卫伟此前从事互联网行业；曾开天全面负责公司游戏发行业务，助力公司打开海外市场；胡宇航作为游戏研发专家，负责研发品牌三七游戏的战略规划与日常管理。公司管理层深入业务一线，利益与公司高度绑定。

公司最初以网页游戏运营为核心，如今主要从事移动游戏和网页游戏的研发、发行与运营。在游戏业务方面，知名子品牌三七游戏专注于研发工作，而 37 网游、37 手游和 37GAMES 则专注于游戏发行。具体而言，37 网游主要负责国内网页游戏发行；37 手游以国内手游发行为核心，同时积极开拓手游海外市场；37GAMES 则专注于海外游戏发行（见图 1）。

2013 年，中国的游戏行业处于即将起飞的阶段，但监管层还并不看好这一行业，游戏公司想要直接 IPO 还是较为困难的。经历了 IPO 暂停，加上三七玩自身历史原因，上市之路较为暗淡。在三七玩和大唐电信并购"绯闻"结束后，顺荣股份伸出了橄榄枝。一场经典的并购大戏在 A 股市场上演。

---

[1] 企查查。

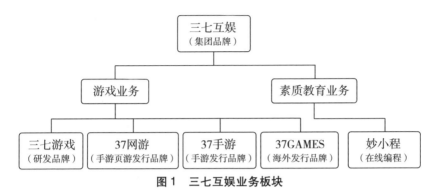

图1 三七互娱业务板块

资料来源：公司官网，东方财富证券研究所。

2013年7月29日，顺荣股份宣布停牌筹划重大资产重组，停牌前上市公司市值仅14.19亿元，而三七互娱整体估值32亿元，是典型的蛇吞象交易。三七互娱的资产规模远大于顺荣股份，如果一次性收购，必然触发证监会的借壳审查，堪比小型IPO；另外，公司控制权发生变更也会构成借壳上市。

3. 通力合作互相成就

（1）渐进式收购。

2014年12月和2015年12月，顺荣股份两次定增，分别收购三七互娱60%和40%的股份，收购总价近50亿元。

首先，上市公司仅收购三七互娱60%股权，对应交易价格19.2亿元。其次，交易价格的75%以股份形式支付，对应交易价格14.4亿元，其余以现金支付。最后，向吴氏家族等定向发行股份，募集4.8亿元配套资金，达到当时规定的上限（配套融资金额占交易标的与配套融资的总金额不超过25%）。交易对方承诺2013—2015年实现归母净利润分别不低于2.2亿元、3亿元、3.6亿元[①]。

[①] 《顺荣股份19亿收购三七玩60%股权》，中证网，https://www.cs.com.cn/ssgs/gsxw/201310/t20131010_4164207.html。

2015 年，为了实现三七互娱的整体上市，在完成业绩承诺后上市公司向汇添富基金、招商基金、信达风盛、磐信投资、芒果传媒、奥娱叁特、万家共赢、融捷投资、广发资管（第一期员工持股计划）共 9 名特定对象非公开发行 A 股股票募集资金 28 亿元，用于收购三七互娱 40% 股权。同时做出业绩承诺：2015—2017 年实现归母净利润分别不低于 5 亿元、6 亿元、7.2 亿元，三七互娱均完成了业绩承诺。各种资源渠道型投资者的进入，为公司的网游业务提供了坚实的支撑。

分两次收购的根本原因就是为了规避借壳上市。

（2）一致行动人结构设计。

根据首次收购方案，吴氏家族持股比例下降至 30.86%，李卫伟持股比例为 22.82%，曾开天持股比例为 20.88%，控制权的稳定性仍然存疑。因交易前三七玩只有李卫伟和曾开天两个股东，两人共同创业，疑似一致行动人。而如果两人构成一致行动人，那上市公司控制权还是变更了。

双方达成以下承诺：第一，实际控制人承诺 36 个月内维持实际控制人地位；第二，李卫伟和曾开天做出承诺，不存在一致行动协议和安排，未来也不谋求一致行动关系，不通过任何方式形成对上市公司的控制地位；第三，交易后吴氏家族仍然拥有 7 名董事的提名权，李卫伟拥有 2 名。

2014 年 3 月 27 日，本次交易被并购重组委否决，原因为"关于吴氏家族、李卫伟、曾开天三者之间是否构成一致行动人的认定不符合《上市公司收购管理办法》第八十三条的规定"。

一个月后，上市公司再次公告了交易方案。交易方案本身并无修改，只是增加了两个承诺：第一，李卫伟、曾开天承诺在本次交易完成后 36 个月内，放弃所持上市公司股份所对应的股东大会上的全部表决权、提名权、提案权，且不向上市公司提名、推荐任何董事、高级管理人员人选；第二，李卫伟、曾开天承诺同意上市公司在 2016 年 12 月 31 日前以现金方式收购其所持有的三七玩剩余 40% 的股权。

2014 年 5 月 27 日，本次交易获并购重组委审核通过。实控人还是吴氏家族，公司的实际控制权并未发生变更。完美规避了借壳上市的第二个条件。

（3）交易对方绕开承诺进入董事会。

在第一次公告的方案中，双方约定交易后吴氏家族拥有 7 名董事的提名权，李卫伟拥有 2 名，但在第二次方案中，李卫伟承诺不向上市公司提名、推荐任何董事、高级管理人员人选。

2014 年 12 月 29 日，本次交易的新增股份上市，本次交易正式实施完毕。上市公司两名董事辞职，上市公司召开董事会，吴氏家族提名李卫伟和杨军（三七玩财务总监）为上市公司董事。李卫伟实质上在董事会中取得了 2 个席位，只是借实际控制人的名义提名而已。

（4）逐步更名。

2015 年 2 月，顺荣股份证券名称变更为"顺荣三七"。

2016 年 1 月，证券名称正式变更为"三七互娱"，公司全称中仍保留"顺荣"二字。

2018 年公司剥离汽车零部件业务，专注于游戏领域。

2019 年 3 月 19 日，李卫伟取得上市公司控制权当天，上市公司董事会决定将名称变更为芜湖三七互娱网络科技集团股份有限公司，"顺荣"二字彻底消失。

配合股权收购进行的公司更名，刺激三七互娱股价飙升，2015 年第二季度创下连续 10 个交易日涨停的战绩。

（5）剥离汽车部件公司。

上市公司 2018 年 4 月 28 日发布公告称，公司将通过产权交易所公开挂牌的方式对外转让子公司芜湖顺荣汽车部件有限公司 100% 股权，挂牌底价为 9 亿元。截至 2018 年 7 月 18 日，汽车部件公司挂牌期到期，无竞拍方向安徽长江产权交易所提出竞拍，第一次流拍。流拍后公司管理层继续推进资产出售。8 月 24 日，第二次提出挂牌交易，此次价格为按前次挂牌价的 91%，挂牌底价为 8.19 亿元。2018 年 9 月 14 日，汽车部件公司第二次挂牌期到期，挂牌出售再次流拍。

两次流拍后，2018 年 9 月 20 日，上市公司与凝众汽车部件科技及吴绪顺签署了《股权转让合同》，以 8.19 亿元的价格将芜湖顺荣汽车部件有限公司 100%的股权转让，吴氏家族接盘。

上市公司以汽车零部件业务为对价，向吴氏家族定向回购股份。属于"发行股份购买资产"的逆操作"回购股份出售资产"，对价股份的定价以本次交易的董事会召开日前 20 个交易日公司股票交易均价与前一个交易日公司股票收盘价孰低。用等值股票支付，公司收到股票后进行注销。

吴绪顺家族选择以等值股票注销的方式进行交易，推测主要原因有两个：

第一，免去了减持的麻烦，相当于一次性减持套现。吴氏家族 2018 年的两轮大宗交易减持，都引起了股价的波动。

第二，注销 7600 万股股票，总股本减少，对于三七互娱全体股东来说，都是重大利好，作为持股接近 23%的实际控制人，吴氏家族可以说是最大的受益者。

至此，顺荣汽车 100%股权又回到吴氏家族手上，而上市公司三七互娱也从一家汽车制造业公司变成了一家资产干净的游戏公司。

但三七互娱的这次创新尝试最终没有实施，仍然按照传统的方案，以现金方式将汽车零部件业务出售给了吴氏家族，而吴氏家族通过集中竞价及大宗交易的方式减持股份，上市公司以集中竞价方式回购股份。

（6）暴力减持。

36 个月后，吴氏家族关于维持实际控制人地位的承诺执行完毕，吴氏家族的退出立即提上了议事日程。

2017年12月27日，吴氏家族承诺执行完毕的第一天，就向上市公司发去了减持告知函，拟在2018年第一季度减持2%股份。

2018年4月9日，吴氏家族再次向上市公司发去减持告知函，拟在2018年5—10月再减持6%的股份。

2019年2月12日，上市公司公告吴氏家族拟参与银华MSCI中国ETF网下股票认购，相当于变相减持。

3月19日，上市公司公告董事会将提前换届选举，新一届董事会候选人中，7名由李卫伟提名，2名由吴氏家族提名。4月，实际控制人正式由吴氏家族变更为李卫伟。

据Wind数据统计，2018年1月至今，吴氏家族通过各种方式进行了100余次的减持，三七的创始团队李卫伟、曾开天、胡宇航三人也曾效仿吴氏家族进行多次减持操作。各大股东的套现减持已经达到140多亿元，其中高管套现超70亿元，实控人李卫伟套现20.53亿元。

二、背靠大树才能并购做强：产值从30亿元到1000亿元

1. 收购中汇影视100%股权，夯实泛娱乐立足点

2016年10月，上市公司收购中汇影视100%股权，交易对价12亿元，发股65%加现金35%。2015—2016年4月，营收分别为6717万元、1421万元，净利润分别为1382万元、-136万元，净资产1.79亿元①。2016—2019年承诺净利润数分别不低于3000万元、9000万元、12600万元及17000万元。2016—2019年累计实际净利润数大于累计承诺净利润数，超额部分的50%应用于对中汇影视在职的主要管理人员及核心技术人员进行奖励。

---

① 资料来源：企查查。

中汇影视 2012 年成立，注册地在深圳，是业内优秀的文学及影视 IP 发掘、交易、开发和运营公司，主营业务包括 IP 采购和 IP 增值与变现。通过 IP 采购，中汇影视获得 IP 改编权从而形成存货，成为后续开发影视剧项目和游戏项目的物质基础；通过 IP 增值与变现，中汇影视向市场推出影视剧作品、游戏产品及其他周边衍生产品，或进行版权交易以让渡部分改编权和引入合作伙伴，从而获得营业收入。

三七互娱通过收购中汇影视，与其他投资布局形成战略协同效应，强化公司核心竞争力。

2. 分步收购网络游戏研发商上海墨鹃，横向升级业务

2016 年 2 月 3 日，西藏泰富与墨麟股份等签署了《关于上海墨鹃数码科技有限公司之股权转让协议》，墨麟股份将所持有墨鹃科技 30% 股权作价 4 亿元转让给西藏泰富（背后是三七互娱），同时西藏泰富拟对墨鹃科技增资 3000 万元，合计取得上海墨鹃 31.57% 股权，以现金支付，无业绩承诺。

2016 年 10 月，上市公司收购上海墨鹃 68.43% 的股权，交易对价 11.1 亿元，发股 65% 加现金 35%，整体估值 16.2 亿元。2015—2016 年 4 月，营收分别为 1308 万元、6773 万元，净利润分别为 -3314 万元、4818 万元，净资产为 7344 万元。2016 年 1—4 月，墨鹃科技盈利能力显著提升，主要系新游戏产品的推出使墨鹃科技开始取得游戏运营分成收入，并于 2016 年 1—4 月开始盈利。

本次交易，对方承诺 2016—2018 年墨鹃科技扣非归母净利润分别为 10300 万元、12875 万元和 16800 万元[1]。累计实际净利润数大于累计承诺净利润数，超额部分的 35% 应用于对墨鹃科技在职的主要管理人员及

---

[1] 资料来源：《芜湖顺荣三七互娱网络科技股份有限公司关于上海墨鹃数码科技有限公司、江苏智铭网络技术有限公司、江苏极光网络技术有限公司 2018 年度业绩承诺实现情况的说明》。

核心技术人员进行奖励。

墨鹍科技 2013 年成立，注册地在上海，是国内优秀的精品网络游戏研发商，其主营业务为网络游戏的研发制作和授权运营，所研发的网络游戏类型包括精品网页游戏与移动端网络游戏两大领域，主要凭借已上线的爆款手游《全民无双》、页游《决战武林》以及其他在研的优质网络游戏通过授权运营实现价值变现。游戏产品运营模式主要为代理运营模式。

在移动互联网及手机游戏逐渐占据市场主流的浪潮下，凭借本次并购，公司将在手游市场复制公司在页游市场的成功布局，通过"强大发行能力+精品游戏产品"双管齐下，在战略层面上进一步横向拓展自身的产业链布局，在保证公司原有市场巩固地位的同时，完成了业务发展方向与市场风向的同步，形成了"手游+页游"的产品矩阵。

3. 收购网络游戏代理运营商智铭网络 49.00% 股权（少数股权收购）

2016 年 10 月，上市公司收购智铭网络 49% 股权，交易对价 2.55 亿元，发股 65% 加现金 35%，整体估值 5.2 亿元。2015—2016 年 4 月，营收分别为 2.75 亿元、1.39 亿元，净利润分别为 99 万元、1236 万元，净资产 2,2 万元。2016—2018 年度的承诺净利润数分别不低于 4000 万元、5000 万元、6250 万元。2016—2018 年，累计实际净利润数大于累计承诺净利润数，超额部分的 25% 应用于对智铭网络在职的主要管理人员及核心技术人员进行奖励[1]。

智铭网络 2014 年成立，注册地在广州，上市公司三七互娱持有 51% 股权，胡宇航（三七互娱创始人之一）持有 49% 股权，网络游戏代理及

---

[1] 资料来源：《芜湖顺荣三七互娱网络科技股份有限公司关于上海墨鹍数码科技有限公司、江苏智铭网络技术有限公司、江苏极光网络技术有限公司 2018 年度业绩承诺实现情况的说明》。

联合运营商，旗下代理运营《传奇霸业》《梦幻西游》等知名网络游戏产品。公司采取联合运营的经营模式，以收入分成的方式获得游戏开发商或代理商的游戏产品代理经营权后，通过与腾讯游戏平台等游戏平台公司进行合作，共同联合运营非独家代理的网络游戏。

本次收购后，智铭网络将成为上市公司的全资子公司，其强大的发行能力有助于提升流量的覆盖范围及用户转化率，为上市公司从游戏行业向更高层次的泛娱乐行业发展的战略升级打好坚实基础。

4. 发行 21 亿元可转债未被核准

2017 年 9 月，上市公司发布《芜湖顺荣三七互娱网络科技股份有限公司公开发行可转换公司债券预案》，拟发行可转换公司债券募集资金总额不超过人民币 21 亿元，期限为自发行之日起 6 年，主要用于公司项目研发及收购股权。其中 14 亿元现金用于收购子公司江苏极光网络技术有限公司 20% 少数股东股权。

具体如表 1。

表 1　　　　　　　发行募集资金募投项目明细　　　　　　单位：万元

序号	项目名称	总投资额	拟以募集资金投入金额
1	网络游戏全球发行运营建设项目	19099.05	17496.50
2	大数据系统升级及 IP 储备项目	5914.54	3739.24
3	购买江苏极光网络技术有限公司 20% 股权	140000.00	140000.00
4	补充流动资金	48764.26	48764.26
	合计	213777.85	210000.00

极光网络 2013 年成立，设立时为三七互娱全资子公司。2014 年 9 月，三七互娱以 750 万元价格向胡宇航出让极光网络 20% 股权，再以 14 亿元价格回购，短短 3 年增值近 200 倍。

2018 年 2 月，上市公司收到中国证监会不予核准公司公开发行可转换公司债券申请的决定。

5. 收购少儿编程教育平台妙小程，拓展素质教育业务

2019 年 12 月，公司收购在线编程教育机构妙小程，进一步在在线教育领域布局。在线教育是一个比较大的市场，也是一种未来趋势。公司的用户主要为成年男性，一直在通过对外投资的方式扩大人群覆盖。

6. 定增募资 29 亿元

2021 年 3 月，公司成功募资 29.33 亿元，预计将 11 亿元募资投入总部办公大楼建设项目中①。

7. "买量"扬名

一直以来，三七互娱的"买量"模式饱受争议。所谓"买量"，即游戏公司通过在各大流量平台投放广告，获取用户点击和下载。广告类型包括图片、动画和土味视频等，此外也通过明星代言来吸引玩家，为人熟知的案例是各种传奇类页游等。

以 2018—2023 年为例，三七互娱销售费用分别为 33.47 亿元、77.37 亿元、82.13 亿元、91.25 亿元、87.33 亿元、90.91 亿元，营收占比分别为 43.85%、58.49%、57.04%、56.27%、53.23%、54.94%②。销售费用中占据大头的是"互联网流量费用"，尤其是 2021 年之后，其互联网流量费用均超过 80 亿元。相比同行业公司，如世纪华通和完美世界，这两家同期的销售费用多为一二十亿元，与三七互娱差距明显。

销售费用的巨额投资势必挤占研发费用。2018—2023 年，其研发费用分别为 5.38 亿元、8.20 亿元、11.13 亿元、12.50 亿元、9.05 亿元、7.14 亿元③。

"买量"成就了三七互娱，其一度号称成为腾讯和网易之后的中国

---

① 资料来源：《三七互娱网络科技集团股份有限公司 2021 年年度报告》。
② 资料来源：企查查。
③ 资料来源：企查查。

第三大游戏公司。

2018 年，李卫伟对媒体承认过对"买量"的依赖，当时表示"买量"是三七互娱的核心商业模式之一，"买量"的本质就是获取流量和承接流量，三七互娱有充足的游戏产品去承接这些流量。在这一模式的加持下，三七互娱体量不断扩充。到 2020 年 7 月，其股价触及 50 元历史高点，成为 A 股首个市值突破千亿元的游戏公司①。

8. 出海巨头养成记

三七互娱的出海之路最早追溯到 2012 年，在页游仍旧鼎盛、手游尚未崛起的年代，其海外发行品牌 37GAMES 成立。三七互娱之所以选择这个时间点出海，一方面是吃透了国内的页游市场，想突破天花板必须到海外寻找机会，另一方面也源自创始人团队的一份初心，将中华文化推向全球。

初期，三七互娱出海团队只有十多个人，以页游为突破口扮演代理运营的角色，将国内发行的产品本地化后带到中国港澳台、东南亚市场。2015 年公司年报显示，他们先后在中国港澳台地区成功发行《暗黑黎明》《仙剑奇侠传》《拳皇97》等多款手游，还通过投资入股方式与境外公司企业合作开拓日韩市场。

2018 年，三七互娱改变出海总体战略，从最初的"跟着产品走"，转变为"因地制宜"，明确 MMORPG、模拟经营、卡牌、SLG 四条主要赛道，不再以区域划分运营产品，而是希望每个品类都能做深全球化。在内部，三七互娱运营部门的分类也渐渐从原先的欧美运营组、韩国运营组、日本运营组，迭代为 SLG 运营组、卡牌运营组、模拟经营运营组、MMORPG 运营组等。

2019 年年初，三七互娱海外收入占比还只有 15%②，2020 年开启了

---

① 资料来源：东方财富网，https：//quote.eastmoney.com/sz002555.html。
② 资料来源：企查查。

极速出海模式，而《Puzzles&Survival》更像一张入场券，带领三七互娱弯道超车，跃居日本和美国市场头部。根据 SensorTower 的统计，截至 2023 年 1 月底，《Puzzles&Survival》单品海外累计收入已突破 10 亿美元（约人民币 68.2 亿元），其中日本和美国分别贡献了 40% 和 36% 的海外总收入①。

2020 年起至今，三七互娱在中国游戏厂商出海收入排行榜中长期稳定在前五名的位置，2023 年更是首次进入年度前三②。

三、神话的解析

1. 历史数据对比

三七互娱 2013 年市值 36 亿元，2015 年完成少数股权收购时达到 428 亿元，2020 年 8 月达到千亿元顶峰市值（见表 2）。

自 2013 年起，吴绪顺家族所持股权市值从 20 亿元增长至上百亿元，李卫伟所持股权市值也一度达到上百亿元。

表 2　　　2013—2023 年三七互娱关键财务数据及股东信息

类别	2013 年	2015 年	2019 年	2020 年	2023 年
收入（亿元）	2.5	46.6	132.3	144.0	165.5
利润（亿元）	0.03	9.20	26.96	30.36	26.30
员工（人）	407	1985	2818	4062	3447
市值（亿元）	36	年初 160，年末 428	568	8月达到 1000	417
吴绪顺家族合计持股比例（%）	56.04	30.69	13.46	11.47	3.49
李卫伟持股比例（%）	0	23.01	19.11	17.11	14.57
曾开天持股比例（%）	0	21.05	15.49	11.62	11.06

① 资料来源：中文互联网数据资讯网，https://www.199it.com/archives/1559882.html。

② 资料来源：Sensor Tower 及 data.ai 等发布的相关榜单。

类别	2013 年	2015 年	2019 年	2020 年	2023 年
胡宇航持股比例（%）	0	0	3.49	7.00	9.09

2. 成功密码

（1）踩准赛道。

回顾过去成长历程，三七互娱几乎踩准了市场变化的每一个节点。

2011 年 9 月开始做页游，短短几年间就成了页游龙头；2013 年在手游行业爆发前夕，三七互娱又精准地切入，同时布局自研；后面随着游戏人口红利逐渐褪去，三七互娱也将产品策略调整为多元化发展，同时在出海方面也较早布局。

（2）熟悉资本运作。

顺荣股份收购三七互娱，"借壳"过程历时 6 年，这背后离不开专业人士的支持和指导。其中涉及很多精妙的资本运作和协议，不仅规避了监管，也让新老实控人获取了丰厚的回报，是 A 股资本运作史上的典型案例。

（3）互信互利。

正是由于吴绪顺家族和李卫伟双方的通力配合、互信互利，才能顺利完成这个交易，使三七互娱在"借壳"完成后市值一路飙升，成为国内游戏巨头之一。

2023 年 6 月，三七互娱发布公告，公司、公司实控人兼董事长李卫伟、副董事长曾开天收到立案告知书，因涉嫌信披违规，证监会决定对公司、李卫伟、曾开天立案。

四、总结

对于吴绪顺家族来说，汽车零部件资产又回到自己手中，几年时间手上凭空多了几十甚至上百亿元。从顺荣股份到三七互娱，李卫伟和曾开天获得一个"净壳",他们借助资本市场打造出中国仅次于腾讯和网易的游戏公司。

从分批收购游戏公司股权到一致行动人的结构设计,实质上构成借壳但不触发借壳审查,甚至是公司的渐变式更名等,都能成为 A 股资本运作史中的典型案例。

米度并购合伙人罗毅先生简介

对外经济贸易大学金融学硕士。有近 20 年证券及投资行业从业经历,曾任职于中信建投证券、东方花旗证券,曾担任瑞信方正证券董事总经理、华金证券总裁助理、中科富创(北京)科技公司副总裁等职。

具有丰富的投资银行及私募股权投资等资本市场企业投融资项目运作经验,与多家上市公司和地方产业基金保持良好的合作关系。

07

天奇股份：新蓝海的水手，如何搭建第二增长曲线

赵隽

企业并购不仅是资源整合的有效手段，更是拓展新兴领域的关键策略。企业生态圈的广度和深度直接决定未来成长空间，唯有不断沿着"朋友圈"进行产品、技术的迭代，才能在激烈竞争中持续保有一席之地。天奇股份（002009）正是意识到这一关键点，从汽车装备业务起家，逐步拓展汽车拆解业务板块，又进一步瞄准动力电池回收业务，充分发挥智能装备与锂电池循环的协同效应，不断发掘产业机会，成功地打造了第二、第三增长曲线。

一、资本市场老兵的答卷：20 年营业收入翻 13 倍，布局四大产业板块

天奇股份 1984 年成立于江苏无锡，2004 年在深交所上市，上市初期市值为 2.24 亿元，2015 年曾一度攀上百亿元市值的高峰，目前市值稳定在 40 亿元左右①。

虽然受到电池金属（尤其是锂）2023 年价格暴跌的影响，目前的市值表现平平，但天奇股份作为一名资本市场老兵，上市以来的 20 年间，没有浪费资本市场的资源，不断沿着自身能力圈和"朋友圈"的范围，

---

① 资料来源：亿牛网，https：//eniu.com/gu/sz002009/market_value。

通过并购、并购基金等多种工具，实现了业务的拓展。

（1）营业收入的成果：20 年间营业收入基本保持增长趋势，从 2004 年的 2.85 亿元增长到 2023 年的 36.16 亿元，翻了将近 12 倍①。

（2）净利润的成果：上市以来持续 19 年盈利，只有 2023 年因为行业原因亏损。

天奇股份 2004—2023 年收入、利润变化如图 1 所示。

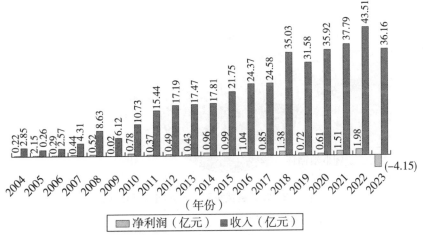

图 1　天奇股份 2004—2023 年收入、净利润变化

资料来源：天奇股份 2004—2023 年年度报告。

（3）营业收入构成：天奇目前形成了锂电池循环、智能装备、循环装备和重工机械四大产业板块。通过并购布局的锂电池循环、循环装备业务板块，占据整个收入构成的半壁江山。

2022 年主营构成中，汽车物流输送装备占比 27.12%，收入 11.80 亿元；散料输送设备占比 6.95%，收入 3.03 亿元；物流装备维保占比 1.17%，收入 0.51 亿元；锂电池循环占比 38.98%，收入 16.96 亿元；重工装备占比 15.17%，收入 6.60 亿元；循环装备占比 9.26%，收入

---

① 资料来源：亿牛网，https：//eniu.com/gu/sz002009/income。

4.03 亿元；其他占比 1.33%，收入 0.58 亿元（见图2）。

2023 年主营构成中，汽车物流输送装备占比 36.64%，收入 13.25 亿元；锂电池循环占比 28.48%，收入 10.30 亿元；重工装备占比 16.32%，收入 5.90 亿元；循环装备占比 8.30%，收入 3.00 亿元；散料输送设备占比 7.41%，收入 2.68 亿元；物流装备维保占比 1.19%，收入 0.43 亿元；其他占比 1.66%，收入 0.60 亿元（见图3）。

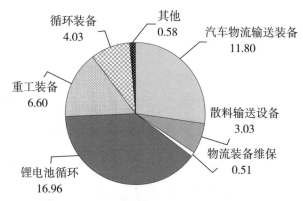

图2 2022 年各板块营业收入构成（亿元）

资料来源：天奇股份 2022 年年度报告。

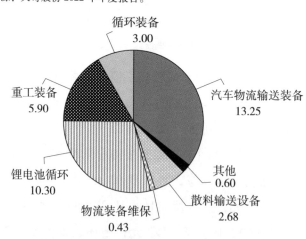

图3 2023 年各板块营业收入构成（亿元）

资料来源：天奇股份 2023 年年度报告。

二、创始人黄伟兴：改革开放弄潮儿，挣得行业第一桶金

1958 年，天奇股份的创始人黄伟兴出生在苏南小镇洛社镇。洛社镇在苏杭一众历史文化名城、工业强镇中名不见经传，天奇股份是其重要名片。

20 世纪 80 年代初，"一包三改"的乡镇经济体制改革春风吹到无锡市惠山区洛社镇。当时 20 多岁的黄伟兴决定抓住机遇闯一闯，他从镇里贷款 1 万元，创办了集体企业洛社镇模具厂。彼时国内工业化处于起步阶段，专用设备市场仍是空白，黄伟兴凭借敏锐的嗅觉，决定研制悬挂输送机（实现车间内部、车间与车间之间连续输送成件物品达到自动化、半自动化流水线作业的理想设备）。然而，工厂费心生产出来的模具却面临市场滞销的困境，产品大量积压。

黄伟兴没有气馁，他先后贷款 2 万元投入研发，全年无休。两年后，第一条输送机在无锡市第三橡胶厂试制成功，此后新订单源源不断，仅一年时间，公司签订合同 60 个，合同金额高达 230 万元。为满足市场需求，黄伟兴又征地五十余亩用于建设新工厂。

随着市场需求的不断激增，公司先后自主研发了电视机生产线、洗衣机生产线、空调生产线。1994 年，公司与日本 NKC 进行技术合作，成功迈入汽车自动化装备领域。

1995 年，江苏天奇集团公司注册成立，1997 年公司完成股份制改造，成立无锡南方天奇物流机械有限公司。经过近 20 年的发展，天奇股份逐渐在工业自动化系统领域奠定市场地位，与承德输送机集团有限公司、山西东方智能物流股份有限公司成为行业三大巨头，占据国内主要的市场份额。

可以说，黄伟兴既是工业自动化领域的"先知"，也是改革开放的弄潮儿，有洞察力，也有拼命三郎的工作精神，从一个小模具厂起步，

结合国内汹涌的市场需求和海外的技术，打造了一代龙头天奇股份，前瞻性地挣了行业第一桶金。

三、并购版图开启：从汽车装备到汽车后市场的开拓

2013—2015 年，随着工业自动化系统的迅速发展，市场的竞争也越来越激烈，天奇股份的发展逐渐见顶。尽管公司营业收入连年上涨，但净利率却持续下滑，分别为 2.54%、2.18% 和 2.05%[①]，因此天奇在积极探索其他领域，谋求产业的转型升级。

一方面，对现有资源的充分利用是开拓新版图的重要支撑。多年的汽车自动化装备经验，为天奇积累了福特、一汽大众、广州本田、东风等丰厚的客户资源，且由于整车厂具有定制化程度高、更换供应商成本高的特性，通常会与供应商形成长期的合作关系，"朋友圈"的韧性较强。

另一方面，确定开拓的方向是核心所在，如何去选择一个新市场？那时的黄伟兴注意到，中国汽车保有量早已突破 1.5 亿辆，每年拆解总量理论应该有 500 多万台，但仅有不到 30% 的废旧汽车是在正规渠道拆解。且随着新能源汽车的发展，动力电池的回收市场水涨船高。未来随着汽车保有量和需求规模的增长，宏观层面针对汽车行业的规范化和环保要求一定会越加严格，这意味着对报废汽车的正规拆解以及动力电池回收的需求将会越来越高，即汽车后市场将会是一个新的市场增长点，且可以充分利用已有的整车厂客户资源。

总而言之，布局汽车后市场可以实现业务和客户上的协同，从而为公司带来新的利润增长。因此，黄伟兴下定了迈入汽车后市场的决心。

---

① 资料来源：企查查。

四、第二曲线：循环装备的并购布局

（1）2014 年取得北京永正嘉盈 20% 股权：转型试水，停留在规划中的汽车后端互联网销售平台。

北京永正嘉盈承接着商务部的老旧汽车报废更新信息管理系统开发及后期，主要资产是两个网站：中国资源再生交易网和中国机动车二手零件交易网。其中中国资源再生交易网提供着包括行业的供、销、产等产业链条及相关循环经济行业的企业、产品、商机、咨询类信息；中国机动车二手零件交易网则是我国唯一一家专以报废车回用件及再制造件、二手零配件供销一体电子商务平台，并联合报废车拆解企业、零部件生产企业、再制造企业、汽车修理厂及 4S 店专业服务于汽车后市场各个领域。

天奇通过收购永正嘉盈来打造废旧汽车二手零部件的交易平台，打通汽车拆解行业的上下游产业链，提前规划了拆解产品通过互联网销售的路径，打算"从信息流层面占领报废汽车行业制高点"。

天奇以现金收购永正嘉盈 20% 股权，对价为 1020 万元，对应估值为 5100 万元，后增资 180 万元，合计投资人民币 1200 万元（未披露永正嘉盈财务报表）[1]。

梳理整个天奇股份通过并购打造第二曲线的地图，从时间上看，永正嘉盈是第一笔交易，但也是一笔少数股权投资的"小"交易。2024 年 4 月 29 日，永正嘉盈已经注销，从天齐股份的公开信息来看，除了投资当年的年报以及投资者关系记录之外，后续的公告对永正嘉盈再无提及，可以想象双方业务上的协同并不明显。且回过头来看，2015 年，国务院正式发布《国务院关于积极推进"互联网+"行动的指导意见》，这笔投

[1]　资料来源：《天奇自动化工程股份有限公司对外投资公告》。

资正是发生在整个社会对"互联网+"抱有极大热情和期待的背景下，难免概念有余、干货不足。虽然投资本身的价值没有体现，但天齐股份通过这一交易完成了转型的试水，进入了循环经济的圈子，且一波牛市行情正徐徐展开，资本市场对"互联网+"概念十分追捧，此后天奇股份股价一路高涨。

（2）2015年收购宜昌力帝集团100%股权、宁波回收66.50%股权①。

2015年，天奇股份以发行股份、支付现金的方式，一次性拿下两个标的，实现了"循环装备+汽车回收拆解"的全产业链布局，体现其业务转型的决心和定力。

第一，力帝集团——小切口，大产业。

力帝集团作为国内最大的拆解设备企业之一，主要产品为金属打包设备、金属剪切设备、废钢破碎生产线等各类金属再生资源加工设备，可以为报废汽车回收拆解企业提供拆解设备或全套生产线。

收购力帝对天奇来说是其开拓新业务版图布下的第一子。对天奇而言，其选择循环装备作为迈入循环经济业务领域的切入口是非常自然的：天齐从事工业自动化30余年，从事汽车装备20余年，其能力和基因都在装备。收购力帝后，天奇将有能力自主开发报废汽车自动化拆解生产线。

截至收购前，力帝营收为15351.58万元，净利润为4135.95万元，净资产为895.83万元②。天奇以发股方式收购力帝100%股权，估值为49198.42万元，对价49000万元，对应PE为11.9倍，PB为54.92倍③。2015年，发股价格为15元/股，仍在爬坡当中，市值巅峰的股价

---

① 资料来源：《天奇自动化工程股份有限公司关于公司发行股份及支付现金购买资产并募集配套资金暨关联交易之标的资产过户完成的公告》。

② 资料来源：《宜昌力帝环保科技集团有限公司审计报告2013—2015年5月》。

③ 资料来源：《天奇自动化工程股份有限公司发行股份及支付现金购买资产并募集配套资金暨关联交易报告书（草案）》。

到了 40 元/股。

业绩承诺：力帝集团 2015 年、2016 年、2017 年经审计的扣非净利润分别不低于 4000 万元、4700 万元、5400 万元[1]，对应动态 PE 为 10.47 倍。力帝集团最终超额完成了业绩承诺：2015 年、2016 年、2017 年经审计的扣非净利润分别为 4198.72 万元、5092.41 万元、5875.07 万元。

第二，宁波回收——扩张牌照资源，正式进入"报废汽车回收+拆解"领域。

与收购力帝集团 100%股权同时，天奇股份收购了宁波回收 66.5%股权。

宁波回收作为宁波市唯一一家拥有报废汽车回收拆解经营资质的企业，在整个宁波市域范围内的市场地位较为稳固。报废汽车拆解下来的物品主要为废金属、废塑料、废油、废玻璃、废陶瓷、废纤维等，宁波回收以废钢收入为主要来源。

彼时，天奇对汽车回收拆解了解已经比较深入，之前已经拿到江苏、吉林白城的汽车回收牌照。通过收购宁波回收，天奇将以宁波为中心，逐步实现对浙江范围内报废汽车回收拆解业务的覆盖，同时进一步向报废汽车拆解设备等产业上游延伸，形成在报废汽车回收拆解领域的全产业链布局。

截至收购前，宁波回收的营收为 2287.52 万元，净利润 1118.79 万元，净资产 6576.68 万元[2]。天奇以发股 50%、现金支付 50%的方式收购宁波回收 66.50%股权，对价为 8645.00 万元，整体估值为 13491.23 万元，对应的 PE 为 12.06 倍，PB 为 2.05 倍。

天奇股份在市值高点发股收购力帝集团 100%股权和宁波回收 66.5%

---

① 资料来源：《关于宜昌力帝环保科技集团有限公司 2015 年度业绩承诺完成情况的鉴证报告》。

② 资料来源：《宁波市废旧汽车回收有限公司审计报告 2013—2015 年 5 月》。

股权，从能力圈和朋友圈出发，扎实迈出了产业拓展的第一步。天奇力帝构成了上市公司循环装备板块的核心，2023 年仍然贡献了 3 亿元的营业收入和将近 4000 万元的净利润，净资产将近 4 亿元[①]。宁波回收体量稍微小一些，2023 年营业收入将近 4000 万元，净利润为 1257 万元。和永正嘉盈不同，这是一笔"名利双收"的成功并购。

五、第三曲线：锂电池回收的并购布局

1. 曲线收购废旧电池回收龙头金泰阁

（1）2017 设立专项并购基金，提前布局锂电池回收，阶段性控股金泰阁。

2017 年设立专项并购基金。天奇股份与自然人周金云、陈耀宗、金投朝希以及国联信托与金控启源签订合伙协议，共同出资设立 7 亿元规模的并购基金。天齐股份以 1 亿元自有资金，撬动了 5.5 亿元国有资金。并购基金设立的核心目的，就是撬动资金控股金泰阁，布局锂电池回收业务领域。

金泰阁深耕废旧电池回收业务 20 余年，主要产品为氧化钴、碳酸锂、硫酸钴、硫酸镍，可处理废锂电池 2 万吨/年。目前废旧锂电池资源化利用规模位居行业前三，电子级氧化钴、陶瓷氧化钴在国内市场占有率第一，在细分市场占据明显优势。

2017 年年末，金泰阁营收 23876.5 万元，净利润 2301.3 万元，净资产 13382.9 万元[②]。2018 年 1 月，金控天奇与各方签订了《股份转让协议》，金控天奇并购基金持有金泰阁 98% 股权，对价为 63700 万元，对应

---

① 资料来源：《天奇自动化工程股份有限公司 2023 年年度报告》。
② 资料来源：《天奇自动化工程股份有限公司拟收购股权所涉及的江西天奇金泰阁钴业有限公司股东全部权益价值项目资产评估报告》。

估值为 65000 万元，对应的 PE 为 28.24 倍，PB 为 4.86 倍①。这一估值，即使放在并购政策宽松的 2017 年也偏高了，也许这也是天奇股份坚定通过并购基金先行控股的原因。

并购发生之时正是金泰阁业绩爆发的前夜，很快，随着动力电池装机量维持高增速、锂回收率的提升以及原材料价格的上涨，金泰阁的业绩也在 2021 年迎来了飞跃式的发展。金泰阁 2021 年、2022 年营业收入分别为 9.9 亿元、15.8 亿元，净利润分别为 2.2 亿元、2.5 亿元②。

（2）上市公司收购并购基金持有的金泰阁 100% 股权。

2019 年 12 月，天奇股份以现金合计 47482.40 万元的对价受让金控天奇及共青城众持金投资合伙企业（有限合伙）持有的江西金泰阁 61% 股权。截至收购前，金泰阁营收为 5.2 亿元，净利润为 6114 万元，净资产为 2.1 亿元，整体估值为 78170 万元，对应的 PE 为 13 倍，PB 为 3.7 倍，无业绩承诺③。

2020 年，天奇股份以现金 29184 万元继续收购江西金泰阁 38% 的股权，对应估值 7.68 亿元，合计持有江西金泰阁 99% 股权。此时金泰阁的 2019 年的净利润为 3713 亿元，对应 PE 为 20.7 倍。

为了深度绑定核心团队，2021 年，天奇又以 900 万元的对价现金收购金泰阁员工持股平台 1% 股权，至此天奇持有金泰阁 100% 股权④。

三年时间，天奇合计以现金 77566.4 万元完成金泰阁 100% 股权的收购，比金控天奇并购基金的 65000 万元估值合计上涨 12566.4 万元。因为金泰阁的收益和电池原材料价格直接相关，是强周期性的行业，在金泰阁业绩表现比较好的 2018 年业绩释放之后，天奇及时启动上市公司收

---

① 资料来源：《天奇自动化工程股份有限公司关于参与出资设立专项并购基金的进展公告》。
② 资料来源：企查查。
③ 资料来源：《天奇自动化工程股份有限公司重大对外投资公告》。
④ 资料来源：《天奇自动化工程股份有限公司关于重大对外投资的进展公告》。

购，公告时点为 2019 年 12 月，如再晚一点，等 2019 年业绩出来之后，上市公司的收购也很难支撑高估值了。后续的少数股权收购，虽然业绩下降，但仍可以维持较高估值，也不会被关注。总体上，金泰阁一战打得漂亮，合作方国资赚了钱（3 年 14%，虽不是大钱，但这种体外收购再注入上市公司的交易，闭环就算成功）、完成了产业布局，而这一切完成在金泰阁业绩大爆发的 2021 年和 2022 年前夕。

2. 2018—2019 年收购赣州锂致 100% 股权：电池回收产业链延伸，布局各类精炼锂技术

赣州锂致主营电池级碳酸锂、工业级碳酸锂、氢氧化锂等锂盐产品和硫酸钠的生产、加工和批发、零售，金泰阁对于退役动力电池的回收处理能力处于将电池中的锂元素提取至磷酸锂的阶段，通过收购锂致能与金泰阁产生协同效应，对其循环产业"一体两翼"的布局具有战略意义。

2018 年截至收购前，赣州锂致的净利润为 -4.03 万元，净资产为 1918.25 万元，天奇股份全资子公司天奇循环产投，以现金 5850 万元收购锂致实业 65% 股权，整体估值为 9000 万元，对应的 PB 为 4.69 倍[①]。

业绩承诺：赣州锂致 2019 年、2020 年、2021 年三年经审计的扣非净利润累计不低于 3000 万元，对应的动态 PE 为 9 倍。赣州锂致最终实现三年累计扣非净利润为 3227.28 万元，完成了业绩承诺。

2019 年 3 月，天奇循环产投以 3150 万元的对价收购赣州锂致 35% 的老股，至此锂致实业成为天奇全资控股子公司。

赣州锂致三年实现净利润已经超过了其整体估值，充分体现了协同的魅力，这是一个多赢的交易。

---

① 资料来源：《天奇自动化工程股份有限公司对外投资公告》。

3. 2020 年并表欧瑞德：开拓汽车零部件再制造业务，产业链进一步延伸

2019 年 12 月，天奇全资子公司天奇循环产投以现金 3050 万元、增资 1080 万元收购欧瑞德汽车发动机 100% 的股权。

欧瑞德为广东地区唯一一家由工信部审批的内燃机再制造试点企业。

2020 年收购欧瑞德之后，天奇已具备实现锂离子电池全部金属提取生产能力，形成了"电池回收—元素提取—材料制造"的废旧电池资源化利用完整产业链。

六、历时 6 年，布局汽车全生命周期产业链

截至 2022 年年末，全国机动车保有量达 4.17 亿辆，同比增长 5.39%，其中新能源汽车保有量达 1310 万辆，同比增长 67.13%，汽车全生命周期产业市场前景广阔。汽车智能装备业务由母公司天奇自动化工程股份有限公司运营，汽车后市场的报废汽车回收与锂电池回收主要由子公司天奇力帝与天奇金泰阁负责。集团子公司间、各个板块之间通过长期的业务合作，与国内外知名汽车品牌建立了稳定密切的合作关系，天奇股份积累的行业品牌资源将助力公司服务汽车生命周期全产业链。

第一，循环装备板块的协同。循环装备包括再生资源加工设备业务及报废汽车回收再利用业务，再生资源加工设备业务以天奇力帝为核心，报废汽车回收再利用业务以宁波回收、欧瑞德为核心，已形成"回收—分类—拆解—精细化分选—核心零部件再制造"的产业链模式。天奇在报废汽车产业链布局的几个子公司能够更好地为主业锂电循环业务进行相互赋能。

第二，电池回收板块的协同。锂电回收行业核心竞争力是回收渠道以及提炼回收率，回收渠道保障自己能稳定收到电池，回收率则保障公司能从单位重量的废料中回收提取到更多的再生材料产品。

回收渠道方面，天奇通过并购宁波回收获得了宁波市拆解牌照，并以宁波为核心开展锂电池回收及初加工业务，在无锡开展电池梯次利用。2023 年，天奇锂电池回收废料合计约 14591 实物吨，相当于 2.6 万余吨动力电池包。

回收率提炼方面，金泰阁回收率水平位居行业前列：钴镍平均回收率达 98%，锂平均回收率达 92%，磷酸铁平均回收率达 95%。

汽车全生命周期子公司各板块业务协作情况见图 4。

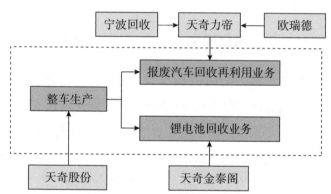

图 4 汽车全生命周期子公司各板块业务协作情况

资料来源：公司公告，财通证券研究所。

从 2014 年少数股权投资的试水，到 2020 年汽车零部件再造的产业链延伸，历经 6 年，6 次交易，股权投资金额天齐股份完成了汽车全生命周期产业链主要环节的布局。2021 年，原有业务的营业收入 23 亿元，循环装备和电池循环合计营业收入 14 亿元，新业务板块收入占比 1/3，但贡献了 53%的利润[1]，天奇股份走出了漂亮的第二曲线、第三曲线。

---

① 资料来源：企查查。

七、总结

对企业来说，永恒的命题是产业空间的突破，以及产业第二曲线、第三曲线的持续打造。天奇股份持续 20 年盈利，本身已经是一个神话。而打造这一神话的关键，是天奇股份这艘大船的掌舵人，及时选择了与其自身资源、能力匹配，又有更大的产业空间和盈利空间的第二曲线、第三曲线。

天奇股份作为汽车自动化生产线龙头，为整车厂提供服务多年，客户范围涵盖了日产、宝马、丰田、本田、大众、马自达等汽车厂商以及理想、小鹏、威马等新能源车制造商，与整车厂关系密切。天奇股份选择从拆解装备入手进入汽车循环产业，又拓展了电池循环产业。虽然目前资本聚集带来了竞争加剧，电池回收行业也许比预想的更快进入了微利的周期，但洗牌之后，相信有更深厚资本积累、技术积累、上下游协同空间的天奇股份仍能屹立不倒。

08

新宙邦：柳暗花明又一村，电解液龙头的进退思考

赵　隽

在波澜壮阔的中国化工领域，新宙邦如同一颗璀璨的明星，其背后承载着创始人覃九三先生及其团队对"中国杜邦"梦想的执着追求。新宙邦从宝安沙井的一室一厅到如今成为全球电子化学品领域的领军企业，其市值从 2010 年上市时的 5 亿元，到巅峰时期高达 636.73 亿元，营业收入从上市时的 4.77 亿元到 2022 年的 96.61 亿元，净利润从上市当年的不到 1 亿元到 2022 年的 18.23 亿元①。2010—2022 年，新宙邦打造了持续增长的神话。

以上是故事的 A 面。故事的 B 面，是新宙邦的锂离子电解液销量在 2014 年跃居全球第一之后，次年就被通过收购东莞凯欣绑定 ATL（宁德前身）的天赐材料反超，此后再也没有回到全球第一的位置，名为"双龙头"之一，实际上"万年老二"的新宙邦，如何规划发展道路？是选择"狭路相逢勇者胜"，和行业老大硬碰硬，还是选择另辟蹊径，看能否"柳暗花明又一村"？本文将着重分享对新宙邦发展路径选择的思考。

---

① 资料来源：亿牛网，https：//eniu.com/gu/sz300037。

一、起步：小公司，大梦想

覃九三，1967 年出生，拥有湘潭大学化工系化学工程专业的工学学士学位。毕业后，他迅速投入化工行业，先后在湖南省株洲市化工研究所担任研究员，以及在湖南省石油化工贸易公司深圳分公司担任进出口部经理。1996 年，覃九三与几位大学同学共同创业，在宝安沙井开启了创业之路。他们怀揣着对化工业的热爱和"初生牛犊不怕虎"的闯劲，以及"中国杜邦"的梦想，创建了名为"宙邦"的公司。随着公司的发展，他们专注于新兴领域，并在公司名称前加上了"新"字，即"新宙邦"。

二、登顶：十四年成就全球第一

新宙邦最初的产品主要集中在电容器的溶剂和添加剂上，凭借卓越的品质和技术，很快在国内市场占据近 50% 的份额，并与国际品牌如松下、三星等建立了合作关系。20 世纪 90 年代末，锂电池市场逐渐兴起，国内锂电池产业链尚不成熟，电解液主要依赖进口。新宙邦于 2000 年开始涉足锂电池电解液领域。2003 年，新宙邦的锂电池电解液正式推向市场。2014 年，公司收购了张家港瀚康化工有限公司，进一步完善了在添加剂方面的能力。此后，新宙邦逐步构建了"添加剂—溶剂—电解液"的产业链，实现了从原材料到成品的全面覆盖，进一步强化了公司产品竞争力和成本优势[①]，也已经进入了松下、索尼、三星等海外巨头供应链。2014 年，新宙邦的锂离子电解液销量全球第一，成为中国企业破局的重要标志。

但世界第一的光环背后也有阴影，新宙邦的溶质主要依赖外采六氟

---

① 电解液行业溶剂一般有 5% 的净利润，12% 的毛利润；锂盐厂商一般有 8% 的净利润，23% 的毛利润；一体化布局一般有 16% 的净利润，36% 的毛利润。

磷酸锂（LiPF$_6$），这也成为制约其后续发展，被天赐反超的重要原因之一。

三、失意：失宁德者失天下

新宙邦可能也没有预料到，天赐材料一个小小的收购，竞争格局立刻改变。2014年9月，天赐材料2亿元收购东莞凯欣100%股权①，东莞凯欣的电解液产能为5000吨，2013年电解液出货量位居国内第八，天赐自身有2万吨产能，且从2011年开始研发出晶体六氟磷酸锂并实现自产，拥有产能、市场、成本优势。2015年，天赐反超新宙邦，成为电解液销量的全球第一，且二者的差距越来越大。

图1和图2分别为2013—2023年天赐材料和新宙邦电解液营业收入对比、营业收入总额对比。

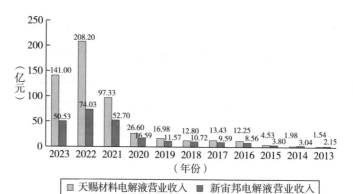

图1 2013—2023年天赐材料和新宙邦电解液营业收入对比

资料来源：天赐材料2013—2023年年度报告，新宙邦2013—2023年年度报告。

————————

① 资料来源：《广州天赐高新材料股份有限公司2014年度非公开发行股票预案（修订案）》。

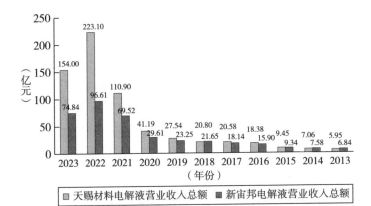

图2 2013—2023 年天赐材料和新宙邦电解液营业收入总额对比

资料来源：天赐材料 2013—2023 年年度报告，新宙邦 2013—2023 年年度报告。

四、追赶：关键原材料的研发和海外市场的布局

回想始于 2015 年的失意，六氟磷酸锂和宁德可能是覃老板和团队心里永远的痛。

1. 布局下一代锂盐——失败的弯道超车

从电解液的成本构成来看，电解质锂盐约占电解液总成本的 62%，而电解质锂盐主要使用的是成本较低的六氟磷酸锂。六氟磷酸锂因在电解液中易于解离，高离子导电率，合成工艺较简单等优势，为目前电解液最广泛使用的溶质，在电解液成本中占比约 52.2%，对提升电解液性能至关重要，其价格也决定了电解液价格的走势，以及电解液厂商的毛利空间。六氟磷酸锂 2021 年价格暴涨 410%，天赐材料 2022 年电解液毛利率高达 39%，新宙邦的毛利率则直线下滑（见图3），2024 年半年报显示已经低于 20%。

六氟磷酸锂价格的飘忽不定，也为新宙邦带来了利润的不可控性。新宙邦不是没有做出努力。新宙邦想要弯道超车，与其再去追赶六氟磷酸锂的背影，不如布局下一代产品——LiFSI（双氟磺酰亚胺锂）。二者相比，LiFSI 的热稳定性和导电率都优于六氟磷酸锂，不仅能延长电池的

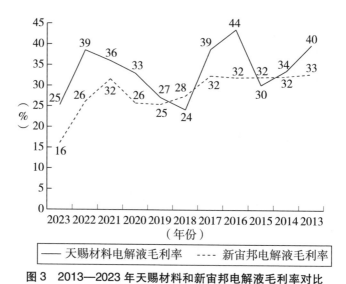

图3　2013—2023 年天赐材料和新宙邦电解液毛利率对比

资料来源：天赐材料 2013—2023 年年度报告，新宙邦 2013—2023 年年度报告。

循环寿命，还能大幅提升性能和安全性，目前已在宁德时代、LG 新能源、松下等多家龙头电池企业的电芯中得到实际应用。新宙邦于 2016 年设立湖南博氟新材料，从事 LiFSI 生产。可惜 LiFSI 对目前市场的替代远未达预期，六氟磷酸锂在未来很长的一段时间内仍然是主流的锂盐，其价格是决定电解液价格走势的关键因素。

2. 接盘巴斯夫产能——天下可有第二个宁德

新能源汽车市场的快速扩张带动了锂电池电解液需求的激增。中国企业在电解液领域发展迅速，凭借成本优势、本地化服务和快速响应能力，逐渐占据国内市场的主导地位。巴斯夫在中国市场面临来自本土企业的强大竞争压力，其电解液业务在中国市场的发展受到限制。从 2017 年开始，新宙邦逐步收购巴斯夫中国区电解液有关的技术、产能和业务，以及欧美电解液有关的技术和业务。

这些努力为新宙邦赢得了持续的增长，以及较大规模的海外销售收入，新宙邦的第一大客户占比 14%，天赐材料因深度绑定宁德，其第一大客户占比为50%以上，而从2023年，天赐材料对宁德时代的销售收入为81亿元，新宙邦电解液整体营业收入为50亿元。天下没有第二个宁德，大势已去，无可奈何。

五、彷徨与破局：收购三明市海斯福，打造第二曲线

新宙邦在电解液行业追赶行业老大，期待重获昔日荣光的同时，一个布局极有前景新产业的机会不期而至。

三明海斯福成立于2007年，专注于六氟丙烯下游含氟精细化学品的研发与生产。2012年、2013年、2014年上半年，海斯福的销售收入和净利润稳步增长，收入分别为2.13亿元、2.39亿元、1.29亿元，净利润分别为0.53亿元、0.86亿元、0.42亿元；2014年8月31日的总资产和净资产分别为2.02亿元和1.45亿元①。对于一家成立不久、未做融资的企业而言，这样的业绩是非常难得的，说明海斯福的产品和技术均有一定领先性，独立走向资本市场的可能性很大。

按照常理，前途一片大好的海斯福是不会出售控制权的。但2014年，由于某一未披露的原因，海斯福启动了出售控制权的交易，而新宙邦迅速抓住了这一交易机会。

2015年5月，新宙邦以6.84亿元收购了海斯福100%股权，交易中60%的股权通过3.42亿元现金支付，而剩余40%的股权则通过发行股份的方式支付，同样作价3.42亿元，收购的PE为7.95倍，PB为4.72倍②。

这一收购无疑是非常成功的。

在业绩承诺期间（2014—2017年），海斯福净利润分别为5886.69万

---

① 资料来源：企查查。
② 资料来源：《深圳新宙邦科技股份有限公司关于使用超募资金及募集资金利息支付收购三明市海斯福化工有限责任公司股权部分现金对价的公告》。

元、8574.58 万元、10544.38 万元、7986.33 万元，累计净利润为 32991.98 万元，超额完成了 26000 万元的业绩承诺。到 2023 年，公司的销售收入和净利润分别达到 18.96 亿元和 7.44 亿元①，与 2013 年相比，收入翻了约 7 倍，净利润翻了约 8 倍，较收购前实现了显著的增长。截至 2020 年，新宙邦已通过海斯福的收购行为收回了全部 6.84 亿元的投资成本，仅从收购行为本身的现金流贡献而言，在众多失败的并购案例中显得尤为突出。

同时，让我们把时间轴拉长，以 10 年期的视角来审视这一并购。通过并购海斯福，新宙邦正式进军高端氟化工领域。自从 2015 年被天赐材料赶超，新宙邦在电解液市场通过种种努力也并未收复失地，但高端氟化工已经支撑起新宙邦盈利能力的半壁江山。前文也提到，六氟磷酸锂价格处于高点时，新宙邦的电解液毛利率远高于天赐材料，但同期新宙邦的整体毛利率和天赐材料相同，甚至在电解液行业内卷毛利下降的 2018 年、2019 年，因为有第二曲线平滑利润率，新宙邦毛利率要超过天赐材料（见图 4）。

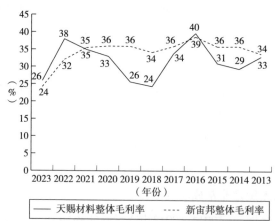

图 4　2013—2023 年天赐材料和新宙邦整体毛利率对比

资料来源：天赐材料 2013—2023 年年度报告，新宙邦 2013—2023 年年度报告。

————————

① 资料来源：企查查。

新宙邦的总体营业收入规模与天赐材料相比仍有较大差距（见图 5），但相比电解液的"老大"而言，新宙邦布局了营收占比 20%、毛利占比 55% 的高端氟化工业务，抗风险、抗周期能力都极大增强了。

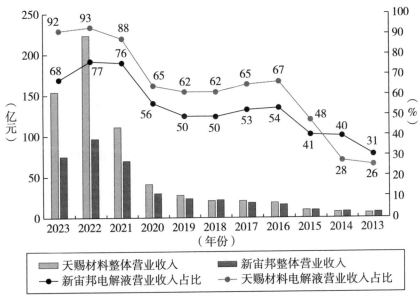

图 5 2013—2023 年天赐材料和新宙邦整体营收及电解液营收占比对比

资料来源：天赐材料 2013—2023 年年度报告，新宙邦 2013—2023 年年度报告。

六、再次腾飞：3M 彻底退出氟化液市场，期待再创辉煌

3M 是全球最大的氟化工生产商之一，其氟化学品部门下设比利时和美国两处工厂，其中比利时工厂主要生产全氟烷烃，用于半导体设备冷却、数据中心浸没式冷却以及海外军工绝缘测试；美国工厂主要生产氢氟醚，用作消费电子清洗液。一方面，全氟烷烃的碳氟键极为稳定，因此在自然环境中几乎不可能自然降解，作为持久性有机污染物（POPs）长期存在，是重要的全氟烷基和多氟烷基物质（PFAS）。另一方面，全氟烷烃作为半导体蚀刻工艺冷却液，是半导体制造的关键原材料之一。

目前 3M 在全球半导体冷却剂市场的占有率为 90%，比利时工厂冷却剂产量占全球总产量的 80%，下游客户包括台积电、三星、SK 海力士和英特尔等众多大厂。目前 3M 生产多氟烷基物质的年净销售额约为 13 亿美元，EBITDA 利润率约为 16%。

随着各国对全氟烷基和多氟烷基物质监管的逐渐升级，2022 年 12 月，3M 宣布将退出全氟烷基和多氟烷基物质的生产，并于 2025 年年底前停止在其产品组合中使用多氟烷基物质。预计 3M 停产或将造成大面积电子氟化液短缺，海斯福将成为承载 3M 13 亿美元市场空间的重要市场参与者。

可以预期，海斯福未来在新宙邦整个营收和利润版图中的贡献将会更大。

七、总结

1. 第二曲线的机会，准备好了吗

相比天赐材料 2 亿元并购东莞凯欣绑定大客户 ATL，一跃成为全球第一，并多年屹立不倒的并购传奇，新宙邦在电解液领域的并购大多中规中矩，结局也乏善可陈，比如 2014 年并购张家港瀚康补足添加剂的能力，以及 2017 年接盘巴斯夫的产能。时势造英雄，在一个产业大发展、格局大变动的时代，天赐材料原材料的优势和客户的优势都被放大了，因此其并购的成果极大，而作为关键步骤的并购，其代价甚至可以忽略不计。

而支撑新宙邦第二曲线的氟化工业务，源于一次偶然的交易机会，很难说从这样的故事里我们能够总结规律，新宙邦自身也许都没有规划过这样的发展路线。企业的发展既有各种规律和周期，也有各种各样的偶然事件，机会来临时，能够识别和把握，充分体现了覃九三及其团队的勇气。

2. 如何科学地"死磕"

我们常说某企业家有"死磕"的精神，故能成就一番事业，特别是目前很多上市公司的老板，企业是其一拳一脚打下的江山，被看作自己的孩子一般，轻易不肯放弃。但产业和企业的发展都有其规律，在过去的 10 年、20 年能够盈利的企业，在未来未必有竞争力，自家产业也许都没有进一步升级、修修补补的必要了，企业家能否客观看待这一点，决定了企业未来的发展空间。

有人说覃九三将部分资金、资源、注意力投注到高端氟化工上面，是新宙邦持续落后于天赐材料的原因。我不这样看，得宁德者得天下，天下没有第二个宁德，认清大势是一种智慧。

09

远大医药：纵横开阖、金戈铁马；并购助力、廿年千亿

——帝国构建之剖析

李　敏

　　在中国医药产业新药准入加快，医保控费加速的背景下，国内医药市场格局发生重大变化。并购战略成为企业应对市场变化的重要法门。本案主角是一家市值千亿元的投资集团，旗下医药健康板块近年来并购动作频繁，但并购逻辑有章可循，值得学习。

　　远大集团是 1962 年的湖北人胡凯军于 1993 年一手创立和打造的，其医药帝国是重要版图。20 余年，通过香港上市公司远大医药、A 股上市公司华东医药、中药重器雷允上以及前沿生命科学研发平台这"四大天王"，在化药、中药、生物药、医美、器械等各个领域抢夺战略基点，既在国内抓优势品种，也在国际占领研发、市场制高点。旗下港股上市公司远大医药在借壳伊始的 2008 年的营业收入仅为 2.7 亿港元，净利润为 -0.24 亿港元，市值为 2.15 亿港元；而到了 2023 年，营业收入为 105.3 亿港元，净利润为 18.8 亿港元，市值为 145.18 亿港元。上市 15 年来，收入翻了 38 倍，净利润扭亏为大盈，市值也翻了近 67 倍。截至 2024 年 4 月 18 日，公司市值 140.6 亿港元①。

　　而 A 股上市公司华东医药，其营业收入从最初的 16.18 亿元增长至

---

① 资料来源：企查查。

2023 年的 406.24 亿元,翻了 24 倍;净利润从 0.45 亿元增长至 28.39 亿元,翻了 62 倍;市值同样取得了大幅增长,从 40.15 亿元攀升至 727.38 亿元[①],翻了 17 倍。

远大集团取得这样指数级的成长,并购、赋能,叠加资本化的便利,是其不二法门。米度试图庖丁解牛,从中总结经验与路径。

一、医药健康板块企业

远大集团实控人胡凯军,1962 年生,湖北省仙桃市人,1993 年创办远大集团。2024 年,胡凯军以人民币 355 亿元的财富位列胡润全球富豪榜 655 位[②]。医药健康是远大集团重要业务领域之一,由远大医药(00512.HK)、华东医药(000963)、雷允上药业集团、远大生命科学集团组成。

1. 远大医药

(1)前生。

远大医药历史悠久,1953 年定名为武汉制药厂,是新中国最早的国有医药企业,主要从事特色原料药生产。2000 年,武汉制药厂作为全市首批国企改制试点单位,率先进行"两退",即国有资本退出控股地位,职工退出国有身份,同时国家政策强制要求所有制药企业都必须进行 GMP(药品生产质量管理规范)改造。2001 年,武汉制药厂 1560 名在岗员工与企业重新签订劳动合同,以原全民所有制职工身份置换国有产权成为企业股东。2002 年,远大集团作为战略投资者出资 6000 万元,收购全部 2000 万元的职工股,投资 4000 万元进行 GMP 改造,为武汉制药厂获得了生存机会,也成为武汉制药厂第一大股东。2008 年,远大集团将武汉制药厂借壳注入香港上市公司曼盛生物科技,实现了武汉制药厂

---

① 资料来源:亿牛网,https://eniu.com/gu/sz000963。

② 资料来源:胡润百富,https://www.hurun.net/zh-CN/Rank/HsRankDetails?pagetype=global。

间接上市，并将上市公司更名为远大医药。

（2）借壳上市布局。

2005 年年底，胡凯军以 2925 万元（估值 8053.41 万元）购入曼盛生物科技 36.32% 的股份，加上早前持有的 14.76% 股权，持股量增至 51.08%，至 2008 年借壳时其持股量已增至 69.56%。

2008 年，曼盛生物科技以 2 亿港元收购武汉远大制药集团 45.98% 权益（整体标的估值 4.35 亿港元，属于自己买自己的关联交易），加上早前持有的 25% 股权，持股量增至 70.98%。收购后曼盛生物科技更名为远大医药，武汉远大完成借壳上市，从此开始了并购之路。

在远大医药借壳上市前，曼盛生物科技主要在中国从事碳酸饮料及健康饮品、药品及 pyruvatecalcium（丙酮酸钙）系列产品发展、制造及销售业务。

远大医药的产品、业务板块及收入如表 1、表 2 所示。

表 1   远大医药产品

产品类型	收入占比	产品
医药制剂及医疗器械	6 成	呼吸科产品：切诺，诺通； 五官科产品：金嗓，瑞珠，血明目片； 心脑血管产品：利舒安，诺复康，欣维宁，瑞安吉； 核药产品：钇［90Y］微球注射液； 医疗器械产品：RESTORE DEB 和 APERTO OTW
生物技术及健康板块	3 成	氨基酸产品：牛磺酸、氨基酸类、生物农药、生物饲料添加剂以及甾体激素产品
精品原料药及其他产品	1 成	

表2   远大医药各业务板块收入情况

产品/业务板块	2020年收入（亿港元）	占比（%）	2021年收入（亿港元）	占比（%）	2022年收入（亿港元）	占比（%）	2023年收入（亿港元）	占比（%）
眼科产品	8.38	13.19	10.63	13.63	22.11	23.12	23.14	21.98
呼吸及危重症	13.32	20.97	17.06	19.84	10.46	10.94	13.75	13.06
心脑血管急救	13.26	20.87	18.33	21.32	22.22	23.24	24.47	23.24
氨基酸板块	15.03	23.66	22.31	25.95	24.98	26.12	27.58	26.19
核药抗肿瘤诊疗	—	—	—	—	0.60	0.63	2.17	2.06
心脑血管精准医疗	—	—	—	—	—	—	1.18	1.12

远大医药2008年的营业收入为2.7亿港元，净利润为-0.24亿港元，市值为2.15亿港元；2023年营业收入为105.3亿港元，净利润为18.8亿港元，市值为145.18亿港元。上市15年来，收入翻了38倍，净利润扭亏为大盈，市值也翻了近67倍。截至2024年4月18日，公司市值140.6亿港元，PE7.48倍，PB0.93倍①。

2. 华东医药

华东医药前身为杭州医药站股份有限公司，创建于1993年，1996年与华东医药资产重组，1999年更名为华东医药股份有限公司，并在深圳证券交易所上市，现胡凯军通过远大集团持股比例超过41.66%。公司业务领域主要包括医药工业、工业微生物、医药商业和国际医美四大板块（见表3）。

华东医药自2000年上市以来，经过23年的发展，实现了显著的业绩增长。其营业收入从最初的16.18亿元增长至2023年的406.24亿元，翻了24倍；净利润从0.45亿元增长至28.39亿元，翻了62倍；市值同

---

① 资料来源：企查查。

表3 华东医药业务板块

业务板块	领域	主要产品	2023 年收入（亿元）
医药工业	内分泌、自身免疫和肿瘤	阿卡波糖片、百令胶囊、泮托拉唑针剂、吗替麦考酚酯胶囊	106.71
工业微生物	xRNA、特色原料药＆中间体、大健康＆生物材料、动物保健	百令胶囊原料、他克莫司原料、阿卡波糖原料	5.25
医药商业	医药批发、零售及以冷链为特色的第三方医药物流	—	269.81
国际医美	医美注射填充类及能量设备类	Ellansé 伊妍仕，能量源设备	24.47

样取得了大幅增长，从 40.15 亿元攀升至 727.38 亿元，翻了 17 倍。然而，至 2024 年 4 月 21 日，公司市值有所回落，但仍保持在 552.60 亿元的水平①。

2020—2023 年，虽然公司的营业收入整体呈现上涨趋势，但净利润出现了波动。2021 年，公司受新冠疫情、国家集采以及医保价格谈判等因素的影响，净利润下降，近两年又逐渐恢复了增长态势。

2020—2023 年收入利润情况如表4 所示。

表4 华东医药 2020—2023 年收入利润情况

财务指标	2020 年	2021 年	2022 年	2023 年
营收（亿元）	336.83	345.63	377.15	406.24
净利润（亿元）	29.10	23.39	25.33	28.46

---

① 资料来源：亿牛网，https://eniu.com/gu/sz000963。

3. 雷允上药业集团

雷允上药业创立于 1734 年。1996 年，原苏州药材采购供应站和原苏州雷允上制药厂合并组成雷允上（苏州）药业集团。1997 年，中国远大集团出资 6029 万元收购了雷允上（苏州）药业集团 70% 的股权，并与苏州药业集团共同组建雷允上药业有限公司。作为中国四大药堂之一，它拥有国家绝密项目和非物质文化遗产。雷允上药业通过内部培育外部并购的方式，聚焦大病种、培育大品种，丰富产品集群，形成多领域龙头，产品覆盖多个临床治疗领域，包括呼吸、泌尿、补益、消化、妇科儿科、心脑血管和抗肿瘤领域。其特色中药产品有六神丸、健延龄胶囊等。六神丸是雷允上集团的核心产品，在中国中药大品种科技竞争力排行榜中位列第二位。

1998 年，雷允上药业集团收购了常熟雷允上，其始创于 1969 年，前身是原常熟制药厂，专注于肝病专科用药的生产，同时向心脑血管、肿瘤用药领域拓展，拥有拳头产品如苦黄注射液等多个中成药品种。

2020 年，雷允上药业集团全资收购了位于亳州高新区的安徽誉隆亚东药业有限公司，随后将其更名为安徽雷允上，使之成为集团在长三角地区的关键生产基地。收购完成当年，安徽雷允上便实现了 4.3 亿元的销售收入。2023 年，其销售收入突破 7 亿元大关，3 年收入增长 63%。目前，公司拥有 4 个新药证书和 5 个专利项目，包括脑安滴丸、复方苁蓉益智胶囊等。

4. 远大生命科学集团

远大生命科学集团成立于 2009 年，注册资本 7.84 亿元，由远大集团控股 70%。公司聚焦免疫及感染、围术期及重症、血液系统、消化及代谢和创面管理五大治疗领域，拥有四大研发创新平台：中药微丸制剂研究技术平台、中药质量分析技术平台、呼吸领域药物药效评价技术平台和脂质体研发平台，2022 年销售额超 50 亿元。

2001 年，中国远大集团（胡凯军的控股平台）全资收购了远大蜀阳药业。目前，蜀阳药业是国内唯一一家能够出口狂犬病人免疫球蛋白的厂家，已累计出口超过 90 万瓶产品。此外，蜀阳药业已跻身中国生物医药企业 TOP20[①]。

2013 年，中国远大集团全资收购了杭州远大生物制药有限公司（以下简称杭州远大）。公司主导产品双歧杆菌四联活菌片，属微生态制剂新药，拥有自主发明专利。2020 年 8 月，杭州远大成功并购重庆泰平药业有限公司，并更名为远大生物制药（重庆）有限公司（简称远大重庆），收购产品线米桑，优化微生态制剂产品组合，为战略目标的实现提供有力支撑。

本文以远大医药（00512）与华东医药（000963）两家上市公司为研究对象，分析"远大系"在医药领域的并购之路。

二、远大医药并购业务布局

1. 生物技术产品领域并购（氨基酸领域）

（1）收购国内前列半胱氨酸系列制造商武汉弘元。

2008 年开始，远大医药逐步收购（见表 5）氨基酸产销商武汉远大弘元股份有限公司（简称武汉弘元），现其持股比例已达 100%。武汉弘元主要产品为半胱氨酸，拥有六大系列近百个品种，年生产能力数千吨，年销售收入数亿元，是国内最大制造及出口商之一。

表 5   远大医药收购武汉弘元过程

时间	购买比例（%）	金额（万元）	全部股权估值（万元）
2008 年 8 月	52	3120	6000

---

① 《2020 年中国生物医药企业排行榜 TOP20（附榜单）》，中商情报网，https：//top. askci. com/news/20210722/0930311526317. shtml。

续 表

时间	购买比例（%）	金额（万元）	全部股权估值（万元）
2010 年 12 月	6.4	542	8470
2019 年 11 月	24.6	7372	29967
2021 年 7 月	10	5198	51980

收购后，武汉弘元收入和毛利情况如表 6 所示。

表 6 武汉弘元收入和毛利

项目	2008 年	2009 年	2010 年
收入（亿元）	1.08	1.31	1.75
毛利（亿元）	0.15	0.25	0.34
毛利率（%）	14	19	19

（2）收购甘氨酸生产企业华晨生物。

2021 年 10 月，远大医药以 1.072 亿元（整体估值 1.34 亿元）收购沧州华晨生物科技有限公司（简称华晨生物）80% 股权①。华晨生物主要产品为甘氨酸及其衍生物。甘氨酸是疫苗、抗体蛋白药等生物药生产环节中的主要成分，广泛应用于食品、医药、动植物健康等领域。收购完成当年，上市公司以氨基酸类产品为主的生物技术产品领域营业收入达 20.63 亿元，较 2020 年同领域 13.90 亿元增长约 48.5%。

（3）收购医用氨基酸基地湖北八峰。

2022 年 8 月，远大医药以 2.7 亿元收购医用氨基酸产业化基地之一湖北八峰药化股份有限公司 100% 股权（简称湖北八峰）。湖北八峰拥有药品批文号 20 余个，氨基酸原料药年产能达 3000 吨、氨基酸口服液产能达 2000 万支、氨基酸制剂产能达 7.5 亿片。收购完成后，远大医药成

---

① 《远大医药：拟收购华晨生物 80% 股权 完善氨基酸产业布局》，中证网，https：//www.cs.com.cn/ssgs/gsxw/202110/t20211018_6211443.html。

为全国拥有氨基酸原料药注册文号最多的制药企业，巩固了其在氨基酸领域龙头的地位。收购完成当年，以氨基酸类产品为主的生物技术产品领域营业收入达 24.66 亿元，占营业收入的 30.07%，较 2021 年同领域增长约 29.31%[1]。截至 2022 年年底，远大医药市值达到 163.28 亿元，PE8.55 倍，PB1.20 倍。

（4）收购综合性化工企业湖北富驰。

2010 年，远大医药以近 1.17 亿元收购湖北富驰医药化工股份有限公司（简称湖北富驰）75.47% 股份，其全部股权估值 1.55 亿元，对应PE21.39 倍，PB1.28 倍。湖北富驰在牛磺酸、过磷酸钙及硫酸二甲酯等主要产品方面位居国内第三名。

湖北富驰现三大产品分别为：硝基甲烷（产能 7000 吨）、工业磷酸（产能 15 万吨）、硫酸二甲酯（产能 5 万吨），产品广泛应用于医药、农药及其他工业行业。

收购前后，湖北富驰收入和毛利情况如表 7 所示。

表 7 湖北富驰收入和毛利情况

项目	2008 年	2009 年	2010 年
收入（亿元）	2.12	1.89	2.93
毛利（亿元）	0.39	0.37	0.72
毛利率（%）	18	20	25

（5）收购高端制剂药企业浙江仙乐。

2010 年，远大医药以 9380 万元（标的整体估值 1.4 亿元）收购浙江仙居仙乐药业有限公司（简称浙江仙乐）67% 股权，对应 PE11 倍，PB3.03 倍。浙江仙乐的产品为甾体类激素药用原料及相关中间体。此次收购为上市公司未来该领域高端制剂药的发展打下基础。

---

[1] 资料来源：企查查。

2. 眼科、呼吸科领域并购

2010 年，远大医药以 0.41 亿元收购湖北远大天天明制药有限公司，前身为湖北瑞珠制药有限公司（简称湖北瑞珠）100%股权，湖北瑞珠主要产品为国内第一支不含防腐剂的润目类滴眼液。收购前，湖北瑞珠一直处于亏损状态，收购完成后填补了远大医药眼科系列产品的空白。

收购前后，湖北瑞珠收入和毛利情况见表 8。

表 8   湖北瑞珠收入和毛利情况

项目	2008 年	2009 年	2010 年
收入（亿元）	0.2	0.15	0.07
毛利（亿元）	0.1	0.05	-0.03
毛利率（%）	50	33	-43

2014 年远大医药以 1.4 亿元收购天津晶明 100%股权，对应 PE87.17 倍，PB44.77 倍，收购完成后进入眼科医疗器械领域。天津晶明是目前世界上生产眼表检测产品种类最多的企业。

2015 年 11 月，远大医药以 6.6 亿元作价（标的整体估值 7.33 亿元）收购北京九和药业有限公司 90% 的股权，对应 PE27.76 倍，PB16.32 倍。此次收购使远大医药获得呼吸科领域的一个重磅核心产品切诺，该产品已经连续 7 年在国内口服祛痰药市场占有率第一，年销售额超过 10 亿元，适用于呼吸道疾病。截至 2023 年年底，建有 2 条国内最先进的软胶囊生产线，年总产能 12.5 亿粒。

2016 年，远大医药以 3.86 亿元（标的整体估值 5 亿元）收购五官科中成药市场隐形冠军西安碑林药业股份有限公司（简称西安碑林）77.2%股权，对应 PE16.27 倍，PB2.73 倍；2017 年以 1.32 亿元收购了剩余股权，总体估值 5.79 亿元。西安碑林的核心产品适用于眼科及咽喉科疾病。

3. 心脑血管领域并购

2012 年 11 月，远大医药以 7200 万元收购了湖北舒邦药业有限公司 100%股份。湖北舒邦药业有限公司于 1998 年建厂，生产固体制剂、外用制剂、保健食品等共 30 种产品，持有若干心脑血管药及抗生素的专利权制剂产品的生产批文。本轮收购完成后，湖北舒邦与远大医药核心心脑医药制剂产品产生协同效应。

2013 年 7 月，远大医药以 3577.78 万元收购北京汭药 70.84%股权，本项收购加强了远大医药在心脑血管药物方面核心产品品种，扩大了其在心脑血管领域的市场占有率。2013 年，远大医药心脑血管产品的营业收入约为 2.83 亿元，较 2012 年同期增长约 44.7%。

2015 年，远大医药通过收购宣告正式进入心血管介入器械领域。公司与国开基金组建香港合营企业并以 7300 万美元（标的整体估值 1 亿美元）收购德国 Cardionovum（凯德诺）公司 73%股权，同时，以 2000 万美元增资标的于中国香港的合营公司，并建立中国的合营公司。2015 年，远大医药心脑血管药产品收益约为 4.17 亿元，较 2014 年同期增加约 5.8%。公司总收入由 2008 年上市时的 2.38 亿元上升至 2015 年的 27.19 亿元，增速超过 1042.43%。

2018 年 5 月，远大医药累计以 15.4 亿元收购上海旭东海普药业有限公司 100%股权（该公司收购前系台湾东洋国际的全资子公司），旭东海普主要产品为急救、心脑血管和呼吸道领域的注射液类制剂。2018 年，公司心脑血管药物的收入约为 8.45 亿元，较 2017 年同期增长约 38.1%。

2021 年 2 月，远大医药以 1200 万美元（标的整体估值 2394 万美元）收购香港东海医疗有限公司剩余的 50.13%股权，对应 PE-804.14 倍，PB2.19 倍。目标公司为由远大医药及卖方于 2017 年 11 月成立的合营企业。收购完成后，香港东海为远大医药全资子公司，远大医药获得 Novasight Hybird 系列及 Foresight ICE 系列产品。

2023年12月，远大医药与日本田边三菱签订股权收购协议，以3.677亿元（标的整体估值4.88亿元）收购天津田边75.35%的股权。天津田边主要从事心脑血管、内分泌代谢、胃肠道等慢性疾病领域原研药品的生产与销售，在售产品涉及多种慢性疾病适应证。

2023年12月和2024年1月，远大医药分两次收购多普泰90%的股权，对应标的整体估值7亿元。多普泰核心产品为心脑血管疾病药物，标的公司产值于2023年超过5亿元。

2021—2023年，远大医药合计以11亿元收购多家心脑血管药物及器械领域公司。2020年，远大医药在心脑血管诊疗方面的营业收入约为13.26亿元，占总营业收入的11.2%。而2023年远大医药在心脑血管诊疗方面的营业收入达到25.65亿元，增长率达到93.44%，收购成果显著。

4. 肿瘤治疗领域并购

2018年6月，远大医药联合CDH Genetech，以约19.00亿澳元（约111.78亿港元、人民币93亿元）收购Sirtex100%的股份。Sirtex是在ASX上市的全球性生命科学公司，其主要产品为肝癌的选择性放射治疗产品。本次收购完成后，远大医药进入肿瘤介入治疗领域。同年，远大医药收入上升至52.21亿元，净利润升至4.06亿元。2018年年底，公司市值98.33亿元，同比2017年市值（72.28亿元）上涨36.04%。

2020年，远大医药以2500万美元收购美国纳斯达克上市公司Onco Sec控制权（标的公司拥有全球首创肿瘤免疫疗法产品），收购后，远大医药、鼎晖投资共持有Onco Sec52.8%的股份。其中，远大医药持股比例为44%。

2021年，远大医药以2260万元收购申命医疗100%股权，标的公司拥有医疗肝癌的创新温度敏感性栓塞剂产品，进一步扩充了公司在肿瘤介入治疗产品领域的管线。

2022年2月22日，远大医药以2500万欧元（约合人民币1.79亿元）认购德国ITM公司的新股份。此前，远大医药已获得ITM公司开发的3款全球创新型放射性核素偶联药物（RDC）在大中华区的独家开发、生产及商业化权益。ITM公司于2004年在德国成立，是一家专注医用放射性同位素以及用于各种靶向诊疗肿瘤的放射性药物公司，同时是全球最大的医用放射性同位素生产企业之一，是全球为数不多的研发、生产和供应一体化的放射性药物生物技术公司。

2023年4月，远大医药与美国公司Black Swan Vascular签订股权收购协议，以不超过3750万美元（折合人民币约2.71亿元）收购其87.5%股权。Black Swan的核心产品创新液体栓塞剂在美国正式实现了商业化，这是美国首款也是唯一一款获得美国食品药品监督管理局（FDA）批准的用于治疗外周血管动脉出血的创新液体栓塞剂。交易完成后，远大医药深化了肿瘤介入创新产品管线布局。

远大医药在核药抗肿瘤诊疗领域自2022年开始产生收入，彼时仅为0.6亿元，于2023年增至2.17亿元，同比涨幅达261.67%。

5. 并购总结

并购整合能力强。远大医药目前的核心产品均通过并购获得，并购整合能力强。2008年上市前公司主要以原料药的生产、销售为主。借壳上市后并购动作频繁，涉猎广泛，从原料药、中间体到慢病药，再到眼科、放射性治疗等高端制剂均有涉及。眼科类药品更是从制剂到器械，实现从无到有，销售收入逐年递增，从2020年的8.38亿元增至2023年23.14亿元，约占销售收入的25%。此外，通过外延式并购，远大医药也成为国内心脑血管急救及五官科等细分领域最大的产品供应商之一。通过"全球拓展"的并购方式收购Sirtex，开启国内药企在放射性药物治疗领域的全球化、全方位布局。

并购绝对成本虽然不高，但在并购当时对应标的PE并不低。除

2018 年收购 Sirtex 金额近百亿元外，其余并购的金额均不高。但我们分析其每一次并购，静态来看并不便宜。只要并购标的有核心竞争护城河，上市公司可以通过赋能销售能力、研发能力、取证能力，迅速放大标的本身的创收和盈利能力。

并购使上市公司收入持续递增。营业收入从 2008 年的 2.38 亿元增至 2023 年的 95.42 亿元。

三、华东医药并购业务布局

华东医药的并购之路可分为三个阶段：第一阶段是 2008—2014 年，以医药工业领域为主；第二阶段是自 2018 年起，通过收购进入医美领域；第三阶段是 2020—2022 年，聚焦生物医药板块。

1. 2008—2014 年，医药工业领域并购

2008 年 9 月，华东医药斥资 9800 万元收购了西安博华制药有限责任公司 78.87%的股权（对应标的整体估值为 1.24 亿元），同时获得了西安博华持有的陕西九州制药有限责任公司 65%的股权；后于 2011 年 1 月以 1650 万元的价格受让西安博华 16.84%的股权（全部估值为 9789 万元）①。西安博华的主导产品奥硝唑是一种重要的妇科炎症用药，2008 年该产品国内市场约为 10 亿元，西安博华是该领域国内最大的生产企业。陕西九州为中西部的新型麻醉药品研发生产基地，虽然当时还处于亏损状态，但它拥有难以获得的麻醉药品生产牌照，两个品种已经获得了生产批文。

2009 年 4 月，华东医药以 1106.71 万元（标的整体估值 1844.52 万

---

① 资料来源：《华东医药股份有限公司关于公司出资收购西安博华制药有限责任公司 78.87% 股权的公告》。

元）收购杭州华东中药饮片有限公司60%股权①。

2011年7月31日，华东医药出资2907万元收购江苏九阳生物制药有限公司51%的股权，随后对其以现金方式增资8000万元，合计金额为10907万元，增资完成后持有江苏九阳79.61%的股权（对应整体估值1.37亿元)②。

这个阶段的并购以医药工业领域为主，营业收入大幅度提升，截至2014年12月31日，公司营业收入达到189.47亿元，净利润7.57亿元③。

2. 自2018年起，华东医药进行"二次创业"，展开对境外医美公司的收购

华东医药自2013年起便进军医美市场，通过独家代理韩国LG生命科学的透明质酸钠凝胶产品迈出重要一步。几年后，公司继续深化在医美领域的布局，于2018年完成了对英国医美公司Sinclair Pharmaplc（以下简称Sinclair）的100%股权收购，耗资15.2亿元④。这一收购不仅使华东医药开拓了国际医美市场，还开启了其医美业务增长的新阶段。Sinclair作为全球知名的医美公司，其明星产品Ellansé伊妍仕（少女针）等在全球市场上广受好评，为华东医药的医美业务发展注入了强大动力。2023年，Sinclair实现收入14958万英镑（约人民币13.04亿元），同比增长14.49%。

2021年，华东医药通过其全资子公司英国Sinclair以6500万欧元（约人民币5.965亿元）收购了西班牙能量源型医美器械公司High Tech-

---

① 资料来源：《华东医药股份有限公司关于出资收购杭州华东中药饮片有限公司60%股权的公告》。
② 资料来源：《华东医药股份有限公司2011年年度报告摘要》。
③ 资料来源：《华东医药股份有限公司2014年年度报告》。
④ 资料来源：《华东医药股份有限公司关于完成现金要约收购英国Sinclair Pharmaplc全部股份的公告》。

nology Products，S. L. U. 的 100%股权①。2022 年，华东医药通过其全资子公司英国 Sinclair 以 2750.61 万美元（约人民币 1.75 亿元）收购了VioraLtd. 100%股权。这两次收购使华东医药实现了在非手术类主流医美产品的全覆盖，为其开启"微创+无创"医美新时代奠定了坚实基础。

2018—2023 年，公司在医美板块的营业收入如图 1 所示。

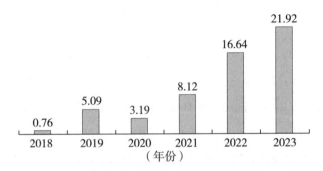

图 1　2018—2023 年华东医药在医美板块的营业收入（亿元）

3. 2020—2022 年，生物医药板块并购

2020 年，华东医药全资子公司中美华东以 3.7 亿元（对应整体估值18 亿元）购入江苏荃信生物有限公司 20.56%的股份②。荃信生物专注于创新开发治疗自身免疫和过敏所致严重慢性炎症的抗体药物。2024 年 3月，华东医药作为基石投资人，以 500 万美元认购荃信生物在港交所的首次公开发行股份。

2021 年 4 月，华东医药全资子公司杭州中美华东制药有限公司以4.875 亿元（对应整体估值 6.5 亿元）收购浙江道尔生物科技有限公司

---

① 资料来源：《华东医药股份有限公司关于向全资子公司英国 Sinclair 提供不超过 6500 万欧元担保的公告》。
② 资料来源：《华东医药股份有限公司关于全资子公司中美华东与荃信生物签署股权投资协议及产品合作开发协议的公告》。

75%的股权①。道尔生物聚焦于开发基于多结构域的多特异性创新融合蛋白、抗体药物及多肽药物，以满足肿瘤、代谢、眼科等领域的未被满足的临床需求。本次收购是公司在生物制药领域的重大战略布局。

2021年12月，华东医药以1.08亿元收购安徽美华高科制药有限公司100%的股权②。安徽美华高科主要生产核苷类（修饰核苷、核苷三磷酸、保护性核苷）以及抗感染（艾默德斯、塞拉菌素、莫西克汀）等原料药。

2022年2月，华东医药与德国上市公司Heidelberg Pharma AG达成系列战略合作协议。一方面，以1.05亿欧元（约人民币7.79亿元，对应整体估值22.27亿元）收购Heidelberg Pharma35%的股权，成为其第二大股东③。另一方面，其全资子公司中美华东与Heidelberg Pharma达成产品独家许可协议，获得两款在研产品HDP-101、HDP-103在包括中国、韩国、新加坡在内的20个亚洲国家和地区的独家许可。本次收购进一步丰富了肿瘤领域创新产品管线，并在ADC领域实现差异化纵深布局。

2022年5月，华东医药以增资及股权转让方式合计3.96亿元（对应整体估值6.6亿元）收购芜湖华仁科技有限公司60%的股权④。华仁科技在小核酸药物用核苷原料领域及诊断试剂用核苷酸（dNTP）领域处于行业先进地位。核苷业务是华东医药工业微生物的重要战略布局，通过本轮收购，为建立核苷领域全产业链生态系统打下基础。

2023年4月，华东医药以2.55亿元收购江苏南京农大动物药业有限

---

① 资料来源：《华东医药股份有限公司关于收购道尔生物股权的公告》。

② 资料来源：《华东医药股份有限公司关于全资子公司参与安徽华昌高科药业有限公司破产重整暨收购其100%股权的公告》。

③ 资料来源：《华东医药股份有限公司关于对德国Heidelberg Pharma公司股权投资完成股权交割的公告》。

④ 资料来源：《华东医药股份有限公司投资者关系活动记录表》。

公司 70%的股权①。南农动药是华东医药工业微生物动保业务的重要发展平台，是集动物药品、动物保健品研产销一体化综合性动保企业，专注于宠物、水产动保细分领域。

在工业微生物领域，华东医药通过并购，形成拥有行业领先的发酵单体车间和微生物药物生产能力，覆盖菌种构建、代谢调控、酶催化、合成修饰、分离纯化等微生物工程技术各个阶段的研发能力，2022 年合计实现销售收入 5.1 亿元，同比增长 22%。

4. 并购总结

第一，战略到哪里，并购就到哪里。对于迅速崛起的市场，华东医药都是通过并购具有产业门槛的优势标的切入，并结合商业合作，将中国市场迅速做起来。这表现在其布局生物医药、医美、宠物药三大板块。医美领域，在不到 3 年的时间完成医美业务的全产业链布局，产品线从入门级的玻尿酸、肉毒素、少女针到光电医美仪器，销售收入从 2018 年的 7600 万元迅速增至 2023 年的 21.92 亿元，复合增长率达 95.89%。在代表未来医药方向的生物药（包括自体免疫类疾病治疗领域、肿瘤治疗领域）、小核酸药、宠物药领域，均通过并购提前进行战略布局。

第二，并购标的长板足够长。例如，通过收购西安博华，控制了 10 亿元市场的大单品的龙头公司；通过收购英国医美公司，取得极具市场潜力的医美产品"少女针"的市场领先地位，能够将国际领先产品嫁接中国市场；通过收购西安博华间接收购陕西九州，获得了稀缺的麻醉剂药品的许可。

第三，并购推动上市公司收入及市值双增长。华东医药自开始并购以来，其营业收入从最初的 16.18 亿元增长至 2023 年的 406.24 亿元，

---

① 资料来源：《华东医药股份有限公司关于以股权转让及增资方式收购江苏南京农大动物药业有限公司 70%股权的公告》。

翻了 24 倍；净利润从 0.45 亿元增长至 28.39 亿元，翻了 62 倍；市值同样取得了大幅增长，从 40.15 亿元攀升至 727.38 亿元，翻了 17 倍。2018—2023 年，PE 分别为 18.4 倍、16.0 倍、15.5 倍、30.3 倍、34.4 倍、24.9 倍；PB 分别为 4.6 倍、4.3 倍、3.8 倍、4.8 倍、5.0 倍、3.6 倍。

10

华润医药：从国家意志到社会民生的并购逻辑

李　敏

在谈到中国并购市场的成功案例时，华润医药（03320. HK）的并购是无法回避的。市场惯有的思维是，国有企业往往偏保守，不会在错综复杂、风谲云诡的并购市场大展拳脚。但华润持续几十年颠覆着市场认知，从中药到化药再到生物医药，华润先后将 A 股市场不少有特色的医药公司纳入麾下，东阿阿胶、昆药集团、江中药业、博雅生物、华润三九……一连串耳熟能详的名字，构成了庞大的华润医药商业版图。

仔细研究华润医药的并购，有助于地方国有企业在国有资产保值增值、地方特色产业持续发展中坚定信心，并通过并购找到一条适合自己的路。

一、华润医药简介

央企华润集团业务涵盖六大领域，包括大消费、综合能源、城市建设运营、产业金融、科技及新兴产业、大健康。2022 年度，凭借营业额 1216. 43 亿美元位列《财富》世界 500 强第 74 位[①]。华润集团所属企业中有 8 家在香港上市，9 家在内地上市。

医药板块系华润集团旗下大健康领域重要布局，全部系收购整合而

---

① 《2024 年〈财富〉世界 500 强排行榜》，https：//www. fortunechina. com/fortune500/c/2024-08/05/content_456697. htm。

来，其中华润医药控股有限公司（简称华润医药）成立于 2007 年，于 2016 年在香港主板上市，其医药制造位居国内第四，是国内第一大 OTC 制造商，生产制造 700 余种药品，产品组合包括中药、化学药、生物制剂以及保健品，医药商业居国内前三。

华润集团的医药帝国的建立，全部源于并购。东阿阿胶、三九药业、双鹤药业、江中药业、博雅生物、昆药集团，这些上市公司都曾是某个领域的龙头，因华润集团的合纵连横，渐次成为中国医药产业中举足轻重的角色。华润医药板块目前旗下拥有企业超过 800 家，其中华润医药直接控制的上市公司有华润三九（000999.SZ）、博雅生物（300294.SZ）2 家，间接控制的上市公司有东阿阿胶（000423.SZ）、江中药业（600750.SH）、华润双鹤（600062.SH）、昆药集团（600422.SH）4 家。华润医药下属上市公司市值合计超过 1500 亿元。

华润医药板块上市公司营收及市值如表 1 所示。

图 1　2004—2023 年东阿阿胶营业收入及归母净利润

表 1　华润医药板块上市公司营收及市值

公司名称	上市日期	2023年度营业收入/归母净利润（亿元）	成立或并入华润时间	并入华润医药情况	市值2024年7月15日（亿元）	业务结构及特点	并入华润体系后的增长
华润医药	2016年10月28日	2447.04/38.54	2007年成立	国务院国资委和三九集团重组而设立的整合平台，成立于2007年3月，控股股东为三九集团；2007年9月，该平台被华润医药集团有限公司收购；2009年3月更名为"华润医药控股有限公司"；2016年上市	334	医药分销1958.58亿元，占比80.04%；医药制造391.90亿元，占比16.02%；医药零售95.79亿元，占比3.91%	2016—2023年，华润医药营业收入由1431.24亿元增长至2447.04亿元，7年累计增长70.97%，年均复合增速7.96%；归母净利润由25.77亿元增长至38.54亿元，7年累计增长49.55%，年均复合增速5.92%

续表

公司名称	上市日期	2023年度营业收入/归母净利润（亿元）	成立或并入华润时间	并入华润医药情况	市值2024年7月15日（亿元）	业务结构及特点	并入华润体系后的增长
东阿阿胶	1996年7月29日	47.15/11.51	2005年	2005年3月，华润集团以现金2.31亿元出资、聊城市国有资产管理局以所持上市公司东阿阿胶29.63%的股份作为出资（折合2.22亿元，对应上市公司整体估值7.49亿元，PE 5.56倍，PB 0.73倍）合资成立华润东阿阿胶有限公司，华润集团持股51%，控股东阿阿胶这个著名品牌	362	东阿阿胶及其系列产品占收入比例92.55%，是阿胶行业标准制定的引领者	2004—2023年，东阿阿胶营业收入由8.81亿元大幅增长至47.15亿元，20年累计增长4.35倍，年均复合增速8.75%；归母净利润由1.31亿元跃升至11.51亿元，20年累计增长7.79倍，年均复合增速11.48%（见图1）。当前市值高达362亿元，较收购时点的7.49亿元增长47倍之多

续表

公司名称	上市日期	2023年度营业收入/归母净利润（亿元）	成立或并入华润时间	并入华润医药情况	市值 2024年7月15日（亿元）	业务结构及特点	并入华润体系后的增长
华润三九	2000年3月9日	247.39/28.53	2008年	2008年12月，新三九控股有限公司（华润集团全资子公司，2009年3月更名为华润医药）收购三九体系所持上市公司华润三九共71.35%股权	538	CHC健康消费品制造占比47.32%，中药处方药占比21.10%，传统国药（昆药集团）占比16.52%，医药批发零售占比12.91%，其中CHC健康消费品涵盖感冒、胃肠、皮肤、肝胆、儿科、骨科、妇科、心脑等品类	2008—2023年，华润三九营业收入由43.16亿元大幅增长至247.39亿元，15年累计增长4.73倍，年均复合增速12.34%；归母净利润由5亿元跃升至28.53亿元，15年累计增长4.71倍，年均复合增速12.31%（见图2）。2024年7月15日市值高达538亿元，较2008年年末的141.45亿元增长2.80倍

续　表

公司名称	上市日期	2023年度营业收入/归母净利润（亿元）	成立或并入华润时间	并入华润医药情况	市值2024年7月15日（亿元）	业务结构及特点	并入华润体系后的增长
华润双鹤	1997年5月22日	102.22/13.33	2010年	于2010年10月与北京市国资委达成一致后，将上市公司华润双鹤并入华润医药旗下	183	是华润集团旗下核心的化药平台，制剂业务包括大输液、慢病业务（儿科、肾科、精神/神经、麻醉镇痛、肿瘤等领域），原料药业务，其中输液业务占比31.41%、慢病业务30.99%、专科业务15.03%、原料药12.43%。18个单品销售均过亿元	2010—2023年，华润双鹤营业收入由53.67亿元增长至102.22亿元，13年累计增长90.46%，年均复合增速5.08%；归母净利润由5.2亿元跃升至13.33亿元，13年累计增长156.35%，年均复合增速7.51%（见图3）

续　表

公司名称	上市日期	2023年度营业收入/归母净利润（亿元）	成立或并入华润时间	并入华润医药情况	市值2024年7月15日（亿元）	业务结构及特点	并入华润体系后的增长
江中药业	1996年9月23日	43.90/7.08	2019年	2018年5月，华润医药与江西省国资委签署战略合作协议。2019年2月，华润医药以现金增资方式向华润江中增资1.3亿元，增资完成后持有华润江中51%股权，从而间接控制江中药业	144	中药制造业，包括中药非处方药、处方药、大健康产品，其中非处方药覆盖胃、肠道、咽喉咳喘、补益维矿等领域；处方药覆盖心脑血管、呼吸、妇科、泌尿、胃肠等领域；大健康业务围绕中医药、西方膳食维矿营养等主线。非处方药占比69.89%，处方药占比15.21%，保健品及其他占比14.89%	2018—2023年，江中药业营业收入由17.55亿元大幅攀升至43.90亿元，5年累计增长150.14%，年均复合增速20.13%；归母净利润由4.70亿元增至7.08亿元，5年累计增长50.64%，年均复合增速8.54%（见图4）。2024年7月15日市值高达144亿元，较收购时点的74.38亿元增长93.60%

续　表

公司名称	上市日期	2023年度营业收入/归母净利润（亿元）	成立或并入华润时间	并入华润医药情况	市值2024年7月15日（亿元）	业务结构及特点	并入华润体系后的增长
博雅生物	2012年3月8日	26.52/2.37	2021年	2021年7月，华润医药斥资23.11亿元（投前整体估值144.43亿元，收购PE52.47倍，PB3.44倍）收购高特佳集团持有的博雅生物16%股权；2021年11月，华润医药出资24.57亿元认购博雅生物定向发行股份；两次收购合计出资47.68亿元（对应整体估值165.21亿元，收购PE60.02倍，PB3.94倍），认购后合计持有博雅生物28.86%股权，成为博雅生物的控股股东	179	血液制品包括白蛋白、免疫球蛋白和凝血因子三大类；生化药涉及骨科、肝炎、妇科及免疫调节等领域；化学药涵盖抗感染类、糖尿病类、心脑血管类领域。医药制造占比71.43%，医药分销占比28.57%，医药制造中，血液制品占比为总收入的54.74%，生化药为12.64%，化学药、原料药合计为4.04%。大单品收入超亿元	博雅生物2023年度营业收入26.52亿元，较2020年度增长25.13亿元，归母净利润2.37亿元，较2020年度的2.60亿元下降8.85%（见图5），主要原因为计提收购南京新百药业有限公司形成的商誉减值准备2.98亿元。2024年7月15日，博雅生物总市值179亿元，较2020年年末的145亿元增长23.45%

续 表

公司名称	上市日期	2023年度营业收入/归母净利润（亿元）	成立或并入华润时间	并入华润医药情况	市值2024年7月15日（亿元）	业务结构及特点	并入华润体系后的增长
昆药集团	2000年12月6日	77.03/4.45	2022年	2022年12月，上市公司华润三九以29.02亿元（对应整体估值103.64亿元，收购PE 22.82倍，PB 2.02倍）协议受让华立集团（中国企业500强，除了上市公司昆药集团，还整股两家上市公司：华正新材、健民集团）持有的昆药集团28%股权，成为昆药集团的控股股东	129	昆药集团拥有青蒿、三七、天麻三大系列中药、民族药等产品，其中心脑血管治疗产品占比27.57%，骨科产品占比2.89%，妇科产品占比4.41%，消化产品占比7.10%，药品、器械批发与零售占比44.05%	昆药集团2023年度营业收入77.03亿元，较2022年度的82.82亿元下降6.99%；归母净利润4.45亿元，较2022年度的3.83亿元增长16.19%，主要原因为2023年度毛利率提升以及降本增效取得成效。2024年7月15日，博雅生物总市值129亿元，较2022年末的107亿元增长20.56%

注：表内数据来源为企查查网站相关信息。

143

图 2 2008—2023 年华润三九营业收入及归母净利润

图 3 2010—2023 年华润双鹤营业收入及归母净利润

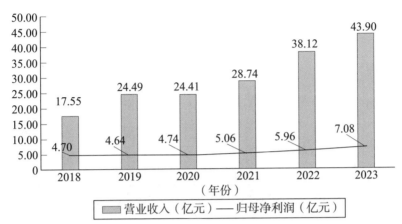

图4　2018—2023年江中药业营业收入及归母净利润

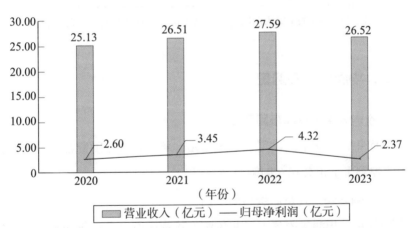

图5　2020—2023年博雅生物营业收入及归母净利润

华润医药自2008年开启频繁并购之路以来，业绩稳步增长。2008—2023年，华润医药及6家上市公司的营业收入简单加总数由138.13亿元大幅增长至2991.25亿元，15年累计增长20.66倍，年均复合增速22.75%；归母净利润由13.61亿元攀升至105.81亿元，7年累计增长6.77倍，年均复合增速14.65%（见图6）。2024年7月15日，7家上市公司市值合计1839.67亿元，较2008年年末的373.86亿元累计增长3.92倍。

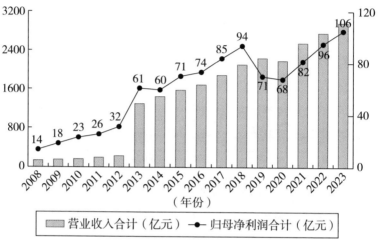

图 6 2008—2023 年华润医药及 6 家上市公司营业收入、归母净利润

二、华润医药并购史

1. 收购老字号品牌东阿阿胶

2005 年，华润集团以现金 2.3 亿元，采取和地方国资合资成立公司的方式控制了上市公司东阿阿胶。

2. 收购华润三九及后续布局中药

2008 年，华润集团拿下三九药业。其背后逻辑是：华润本身是一家零售巨头，旗下商超、啤酒、食品等业务轻车熟路，其进军医药，OTC 作为首下之城是题中应有之义。三九药业主营 OTC 领域，但其旗下业务庞杂，大多不盈利。所以当地国资委开出的收购条件是三九集团的全部业务打包出售。这就意味着想要拿下优质资产，就必须承担"收拾烂摊子"的任务。在新世界、德意志银行、复星、上实集团等一众国内外强大竞争对手难以抉择之际，志在必得的华润毅然出手。最后，华润支付了 44 亿元的重组款项，加上 37 亿元需要日后清理的债务完成对三九药业的收购。收购时三九药业的市值仅为 51.06 亿元，2024 年 7 月 15 日市值为 538.26 亿元，较收购时增长 9.54 倍[①]。

华润医药收购三九药业后，于 2016 年收购香港连锁药店华润堂，并于 2020 年并入上市公司华润三九；2018 年出资 42 亿元控股同样是中药 OTC 小龙头的江中药业，后续进而以江中药业为平台，收购桑海制药（2019 年）、济生制药（2019 年）、海斯制药（2021 年）等地方知名药企。以华润三九为平台，收购广东顺峰（2012 年）、桂林天和（2013 年），拓展皮肤用药产品；收购云南圣火集团（2016 年）、山东圣海（2017 年）、澳诺制药（2019 年）拓展地方中药品种、保健品。2022 年，华润三九出资 29 亿元入主昆药集团（600422.SH）。

3. 收购华源，并以华润双鹤为平台布局化药

华润在医药另一个重要战略机遇在于拿下华源。华源作为国资控股的混合所有制企业，在其史诗般人物周玉成的带领下，完成了医药领域一系列并购。2002 年以 11 亿元的价格受让上药集团 40%股份，不久后上药入主鲁抗医药（生产抗生素产品）。2003 年，华源以 13 亿元取得华北最大流通商之一北京医药（简称北药）40%股权，控股北药，北药旗下双鹤药业（生产大输液产品）和万东医疗（生产影像设备）也纳入华源医药版图。同年，华源并购国内第二大维生素 C 生产商江山制药，获得每年增收超过 7 亿元；并购江山制药不久，又抢在复星的郭广昌之前，入主第一大 VC 厂家——东北制药。那个时代，医药流通是医药行业的主旋律，而华源控股北药、上药南北两大商业巨头，基本上掌控了整个中国医药商业的半壁江山。而抗生素、VC、输液、影像设备等品种，都是兵家必争的主流产品。5 年时间，华源成为中国医药的"一哥"。

2006 年，华润利用华源债务危机之际，出资 50 亿元，和当时的鼎晖

---

① 资料来源：亿牛网，https://eniu.com/gu/sz000999/market_value。

（出资 20 亿元）联合收购了华源 19 家小股东持有的股权，接管了华源。华源系的若干优质医药资产最终并入华润。但华润对北药和上药的控制并不容易。首先承继华源的北药股权仅为 50%，与北京市国资委分庭抗礼。2010 年，国务院国资委先将北京市国资委持有的北药 1%"金股"无偿划拨给华润，北京市国资委将其余的 49% 股份注入华润医药，换取华润医药 28% 股权。至此，华润方成为北药以及其旗下双鹤、紫竹、万东的实控方，而上药最终进入上海国资委旗下上实集团体内，华润无缘染指。

原北药体系内的双鹤药业通过一系列收购逐渐成为华润化药平台，包括济南济民（2015 年收购，心脑血管用药）、华润赛科（2015 年收购，心脑血管用药）、中化联合（2016 年收购，抗生素）、湘中制药（2018 年以 1.44 亿元收购，CNS 中枢神经系统用药）、天东制药（2020 年收购，抗凝药物）、贵州天安（2023 年收购，糖尿病用药）、华润紫竹（2024 年收购，女性用药），使双鹤在输液产品的基础上，增加了原料药和制剂业务，先后引入了蛋白抑制剂、精神类药物以及抗病毒药物的生产工艺，进一步扩充了品种范围。所以也就不难理解，两年后的抗新冠病毒药物阿兹夫定报产，原本专注于输液业务的华润双鹤能突然接到大规模的生产订单，而这份订单点燃了二级市场投资者对新冠概念的疯狂追逐，不到半年双鹤的市值翻了 3 倍。作为母公司的华润，则又一次被拉到资本市场的舞台中心。

4. 收购博雅生物并布局血制品赛道

"只要有浆站，躺着都能挣钱"的血制品行业，当然是其华润布局的重要领域。早在 2018 年，华润就曾接洽全球最大血制品生产商杰特贝林，以及国内血制品巨头上海莱士（002252.SZ）。然而，这么好的业务，除非迫不得已，大家都不想卖。收购的时机需要等待。终于在 2021 年，博雅生物的并购时机出现。

20 世纪 90 年代末，血制品的经营牌照管理收紧，自 2001 年起，基本不再新增血站牌照，存量收购是进入这一领域的唯一途径。博雅生物是江西抚州市一家具有一定规模的血制品公司。2007 年，公司因经营不善面临窘境，深圳老牌医药创投基金高特佳主动上门谈收购。高特佳很早便意识到，血制品这样一个"资源型"行业，未来大有潜力，而博雅生物的业绩低迷恰好给了高特佳一个收购的好机会，其仅以 1.02 亿元就收购了博雅生物 85% 股权。然而，在做大做强博雅生物的过程中，高特佳作为一个民营基金却无法在资金上提供充分助力。血制品行业，血浆站数量是王道。要做强博雅生物，必须扩大血浆站。于是在 2017 年，高特佳觅得广州丹霞生物，这是一个采浆资源丰富的资产标的，资源丰富，但需要的并购资金不菲。如果能并购丹霞生物，博雅生物便能和天坛生物、上海莱士一样晋升为血制品第一梯队，业绩将迎来跨越式发展。为了实现收购，高特佳不惜砸进重金，从平安证券借来年化利率高达 6.2% 的 15 亿元资金，从中信银行借款 2 亿元，自己出资 7.9 亿元，还请博雅生物所在地江西省发展升级引导基金出资 2 亿元，高特佳几乎是把自己过去 20 年里的资源和积累全压了进去，成立了一家并购基金公司，最终以 45 亿元的价格并购了丹霞生物。然而在丹霞装入博雅之前，丹霞生物就因为旗下一款血制品杂质超标，被收回了生产资质。且广东药监局认为一家私募基金不能管理好血制品这样一个特殊行业，于是用行政手段否定了博雅对丹霞的收购。这给了高特佳当头一棒，45 亿元资金打了水漂。广东药监局中意的主导方是央企。最终，华润以 23.11 亿元的价格取得高特佳持有的博雅生物 6933.2 万股（占博雅生物总股本的 16%），同时又以 24.57 亿元的价格全额购入博雅生物增发的 7830 万股[①]。自此，华润正式成为博雅生物第一大股东，实现了控股博雅生物。

---

① 资料来源：《博雅生物制药集团股份有限公司关于股份协议转让完成及向特定对象发行股份发行完毕暨控股股东、实际控制人变更的公告》。

5. 布局生物医药

2020 年，在此前东阿阿胶旗下一家做促红素的生物药公司——昂德生物的基础上，华润搭建了一个生物技术平台，整合了旗下原有的几条大分子生产管线，并同时启动融资，这便是华润生物。

此外，华润医药于 2021 年 7 月从一家下属的投资公司出 8 亿港元，购得一家做 T 细胞免疫疗法的生物医药公司——永泰生物 10%的股权[①]。因没有业务交叉和人才资源互通并购，更像一笔财务投资。

华润医药收购上市公司的基本情况如表 2 所示。

三、江中药业并购

华润医药重组江中药业前，江中药业主要经营非处方药和保健品，尚未涉足处方药领域。华润医药重组江中药业期间，江中药业于 2019 年 1 月收购江西南昌桑海制药有限责任公司（以下简称桑海制药）、江西南昌济生制药有限责任公司（以下简称济生制药），进军中药处方药领域，非处方药业务占比相应由 2018 年的 85.53%下降至 2019 年的 76.17%。华润医药入主江中药业后，江中药业于 2021 年 9 月收购晋城海斯制药有限公司（以下简称海斯制药），布局胃肠领域处方药，非处方药业务占比进一步下降，2023 年下降至 69.89%。通过并购前述 3 家公司，江中药业布局了中药处方药、胃肠化学药领域，获得了 200 余个产品批文，丰富了产品结构。

1. 丰富非处方药产品线、布局处方药，收购桑海制药、济生制药

（1）收购桑海制药。

2019 年 1 月，江中药业出资 1.64 亿元认缴桑海制药注册资本 5205 万元（投前整体估值 1.57 亿元），取得桑海制药 51%股权[②]。桑海制药

---

① 资料来源：《华润医药集团有限公司自愿公告建议收购永泰生物制药有限公司之股份》。
② 资料来源：《江中药业股份有限公司关于以现金增资方式取得桑海制药、济生制药 51%股权的公告》。

成立于 1992 年，原为江西桑海集团有限责任公司（以下简称桑海集团）全资控股、江西省国资委最终控制的药企，主要从事止咳平喘、妇科、安神补脑、感冒等领域的中成药、化学药的销产研。

截至评估基准日 2018 年 6 月 30 日，桑海制药资产总额 2.2 亿元、净资产 1.07 亿元，PB1.47 倍；2018 年 1—6 月营业收入 1.47 亿元，净利润 0.16 亿元，PE 4.83 倍。收购后桑海制药的产品销量迅速提升，2019—2023 年，其核心单品多维元素片的销量由 543 万盒大幅增长至 1398 万盒，4 年累计增长 157.46%，年均复合增速高达 26.67%；销售收入由 0.6 亿元跃升至 2.5 亿元（占比桑海制药当年营业收入 90% 以上），4 年累计增长 3 倍，平均复合增速超过 30%。

（2）收购济生制药。

2019 年 1 月，江中药业出资 2.13 亿元认缴济生制药注册资本 6245 万元（投前整体估值 2.05 亿元），取得济生制药 51% 股权[1]。桑海制药成立于 1986 年，原为桑海集团全资控股、江西省国资委最终控制的药企，主要从事呼吸、消化、泌尿、心脑血管等领域中成药的生产销售。

截至评估基准日 2018 年 6 月 30 日，济生制药资产总额 2.43 亿元、净资产 1.38 亿元，PB 1.48 倍；2018 年 1—6 月营业收入 1.92 亿元，净利润 749.52 万元，PE 13.66 倍。济生制药并入三江药业后，业绩稳步增长。2019—2023 年，总资产由 5.83 亿元增长至 10.22 亿元，4 年累计增长 75.27%，年均复合增速 15.06%；营业收入由 3.27 亿元攀升至 5.02 亿元，4 年累计增长 53.72%，年均复合增速 11.35%；净利润由 969 万元跃升至 2150 万元，4 年累计增长 121.88%，年均复合增速 22.05%。其核心单品复方鲜竹沥液 2023 年实现销售收入约 2 亿元，较 2019 年增长近 200%。

---

[1] 资料来源：《江中药业股份有限公司关于以现金增资方式取得桑海制药、济生制药 51% 股权的公告》。

2. 布局胃肠化学药领域，收购海斯制药

2021年9月，江中药业斥资1.19亿元（投前整体估值3.31亿元）收购晋能控股装备制造集团有限公司、晋城王台科工贸有限公司合计持有的海斯制药36%股权，并随后对其以现金方式增资1.01亿元，合计金额为2.2亿元，增资完成后持有海斯制药51%股权①。海斯制药成立于1997年，原为山西省国资委最终控制的药企，主要从事胃肠领域化学药生产销售，核心产品双歧杆菌三联活菌肠溶胶囊2023年销售额突破5亿元，占海斯制药总收入的50%以上。

截至评估基准日2021年3月31日，海斯制药资产总额7.19亿元、净资产2.59亿元，PB 1.28倍；2020年度营业收入9.51亿元，净利润2656.68万元，PE 12.44倍。收购完成后，海斯制药经营情况、盈利能力均有所改善，2020—2023年总资产由7.41亿元增长至10.04亿元，3年累计增长35.53%，年均复合增速10.67%；净利润由0.27亿元大幅攀升至0.87亿元，3年累计增长228.98%②，年均复合增速48.73%；营业净利率由2.79%跃升至8.89%，3年累计增长6个百分点。

3. 并购总结

江中药业的历次并购事件及发展历程具有以下几个特点。

（1）并购标的有利润且能够产生协同效应，即标的"小"而"美"。

2018年年底，江中药业通过现金增资的方式分别以1.64亿元、2.13亿元获得中成药企业桑海制药、济生制药51%股权，二者均为产品品种丰富、有一定利润体量的资产，桑海制药2018年上半年净利润1624.90万元，济生制药2018年上半年净利润749.52万元③。

---

① 资料来源：《江中药业股份有限公司关于以股权转让及增资方式收购海斯制药51%股权的公告》。
② 资料来源：企查查"晋城海斯制药有限公司"相关信息。
③ 资料来源：《江中药业股份有限公司关于以现金增资方式取得桑海制药、济生制药51%股权的公告》。

（2）并购金额不高，且均为现金非重大。

公司的几次资产收购均以现金非重大方式，且并购金额均不超过3亿元，平均每单交易金额在2亿元左右。公司采用现金非重大方式，能够简化交易流程，避免行政审批，大幅提高交易效率。

四、华润三九并购

华润三九在被华润集团并购之前，主要经营品牌OTC、中药处方药制药业务。在并入华润集团之后，华润三九通过频繁的并购动作，进行中成药、改良创新药、仿制药、经典名方等的开发或引进，形成CHC健康消费品和处方药两大业务板块。其中，CHC健康消费品业务核心产品占据了较高的市场份额，处方药业务具有较高市场认可度。品牌建设方面，在"999"家庭常备主品牌的基础上，陆续发展"天和""顺峰""澳诺""康妇特""昆中药1381"等深受消费者认可的药品品牌。2023年，公司成为凯度2023年最具价值中国品牌百强榜单中的三个医药品牌之一。

1. 内部资源整合，发展中成药业务

2011年9月，华润集团控股的北京医药集团有限责任公司持有的辽宁华源本溪三药有限公司（简称本溪三药）、合肥神鹿双鹤药业有限责任公司（简称合肥神鹿）、北京双鹤高科天然药物有限责任公司（简称双鹤高科）、北京北贸天然药物经营有限责任公司（简称北京北贸）4家公司的100%股权并入上市公司华润三九（见表2），合计对价为4.04亿元。通过此次收购，华润三九获得了心血管、止咳、肠胃领域的优质产品。

表 2　　　　　　　　　　　标的公司基本情况及收购估值

标的名称	标的公司基本情况	收购估值
本溪三药	脾胃、痹症、乙肝、感冒四大系列中成药，共41个品种，其中国家中药保护品种2个，主导产品是国家基本药物、医保目录甲类、首届全国中医医院急诊科（室）必备中成药和中国中药名牌产品。 截至评估基准日2011年4月30日，本溪三药资产总额1.76亿元，负债总额6554.74万元，净资产1.11亿元；2010年度营业收入8862.29万元，净利润589.42万元	收购估值1.72亿元，对应 PB 1.55 倍，PE 29.14 倍
合肥神鹿	收购时合肥神鹿为安徽省产能规模最大的中成药生产企业。主导产品是国内胃药市场上唯一一辨证分型、一病两药的药物，被列为国家基本药物目录、国家中药保护品种和国家社保目录乙类。 截至评估基准日2011年4月30日，合肥神鹿资产总额1.48亿元，负债总额7687.76万元，净资产7116.38万元；2010年度营业收入8118.13万元，净利润552.12万元	收购估值1.35亿元，对应 PB 1.89 倍，PE 24.36 倍
双鹤高科	双鹤高科以生产天然药物液体制剂为主，包括注射液、口服液、糖浆剂等剂型。主要产品为治疗心脑血管疾病的产品。 截至评估基准日2011年4月30日，双鹤高科资产总额1.26亿元，负债总额8121.39万元，净资产4467.64万元；2010年度营业收入9233.36万元，净利润761.80万元	收购估值8779.59万元，对应 PB 1.97 倍，PE 11.52 倍
北京北贸	为北药集团的销售平台。 截至评估基准日2011年4月30日，北京北贸资产总额1.21亿元，负债总额1.11亿元，净资产1011.51万元；2010年度营业收入3.19亿元，净利润53.13万元	收购估值1021.86万元，对应 PB 1.01 倍，PE 19.23 倍

2. 收购顺峰药业、天和药业，拓展皮肤用药产品

顺峰药业、天和药业基本情况及收购估值如表3所示。

表3 　　　　　 **顺峰药业、天和药业基本情况及收购估值**

标的名称	基本情况	收购估值
顺峰药业	2012年3月，华润三九斥资6亿元购买广东顺峰药业有限公司（简称顺峰药业）100%股权。顺峰药业是国内最大的皮肤外用药品牌企业之一，主要产品是抗真菌类细分市场的品牌产品。收购时其王牌产品在皮肤外用药市场占有量排名第六。 截至评估基准日2011年9月30日，顺峰药业资产总额3.66亿元，负债总额2.27亿元，净资产1.39亿元；2011年1—9月营业收入1.54亿元，净利润2373.38万元①	收购估值6亿元，对应PB 4.33倍，PE 18.96倍②
天和药业	2013年2月，华润三九出资5.83亿元（对应整体估值6亿元）收购桂林天和药业股份有限公司（简称天和药业）97.18%股权。天和药业是中国最大的外用贴膏专业生产企业。核心品种2011年销售收入1.92亿元（占总收入约56%），为骨质增生细分类别第一品牌。 截至评估基准日2012年9月30日，资产总额3.75亿元，负债总额1.59亿元，净资产2.15亿元；2012年1—9月营业收入2.31亿元，净利润1169.25万元③	收购估值6亿元，PB 2.79倍，PE 38.49倍

---

① 资料来源：《华润三九医药股份有限公司关于购买广东顺峰药业有限公司股权的公告》。
② 假设净利润全年均匀分布，PE倍数近似等于标的公司估值/［2011年1—9月净利润/（9/12）］=60000/［2373.38/（9/12）］=18.96倍。其他净利润为非整年度净利润情形时，计算近似PE倍数的方法类似。
③ 资料来源：《华润三九医药股份有限公司关于收购桂林天和药业股份有限公司股份的公告》。

3. 收购众益制药,进军抗生素市场

众益制药基本情况及收购估值如表 4 所示。

表4　　　　　　　众益制药基本情况及收购估值

标的名称	基本情况	收购估值
众益制药①	2015 年 8 月,华润三九的全资子公司深圳华润九新药业有限公司出资 13 亿元,收购浙江众益制药股份有限公司(简称众益制药)100% 股权。众益制药主要产品为国家基药目录与医保目录甲类品种。 截至评估基准日 2015 年 2 月 28 日,众益制药资产总额 2.42 亿元,负债总额 1.26 亿元,净资产 1.17 亿元;2014 年度营业收入 3.77 亿元,净利润 4693.91 万元	收购估值 13 亿元,对应 PB 11.14 倍,PE 27.70 倍

4. 收购圣火药业,进一步拓展中医行业

圣火药业基本情况及收购估值如表 5 所示。

表5　　　　　　　圣火药业基本情况及收购估值

标的名称	基本情况	收购估值
圣火药业②	2016 年 9 月,华润三九斥资 18.9 亿元,收购昆明圣火药业(集团)有限公司(简称圣火药业)100% 股权。圣火药业致力于云南特有名贵中药材三七的深加工及综合利用开发,主要生产、销售口服心脑血管药物。 截至评估基准日 2016 年 2 月 29 日,圣火药业资产总额 5.35 亿元,负债总额 2.27 亿元,净资产 3.08 亿元;2015 年度营业收入 4.65 亿元,净利润 9753.11 万元	收购估值 18.9 亿元,对应 PB 6.14 倍,PE 19.38 倍

---

① 资料来源:《华润三九医药股份有限公司关于收购浙江众益制药股份有限公司股权的公告》。

② 资料来源:《华润三九医药股份有限公司关于收购昆明圣火药业(集团)有限公司股权的公告》。

5. 收购山东圣海、澳诺制药、华润堂，加强保健品领域布局

山东圣海、澳诺制药、华润堂基本情况及收购估值如表 6 所示。

表 6　　　　山东圣海、澳诺制药、华润堂基本情况及收购估值

标的名称	标的公司基本情况	收购估值
山东圣海①	2017 年 9 月，华润三九以 3.79 亿元（对应整体估值 5.84 亿元）收购山东圣海保健品有限公司（简称山东圣海）65% 股权。山东圣海主营保健品 OEM② 加工，旗下拥有益普利生等自主品牌，产品涵盖软胶囊、硬胶囊、片剂等多种剂型。截至评估基准日 2016 年 12 月 31 日，山东圣海资产总额 2.83 亿元，负债总额 1.26 亿元，净资产 1.57 亿元；2016 年度营业收入 2.44 亿元，净利润 4786.92 万元	收购估值 5.84 亿元，对应 PB 3.72 倍，PE 12.19 倍
澳诺制药③	2020 年 1 月，华润三九以 14.2 亿元收购澳诺（中国）制药有限公司（简称澳诺制药）100% 股权。澳诺制药核心产品为保健品，其儿童补钙产品及品牌连续位列零售市场钙补充剂第二位、钙补充剂药品市场第一位。截至评估基准日 2019 年 6 月 30 日，澳诺制药资产总额 4.34 亿元，负债总额 1.34 亿元，净资产 3 亿元；2019 年 1—6 月营业收入 1.69 亿元，净利润 7214.17 万元	收购估值 14.2 亿元，对应 PB 4.73 倍，PE 9.84 倍

---

① 资料来源：《华润三九医药股份有限公司关于签署收购山东圣海保健品有限公司 65% 股权协议的公告》。

② 即代工生产。

③ 资料来源：《华润三九医药股份有限公司关于收购澳诺（中国）制药有限公司 100% 股权的公告》。

标的名称	标的公司基本情况	收购估值
华润堂①	2020 年 12 月，华润三九以 1.9 亿元收购华润堂（深圳）医药连锁有限公司（简称华润堂）100% 股权。本次交易属于关联交易，华润堂主要从事内地市场的线下门店零售业务，产品涵盖滋补品、保健品、中药饮片、健康食品等多个领域，以中药滋补品为主。 截至评估基准日 2020 年 3 月 31 日，华润堂资产总额 13.12 亿元，负债总额 11.27 亿元，净资产 1.85 亿元；2019 年度营业收入 9174.27 万元，净利润 -1543.86 万元	收购估值 1.9 亿元，对应 PB 1.03 倍，PE-12.34 倍

6. 并购总结

华润三九历次重要并购事件及发展历程具有以下几个特点。

（1）围绕主营业务并购，持续丰富产品线。

华润三九的并购标的均与公司的主营业务具有业务协同性，华润三九围绕中药 OTC、处方药以及健康消费品等领域，持续收购优质标的，丰富自身产品线并提升盈利能力。

（2）突出的产品品牌优势。

华润三九的并购标的均属于各自领域的头部企业，拥有较高市场份额，品牌效应显著，市场地位优势明显。标的公司优秀的品牌效应可以提高华润三九的品牌影响力，并提供稳定的收入来源。

五、华润双鹤并购

从 2015 年开始，华润双鹤开启了频繁的并购之路，目前已成为华润

---

① 资料来源：《华润三九医药股份有限公司 关于收购华润堂（深圳）医药连锁有限公司 100% 股权暨关联交易的公告》。

集团化学药平台支柱性企业。2023 年度华润双鹤实现营业收入 102.22 亿元，净利润 13.26 亿元，其中输液业务收入 31.77 亿元，占比 31.41%；慢病业务收入 31.34 亿元，占比 30.99%；专科业务收入 15.20 亿元，占比 15.03%；原料药收入 12.57 亿元，占比 12.43%[①]。

1. 收购华润赛科、利民制药、海南中化、天东制药，构建心脑血管全品类产品群

华润赛科、利民制药、海南中化、天东制药基本情况及收购估值如表 7 所示。

表 7   华润赛科、利民制药、海南中化、天东制药基本情况及收购估值

标的名称	标的公司基本情况	收购估值
华润赛科[②]	2015 年 11 月，华润双鹤以发行股份并支付现金方式购买华润赛科药业有限责任公司（简称华润赛科）100% 股权，交易价格为 35.39 亿元，其中发股部分占比 85%，现金部分占比 15%。本次交易构成关联交易，交易对方为华润双鹤的控股股东北药集团。华润赛科前身是北京第二制药厂，主要产品为心血管疾病和泌尿系统的化药处方药（原料药和制剂）。 截至评估基准日 2015 年 2 月 28 日，华润赛科资产总额 6.22 亿元，负债总额 3.13 亿元，净资产 3.09 亿元；2014 年度营业收入 3.85 亿元，净利润 1.96 亿元	收购估值 35.39 亿元，对应 PB 11.47 倍，PE 18.08 倍

---

① 资料来源：企查查。
② 资料来源：《华润双鹤药业股份有限公司发行股份并支付现金购买资产暨关联交易之实施情况暨新增股份上市公告书（摘要）》。

标的名称	标的公司基本情况	收购估值
利民制药①	2015年11月，华润双鹤斥资7.13亿元（对应整体估值11.89亿元）收购济南利民制药有限责任公司（简称利民制药）60%股权。利民制药主要从事化学药剂制造，包括抗生素类、心脑血管类、维生素类、消化系统类、抗病毒类激素类等100多个品种。 截至评估基准日2015年6月30日，利民制药资产总额4.86亿元，负债总额2.07亿元，净资产2.79亿元；2015年1—6月营业收入2.62亿元，净利润3474.69万元。 利民制药并入华润双鹤之后，业绩实现了快速增长。2014年年末至2023年年末，利民制药总资产由4.93亿元增长至11.60亿元，9年累计增长1.35倍，年均复合增速9.97%；2014—2023年度营业收入由5.11亿元攀升至12.03亿元，9年累计增长1.35倍，年均复合增速9.99%；净利润由5764.60万元跃升至1.39亿元，9年累计增长1.41倍，年均复合增速10.26%	收购估值11.89亿元，对应PB 4.26倍，PE 17.11倍
海南中化②	2017年3月，华润双鹤的全资子公司华润赛科出资8.5亿元购买海南中化联合制药工业股份有限公司（简称海南中化,）100%股权。海南中化产品包括化药制剂、化学原料药、中药制剂、海洋药四大类，涉及抗生素类、抗病毒类、抗真菌类、抗肿瘤类、消化系统、呼吸系统、心脑血管类等44个类别，共157个品种。 截至评估基准日2016年7月31日，海南中化资产总额3.10亿元，负债总额7084.33万元，净资产2.40亿元；2016年1—7月营业收入9003.13万元，净利润3285.38万元	收购估值8.5亿元，对应PB 3.55倍，PE 9.63倍

① 资料来源：《华润双鹤药业股份有限公司关于收购济南利民制药有限责任公司60%股权的公告》。

② 资料来源：《华润双鹤药业股份有限公司关于收购海南中化联合制药工业股份有限公司100%股权的公告》。

续 表

标的名称	标的公司基本情况	收购估值
天东制药①	2020 年 12 月，华润双鹤以 3.41 亿元（对应整体估值 8.8 亿元）收购东营天东制药有限公司（简称天东制药）38.75%股权；2022 年 9 月，华润双鹤斥资 3.07 亿元（对应整体估值 9.83 亿元）收购天东制药 31.25%股权，交易完成后累计持有天东制药 70%股权。天东制药主营肝素、低分子肝素系列抗凝药物研产销。 截至评估基准日 2021 年 12 月 31 日，天东制药资产总额 8.18 亿元，负债总额 1.15 亿元，净资产 7.02 亿元；2021 年度营业收入 8.21 亿元，净利润 5434.44 万元	收购估值 9.83 亿元，对应 PB 1.4 倍，PE 18.09 倍

2. 收购天安药业，丰富糖尿病药物产品管线

天安药业基本情况及收购估值如表 8 所示。

表 8　　　　天安药业基本情况及收购估值

标的名称	基本情况	收购估值
天安药业②	2023 年 11 月，华润双鹤斥资 2.6 亿元（对应整体估值 2.9 亿元）收购贵州天安药业股份有限公司（简称天安药业）89.68%股权。本次交易为关联交易，交易对方为博雅生物及其全资子公司江西博雅医药投资有限公司，华润双鹤与交易对方均为华润系公司。天安药业主要从事口服降糖类化学药制造。 截至评估基准日 2023 年 1 月 31 日，天安药业资产总额 5.75 亿元，负债总额 7129.62 万元，净资产 5.03 亿元；2022 年度营业收入 1.78 亿元，净利润 2722.60 万元	收购估值 2.9 亿元，对应 PB 0.58 倍，PE 10.66 倍

① 资料来源：《华润双鹤药业股份有限公司关于收购东营天东制药有限公司 31.25%股权暨关联交易的公告》。

② 资料来源：《华润双鹤药业股份有限公司关于收购贵州天安药业股份有限公司 89.681%股权暨关联交易的公告》。

3. 收购华润紫竹，丰富女性用药产品

华润紫竹基本情况及收购估值如表 9 所示。

表 9　　　　　　　　　华润紫竹基本情况及收购估值

标的名称	基本情况	收购估值
华润紫竹①	2024 年 4 月，华润双鹤以 31.15 亿元收购华润紫竹药业有限公司（简称华润紫竹）100%股权。本次交易为关联交易，交易对方为华润双鹤的控股股东北药集团。华润紫竹拥有女性健康用药及器械、口腔用药、眼科用药、糖尿病用药、原料药等化学药产品线，生殖健康类药品上市后始终占据国内、国际市场重要地位，为联合国人口基金会生殖健康药物供应商。 截至评估基准日 2023 年 8 月 31 日，华润紫竹资产总额 26.94 亿元，负债总额 16.40 亿元，净资产 10.54 亿元；2023 年 1—8 月营业收入 7.06 亿元，净利润 2.82 亿元。 华润双鹤通过收购华润紫竹，丰富了女性健康用药、眼科制剂、口腔类药物产品线。获得华润紫竹相关优质资产的同时，华润紫竹现有营销资源的协同、成本优势等在未来也会为华润双鹤带来正面影响	收购估值 31.15 亿元，对应 PB 2.96 倍，PE 7.36 倍

4. 并购总结

华润双鹤通过并购化学药行业优质企业以丰富自身产品线、增强综合竞争力，这也是华润双鹤近年来业绩稳步增长的重要原因。华润双鹤斥资 31.15 亿元收购华润紫竹更是体现了并购业务对华润双鹤发展的重要战略意义。

---

①　资料来源：《华润双鹤药业股份有限公司关于收购华润紫竹药业有限公司 100%股权暨关联交易的公告》。

11

欧时集团：并购应先小后大、先内后外

李 昊

站在巨人的肩头，我们能够看得更远。

"内卷"严重的当下，越来越多的中国企业选择出海。相比于 20 年前外贸型经济的出海逻辑，中国高端智造取代了廉价的轻工业，快速抢占市场的打法让位于在当地的深耕和布局。我们看到，越来越多的中国企业不是通过低价去打垮国外竞争对手，而是通过合作共赢让各方都能受益且走得长久。

作为跨地区并购的优秀企业，欧时集团曾经走过的路值得中国企业好好借鉴。

一、公司简介

欧时集团（RS Group，前身为 RS Components，也称 Electrocomponentsplc）是一家全球领先的工业和电子产品分销商。公司于 1937 年在伦敦成立，从一家为收音机维修店提供零部件的公司不断壮大，并成功上市，成为富时 250 指数的成分股。公司的成长不仅反映了其在工业和电子产品分销领域的稳健发展，更是通过一系列关键性并购，持续扩展其全球业务版图，增强其在国际市场的影响力。

接下来，我们将深入探讨欧时集团的全球并购之路，了解欧时集团如何通过战略性收购整合资源、提升服务能力，推动企业迈向新的高度。

二、发展历程

1. 创业与早期经营（1937—1945年）：困境中发掘商业机会

20世纪30年代，匈牙利人Paul Sebestyen与荷兰兄弟Johann和Heinz Weinberge合伙经营了一家进口德国收音机的公司。然而，因为当时的公平贸易协定，只有签约的批发商才被允许库存进口收音机，这让他们的进口业务一败涂地，销售进口收音机成了非法行为，业务受到了致命打击。

三人不得不想办法脱困。三人利用他们在新兴的收音机行业的知识和创业直觉，投身于频繁修理和更换收音机零部件的烦琐业务中。很快他们发现，经销商和维修店经常缺少关键部件。于是，他们意识到，随着收音机的普及，快速廉价供应零部件的市场一定很大。1937年，他们以15英镑启动业务，创立了Radio Spares，通过廉价快速供应零部件迅速占领市场，第一年即实现净利润1000英镑。

第二次世界大战期间，两位无国籍创始人面临重重挑战，甚至还曾被拘留过，最终不得不安排公司会计师John Diamond在危急时刻接管公司。好在战时政府希望保持全国收音机的正常运作，这反而给了他们更大的市场需求。Radio Spares始终坚持当天发货的承诺，并与美国一家公司达成协议分销电子管。虽然到1940年4月这一商路中断，导致企业营业额和利润骤减40%，但他们依然保持了坚韧不拔的精神，继续前行。

2. 战后扩展与首次上市（1945—1967年）：工业化快速扩张实现上市

战后，电视机开始流行，Radio Spares迅速跟进，把电视机零部件也加入他们的产品列表中。几年后，全球制造业升级，设备变得更可靠，零件的更换需求越来越少，尤其是收音机和电视机的主要制造地从英国转移到了日本，这给公司带来了不小的压力。

面对这些挑战，公司做出了一个大胆的决定：不再局限于修理店和个人用户，而是扩展到工业组件领域。1954年，他们正式开始为工业客户提供服务。

事实证明，这一决定非常明智。到1965年，工业客户的销售额已经占总销售额的一半。1967年，公司在伦敦证券交易所上市，公司就像是打了一剂强心针，从此走上了飞速发展的道路。

3. 物流优化与品牌重塑（1967—1999年）：产值规模持续放大

公司上市后持续扩展，提供着超过2500种产品，并在伯明翰和曼彻斯特都开设了新的配送中心。1976年，公司的月销售额更是超过了100万英镑。1981年，公司市值上升至6000万英镑。1984年，公司从伦敦搬到新建的科比仓库。该仓库建成后成为公司的主要仓库，存储和分销公司的大部分产品。

1990年，公司迎来了新的首席执行官Bob Lawson，他为公司带来了实质性改革。他关停或处理了大多数多元化的新业务，专注于扩大公司的核心业务范围。到1995年，公司仓库里已经囤积了58000种不同的产品，任何在库产品都可以在下单当天发货——这意味着客户可以在第二天收到产品。通过库存大量且多样化的产品和快速周转，公司成功赢得了一大批忠诚客户。

4. 电子商务起步与全球化战略（1999年至今）：紧跟互联网时代助力腾飞

经过不断探索与创新，公司在1998年开始互联网交易，紧跟科技潮流。1999年，通过收购Allied Electronics，公司首次在美国和加拿大站稳脚跟。之后，公司继续推进全球化战略，通过进一步的国际扩展和现代化进程，提升运营效率。2010年，公司推出了Design Spark平台，开创了工程师社区新天地。2011年，电子商务销售额占总销售额的53%，显示出公司在数字化转型中的巨大成功。如今，欧时集团在全球 80 多个国家和地区为超过 100 万客户提供超过 60 万种产品，成为电子和工业组件领域的巨头。

所以，欧时集团不仅适应了时代的变化，还引领了行业的潮流，真正实现了从零部件供应商到全球行业领袖的华丽转身。

三、并购历程详析

1. 20 世纪八九十年代：多元化及时纠错，专注影响力扩张

20 世纪 80 年代，公司业务蒸蒸日上，但管理层决定进行一次战略转型：多元化发展。他们建立了名为 Electrolighting 的子公司，向零售店销售灯具，还购买了涉及计算机和办公用品分销的公司。然而，这一决定并非完全有益。1991 年，公司利润下降了 6%，大多数多元化业务后来都被关闭或处理。

1990 年，新任 CEO Lawson 上任后，他做出了实质性的改变——关闭或处置了公司在多元化阶段涉足的大部分业务，转而专注于扩展公司的国际影响力。在他上任的第一年，公司向德国扩展了业务，成立了欧时德国（RS Germany）。1992 年，公司收购并合并了丹麦的 Radio Parts，成立了欧时丹麦（RS Denmark），同年在印度创立了合资企业，还收购了在新西兰的前经销商，成立了欧时新西兰（RS New Zealand）。

在尚不具备优秀的管理能力、整合能力和品牌影响力的情况下，盲目的多元化发展和兼并购会对企业原有业务带来冲击。此时，及时纠错调整，体现了核心决策层的优秀品质。

接下来的几年里，公司的国际扩张如火如荼。1995 年，RS 收购了新加坡的前经销商，成立了欧时新加坡（RS Singapore）；1996 年，他们收购了西班牙经销商 Amidata，成立了 RS Amidata；收购了南非的经销商；RS 智利（RS Chile）作为初创企业成立。

不仅如此，Lawson 提出向东发展的战略，在新加坡和中国香港建立了重要的枢纽。欧时新加坡成立后，服务于东南亚的东盟国家，欧时香港则服务于中国和北亚市场。2000 年 4 月，公司发布了首个中文目录，包含 60000 种产品，还有中文网站。1998 年，欧时集团投入约 3000 万英镑在日本建立了一个集中配送中心。在欧时集团进军日本市场之前，日本还没有这种分销模式。

先做好最熟悉的事情。此时的欧时集团围绕原有业务进行国际化布局，逐步加强了品牌影响力，也为进一步的并购扩张打下了基础。

欧时集团在 20 世纪 80 年代到 90 年代的并购和扩张战略显著增强了其全球竞争力和市场地位。早期多元化尝试的失败为公司积累了宝贵的教训，而 Lawson 上任后，果断回归核心业务，通过精准的并购迅速扩展国际市场。这些并购行动起到了至关重要的作用，不仅帮欧时集团快速进入新市场，还带来了现有资源和运营模式的整合。例如，收购德国、丹麦和新西兰的公司，使欧时集团能够立即利用当地的客户基础和分销网络，减少了市场进入的时间和成本。通过整合不同市场的资源和能力，公司能够实现规模经济，降低运营成本，并提高服务质量。在亚洲市场，通过在新加坡和中国香港建立枢纽，以及在日本和中国的投资，公司成功地拓展了东亚和东南亚市场，提升了其在该地区的影响力。这些并购行动为欧时积累了丰富的国际化运营经验，提升了其在全球市场中的竞争力。

最早要做的并购，不是产品的多元化，而是产业链上下游合理的兼并。这类兼并能够清晰地看到利润点，也具备很强的把控力，而不是去豪赌一个不熟悉的领域。

2. 1999 年：时机成熟出大招，合作共赢是王道

1999 年，欧时集团通过以 3. 8 亿美元从其主要竞争对手 Avnet Corporation 手中收购 Allied Electronics，成功进入美国和加拿大市场。Allied 是

一家与欧时非常相似的目录销售公司，但主要在美国和加拿大运营。Lawson 表示，Avnet 和欧时多年来一直在讨论各种联盟，"但要实现合作，Allied 业务必须脱离 Avnet 集团。Allied 对我们（欧时）构成了威胁，因为我们会与 Avnet 共享商业机密，而他们手中有一个潜在的竞争对手"。除了收购 Allied，两家公司还同意在多个方面结成联盟。通过这一联盟，Avnet 获得了对欧时全球客户销售点数据的电子访问权限，而欧时则依赖 Avnet 完成了公司无法单独完成的大宗订单。此外，Avnet 成为欧时的主要电子元件供应商。

通过收购 Allied，欧时不仅打入了北美市场，还极大增强了竞争力。此次并购让他们迅速获得了成熟的客户群和市场渠道，节省了大量时间和成本。与 Avnet 的联盟更是锦上添花。欧时依靠 Avnet 的供应链能力处理大宗订单，而 Avnet 则获取了宝贵的市场数据。这样的合作可谓双赢：提高了两家公司的市场竞争力，还优化了供应链管理。

收购 Allied 后，欧时的估值飙升至 30 亿英镑，并成功进入英国富时 100（英国伦敦证券交易所市值最大的 100 家公司）指数。这一并购让公司一跃成为全球市场的强者，展示了战略扩展的非凡效果。

从小的并购开始，积累一定经验，最终实现量变到质变。时机成熟时，通过并购行业竞争对手，实现快速扩张；通过与更大的集团展开合作，扩张自己的朋友圈，也成就自己的江湖地位。成功的并购不仅取决于交易本身，更在于并购后的整合过程。

3. 2015 年至今：拥抱新的市场、引领新的市场

从 2015 年开始，欧时开始了为期 3 年的数字化转型，将公司从传统的工业和电子元件目录分销商重新定位为领先的数字解决方案提供商，这直接使公司成为富时 250 指数中五大成长股之一。

2018 年，欧时收购了 IESA——一家提供 MRO 供应链解决方案的企业，这也是公司自 1999 年收购 Allied 以来的首次并购。

IESA 总部位于英国曼彻斯特附近的沃灵顿，拥有 500 名员工，超过 27000 家供应商，其客户群主要来自英国制造、装配和加工行业。IESA 主要在三个关键领域提供服务：采购、交易处理、库存和商店管理。IE-SA 的收费平台 My MRO 能够整合数千家 MRO 供应商，提高客户的采购效率并优化供应链管理。

这次收购是一场双赢的举措：收购 IESA 将增强并加速欧时增值服务产品，使其能够为选择外包 MRO 和其他间接采购和库存管理的企业客户提供更多服务。IESA 完全集成的间接供应和综合商店解决方案补充了欧时现有的产品和增值服务能力，使其能够为客户提供全方位的端到端解决方案。对于 IESA 来说，作为欧时的一部分，IESA 及其客户将受益于该集团的规模和国际影响力。欧时与国际供应商的关系将使 IESA 能够增强其向客户提供的服务，同时，该集团的国际销售业务和数字能力将使 IESA 能够以更快的速度增加收入。

传统企业容易故步自封，但天下没有永远的王者，只有永远前进的勇士。欧时及时拥抱数字经济浪潮，再次站上了时代前沿。

自收购 IESA 以来，欧时加快了收购的步伐。从 2019 年开始，公司相继收购了 Monition（2019 年）、Needlers（2020 年）、Synovos（2021 年）、Liscombe（2021 年）和 Domnick Hunter-RL（2022 年）等。通过一系列战略性并购，欧时集团显著扩展了其产品线和市场覆盖，提升了技术能力和客户服务质量。例如，收购 Needlers 增强了其在个人防护用品和安全卫生产品市场的地位，收购 Synovos 和 Liscombe 则拓展了在美国的维护服务和防护装备领域的业务，收购 Domnick Hunter-RL 提升了其在工业压缩气体系统和滤芯业务方面的技术能力。此外，通过收购 Ri-soul，欧时集团进入了墨西哥市场，进一步扩展了拉丁美洲的业务网络。而收购 Distrelec BV 则优化了其在欧洲市场的供应链，提升了在 MRO 领域的市场份额。这些并购活动不仅丰富了欧时集团的产品和服务种类，还加强了其全球业务覆盖和市场竞争力，为未来的持续增长奠定了坚实基础（见表1）。

表 1   收购事件及意义

时间	收购事件	重要意义
2020 年 12 月	RS Group 宣布已达成协议收购 Needlers	Needlers 是英国市场领先的个人防护用品、安全卫生产品供应商，在食品制造行业具有实力
2021 年 1 月	RS 宣布已完成对集成供应管理服务提供商 Synovos 的收购	扩大 RS 在美洲的增值解决方案供应，并补充了其在英国现有的 IESA 业务
2021 年 3 月	RS 宣布收购防护和个人防护装备产品的领先专业供应商 Liscombe	实现欧洲、中东和非洲地区的增长
2022 年 6 月	RS 宣布收购 Domnick Hunter－RL（DH），Domnick Hunter－RL（DH）最初是 Domnick Hunter Ltd UK（现为 Parker Hannifin）的泰国独家经销商	帮助 RS 拓展在亚洲工业压缩空气和空气净化系统以及其他工业产品维护和维修服务市场
2022 年 8 月	RS 宣布达成协议，以 2.75 亿美元现金收购 Risoul	Risoul 是墨西哥工业和自动化产品及服务解决方案经销商，它是拉丁美洲最大的罗克韦尔自动化授权经销商，并且当时在进军西班牙市场
2023 年 7 月	RS 宣布完成对 Distrelec BV 的收购	Distrelec 是一家以数字化为主导的工业和维护、维修和运营（MRO）的服务商，其将帮助 RS 扩大欧洲大陆（尤其是德国）的市场

多元化的目标没有错，只是找准时机更重要。经过近 40 年的积累，

欧时不但早已具备了多元化发展的能力，更具备了让多元化发光发热的实力。这就是百年老店应有的样子。

四、启示

1. 认清自己选对时机

欧时集团也曾犯过错，但优秀的管理人员敢于自我否定，及时纠错，认清自己在当前时段的能力和实力，再根据时机去做对的事。选择往往比努力更重要。

2. 并购先从最熟悉的领域开始

放弃多元化战略后，欧时集团着眼于最熟悉的领域，通过并购策略性地扩展了国际市场，特别是在欧洲、美洲和亚洲。通过收购当地的企业，如德国的 Radio Parts、新西兰的前经销商以及新加坡和中国香港的枢纽，欧时集团迅速进入这些市场，减少了市场进入的时间和成本，提高了市场渗透率。

3. 并购竞争对手更有利于快速做大

欧时集团在选择并购目标时，注重与自身业务的高度契合。例如，收购 Allied Electronics、IESA 和 Synovos，这些公司在其所在市场中具有成熟的客户群和运营模式，能够迅速融入欧时集团的整体业务，并带来立竿见影的收益和市场扩展效果。

4. 合作双赢是最大的成功

与并购目标公司建立双赢的合作关系是欧时集团成功的关键。例如，与 Avnet 的合作，通过共享市场数据和供应链资源，实现了双方的互利共赢。这样的合作关系不仅提高了市场竞争力，还优化了供应链管理。

5. 拥抱新的方向、多元化手到擒来

欧时集团永远以一颗开放包容的心态看待新的技术革命，无论是互联网时代，还是数字经济时代，它积极参与，从不缺席。当实力从量变

转为质变，多元化是顺其自然的事。

米度并购合伙人李昊女士简介

澳大利亚莫那什大学会计学硕士，ACCA F1-F9。

多年并购从业经历，拥有丰富的上市公司及非上市公司并购重组、破产重整工作经验。

12

吉利汽车：三十载弯道超车百年历史
——如何通过并购打造全球汽车商业帝国

李文昉

2018 年 12 月 18 日，在庆祝改革开放 40 周年大会上，党中央、国务院对来自各行各业的 100 名杰出代表授予"改革先锋"称号，李书福作为"民营汽车工业开放发展的优秀代表"成为"改革先锋"，他也是中国汽车工业整车制造领域的唯一获奖者。

新中国汽车工业自建立以来已走过 70 多年历程，除了第一辆解放卡车的下线等标志性事件以外，能够让人们津津乐道的事件并不多，但吉利汽车并购沃尔沃、吉利汽车成为戴姆勒-奔驰的第一大股东这两大事件不会被人们遗忘——一个中学生突然站上讲台给大学生讲课，这在全球汽车工业 150 年历史长河中产生过巨大轰动。

2021 年，吉利作为历史上第一个亚洲会员正式加入 IATF（国际汽车工作组），与其他 9 大国际汽车集团以及欧美各国汽车协会共同参与国际质量标准制定，推动世界汽车工业可持续发展。到底是什么原因让吉利汽车从一个不知名的小汽车制造商发展成为年营收近 5000 亿元、连续 13 年跻身《财富》世界 500 强的公司呢？

答案肯定很多，但一系列的战略性并购，绝对是答案中最令人信服的一条。

一、吉利控股集团概况

浙江吉利控股集团（以下简称吉利控股集团）创立于 1986 年，1997 年进入汽车行业。公司总部设立于杭州，现资产总值超 5100 亿元，员工总数超过 14 万人，连续 13 年进入《财富》世界 500 强（2024 年排名 185 位）[①]，是全球汽车品牌组合价值排名前十中唯一的中国汽车集团。

吉利控股集团业务涵盖汽车及上下游产业链、智能出行服务、绿色运力、醇氢生态、数字科技等；旗下乘用车品牌包括"吉利、领克、极氪、沃尔沃、极星、路特斯、LEVC、雷达"；新能源商用车品牌包括"远程"等。在研发方面，吉利在上海、杭州、宁波，瑞典哥德堡、英国考文垂、美国加州、德国法兰克福等地建有造型设计和工程研发中心，研发、设计人员超过 3 万人。在中国、美国、英国、瑞典、比利时、马来西亚建有世界一流的现代化整车和动力总成制造工厂，拥有各类销售网点超过 4000 家，产品销售及服务网络遍布世界各地。

二、吉利并购发展历程

吉利是中国最早的民营汽车制造企业之一，经历了从摩托车制造到汽车生产的转型，并逐步发展成为涵盖乘用车、商用车、汽车零部件等多个领域的大型汽车集团，覆盖从经济型到高端豪华市场的不同需求。吉利由李书福创建。李书福是浙江台州人，在小学和初中阶段，少年李书福就有过暑期为生产队放牛等课余活动，展示了不同常人的经商天赋。从高中阶段开始，李书福开办过照相馆并由此延伸、尝试过从废旧物品回收分离贵金属等循环经济相关业务。1986 年，青年李书福组建黄岩县北极花电冰箱厂，之后 10 年中先后在建材、摩托车生产等领域有过创业

[①] 2024 年《财富》世界 500 强排行榜，https://www.fortunechina.com/fortune500/c/2024-08/05/content_456697.htm。

经历。1997 年，当时 35 岁的李书福宣布投资 5 亿元进军汽车业。从 1997 年算起到今天，吉利造车已近 30 年。在这近 30 年中，吉利快速进化。

从浙江沿海出发，直至在全球汽车市场占有重要一席，吉利汽车快速地实现国际化战略，得益于其海外并购、合资合作的成功布局。纵观吉利的发展历程，并购与合作是其成长轨迹中的核心策略，刻在骨子里的并购基因助其缔造庞大的汽车商业帝国。

1. 2001 年，吉利成为中国首家民营汽车企业

李书福虽在 1997 年发愿造车，但当时吉利并没有汽车生产资质。为此，李书福与位于四川、具有两厢轿车生产资质的德阳汽车厂进行合作。1998 年 8 月 8 日，李书福造车史上的第一款量产车型——"豪情"在浙江省临海吉利豪情汽车工业园下线。1999 年李书福与宁波拖拉机汽车制造总厂合作，共同投资组建了浙江吉利汽车制造有限公司。1999 年 8 月 8 日，吉利汽车制造公司在宁波北仑打下工厂的第一根桩基；2000 年 5 月 17 日，第一辆美日牌轿车在北仑基地下线，售价为 6.58 万元。通过合作取得两厢车生产资质，吉利开始了豪情和美日两个车型的生产与销售。2001 年 3 月 28 日，第一辆吉利优利欧在宁波基地下线。2001 年，吉利将改进型的美日和豪情车以宁波拖拉机厂的名义上报有关部门，2001 年年底，在中国加入世界贸易组织前夕，吉利正式获得生产资质，成为中国首家民营汽车企业。

2. 2005 年，吉利汽车通过借壳在香港成功上市

吉利当时的品牌使命是"造老百姓买得起的好车"。2003 年，吉利控股集团成立。吉利一方面继续销售早期开发的车型，并以"三五计划"主打中低端价位的市场。所谓"三五计划"，是指五个人（五座）、五万元（售价）、五升油（百公里油耗）。另一方面，从 2005 年前后开始，已取得造车"正规军"资质的吉利开始对标国际先进车企、延聘外

籍工程技术专家作为顾问，同时梳理开发流程和管理体系，不仅在 CV-VT 发动机的自主研发上获得成功并顺利投产，还陆续研发上市了自由舰、金刚和远景等新车型，成为吉利 1.0 时代的主要产品。2005 年 5 月，吉利汽车在香港成功上市，由此开启了吉利的资本化运作道路。吉利汽车香港上市系通过实际控制人李书福取得香港联交所上市公司国润控股的控制权，并于后续将汽车相关业务资产注入上市公司体内完成重组上市。

（1）李书福取得国润控股控制权。

吉利看中的"壳"——国润控股主要业务为投资控股，其老板贺学初以擅长改造长年亏损的"壳"且炒高股价后再套现著称。李书福取得国润控股控制权的过程如下。

第一，李书福控制的 Geely Group 收购国润控股的控股股东 Proper Glory32.00%的股份。

截至 2004 年 1 月，Proper Glory 持有国润控股 60.68%股份，为国润控股的控股股东，Proper Glory 的股东王兴国、Venture Link 分别向李书福全资拥有的 Geely Group 出售 Proper Glory15.00%及 17.00%的股份。本次交易后，Proper Glory 的股权结构如表 1 所示。

表 1　　　　　　　　Proper Glory 的股权结构 1

股东名称	持股比例（%）	
	交易前	交易后
贺学初	32.00	32.00
Fortune Door	28.00	28.00
Venture Link	25.00	8.00
王兴国	15.00	—
Geely Group	—	32.00
合计	100.00	100.00

第二，国润控股更名为吉利汽车。

2004 年 3 月，国润控股有限公司变更为吉利汽车控股有限公司（以下简称吉利汽车），英文名称由"Guorun Holdings Limited"变更为"Geely Automobile Holdings Limited"。

第三，Geely Group 收购 Proper Glory 剩余全部股份。

2005 年 5 月，Proper Glory 的股东贺学初、Fortune Door、Venture Link 与 Geely Group 签订股份转让协议，共同向 Geely Group 转让 Proper Glory68.00%的股份。

本次交易前后，Proper Glory 的股权结构如表 2 所示。

表 2   Proper Glory 的股权结构 2

股东名称	持股比例（%）	
	交易前	交易后
贺学初	32.00	—
Fortune Door	28.00	—
Venture Link	8.00	—
Geely Group	32.00	100.00
合计	100.00	100.00

第四，Geely Group 向其他股东发出全面要约。

Geely Group 于 2005 年 5 月 31 日向上市公司其他股东提出无条件强制性全面收购建议，拟以现金 0.09 港元/股对价收购吉利汽车除 Proper Glory 外其他股东持有的全部已发行股份。收购建议截止时间为 2005 年 6 月 21 日。

截至 2005 年 6 月 21 日，Geely Group 共接获 4 份有效接纳书，涉及收购股份 87000 股，约占吉利汽车已发行股份数的 0.002%。本次收购完成后，Geely Group 及 Proper Glory 合计持有上市公司 2500087000 股股份，占已发行股份数的比例约为 60.68%。

第五，更换董事会成员。

根据 Geely Group 收购 Proper Glory 全部股份时的相关安排，收购建议结束后，公司董事会六位时任执行董事，包括贺学初、徐兴尧、顾卫军、周腾、张喆及王兴国将辞任；Geely Group 将提名七位执行董事加入董事会，包括李书福、徐刚、杨健、沈奉燮、尹大庆、刘金良、桂生悦。

2005 年 6 月 9 日，吉利汽车董事会宣布，李书福、徐刚、杨健、沈奉燮、尹大庆、刘金良、桂生悦获委任为吉利汽车执行董事，杨守雄获委任为吉利汽车独立非执行董事；李书福获委任为吉利汽车董事会主席。

（2）将汽车相关业务资产注入上市公司体内。

第一，设立合资公司。

早在吉利控股集团设立之初，吉利就已谋划未来借壳上市之路，2003 年吉利控股集团下属子公司浙江吉利汽车有限公司（以下简称浙江吉利）、上海华普汽车有限公司（以下简称上海华普）分别与上市公司国润控股下属子公司 Centurion、Value Century 成立合资企业吉润汽车和华普国润，其中吉润汽车注册资本为 10800.00 万元，浙江吉利以资产出资 5745.00 万元，持有 53.19% 股权；Centurion 以现金出资 5055.00 万元，持有 46.81% 股权；华普国润注册资本为 5169.69 万美元，上海华普以资产出资 2749.76 万美元，持有 53.19% 股权；Value Century 以现金出资 2419.93 万美元，持有 46.81% 股权①。

2006—2007 年，Centurion 与吉利控股集团、浙江豪情进一步设立浙江金刚汽车有限公司（以下简称浙江金刚）、浙江陆虎汽车有限公司（以下简称浙江陆虎）、湖南吉利汽车部件有限公司（以下简称湖南吉利）三家合资企业。其中，浙江金刚注册资本为 23499.25 万元，吉利控股集团以资产出资 12499.25 万元，持有 53.19% 股权；Centurion 以现金

---

① 资料来源：企查查。

出资 11000.00 万元, 持有 46.81% 股权。浙江陆虎注册资本为 15167.70 万元, 浙江豪情以资产出资 8067.70 万元, 持有 53.19% 股权; Centurion 以现金出资 7100.00 万元, 持有 46.81% 股权。湖南吉利注册资本为 2500.00 万美元, 浙江豪情以现金出资 1329.75 万美元, 持有 53.19% 股权; Centurion 以现金出资 1170.25 万美元, 持有 46.81% 股权。

第二, 收购合资企业控股权。

2007 年 7 月, 吉利汽车与浙江吉利、上海华普、浙江豪情等公司签署协议, 收购上述公司持有的合资公司股权。浙江吉利、上海华普、浙江豪情均由李书福及其关联人实际控制, 为吉利汽车的关联方。上述交易总对价为 161084 万港元, 以上市公司发行股份方式支付 (1.25 港元/股, 共发行 1288672000 股), 具体如表 3 所示。

表3　　　　　　　收购合资企业控股权明细

序号	标的股权	主营业务	转让方	受让方	对价
1	吉润汽车 44.19%股权	主要从事研究、生产、推广及销售轿车及相关组件, 以及在中国提供相关售后服务	浙江吉利	Centurion	97051 万港元; 以发行上市公司股份方式支付, 占发行后股份总数的 12.12%
2	华普国润 44.19%股权	主要从事研究、生产、推广及销售轿车及相关组件, 以及在中国提供相关售后服务	上海华普	Value Century	36747 万港元; 以发行上市公司股份方式支付, 占发行后股份总数的 4.59%

续 表

序号	标的股权	主营业务	转让方	受让方	对价
3	浙江金刚 44.19%股权	主要从事研究、生产、推广及销售轿车相关组件，以及在中国提供相关售后服务	浙江豪情	Centurion	16152 万港元；以发行上市公司股份方式支付，占发行后股份总数的 2.02%
4	浙江陆虎 44.19%股权	主要从事研究、生产、推广及销售轿车相关组件，以及在中国提供相关售后服务	浙江豪情	Centurion	9350 万港元；以发行上市公司股份方式支付，占发行后股份总数的 1.17%
5	湖南吉利 44.19%股权	主要从事研究、生产、推广及销售轿车相关组件	浙江豪情	Centurion	1784 万港元；以发行上市公司股份方式支付，占发行后股份总数的 0.22%

2007 年 7 月 13 日，吉利汽车子公司 Centurion 与浙江福林汽车零部件有限公司签署转让协议，浙江福林汽车零部件有限公司将其持有的福林汽车 49%的股份转让给 Centurion，交易对价为 2330 万港元，以现金方式支付。

2007 年 11 月 21 日，香港证券及期货事务监察委员会下发了全面要约收购的豁免，吉利汽车股东特别大会以普通决议形式审议通过了上述交易协议以及全面要约豁免申请。2008 年 6 月 18 日，吉利汽车上述交易获得商务部的批复（商资批〔2008〕745-749 号）。2008 年 6 月 23 日，香港联交所发出批准上市信函，本次股份发行及上市已获批准。2008 年 7 月 4 日，吉利汽车发布公告，此次重组已于 2008 年 7 月 1 日完成，重组完成后 Proper Glory 及其一致行动人持有吉利汽车已发行股份数的 58.38%。至此，吉利汽车借壳上市全部完成。

截至 2020 年 6 月 30 日，香港上市公司吉利汽车控股有限公司（开曼）的股权结构如图 1 所示。

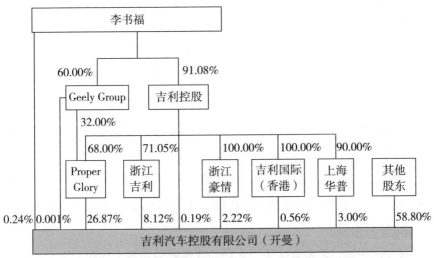

图 1　吉利汽车控股有限公司（开曼）的股权结构

资料来源：吉利汽车控股有限公司科创板首次公开发行股票招股说明书。

重组上市后，从 2006 年年初至 2009 年年底，吉利汽车通过发行可换股债券、配股、可转换债券、认股权证等向香港市场累计融资约 48 亿元，通过增资及新设合资公司等形式将剩余资金全部调入境内，不仅及时解决了吉利控股集团在新产品研发、新工厂建设和设备技术改造等重要投资计划所需的资金，而且有效地支持了其跨国并购活动。

3. 2006 年，收购英国锰铜公司，境外并购试水

2006 年，吉利开始其海外并购之旅，吉利控股集团通过收购英国锰铜控股有限公司（Manganese Bronze Holdings）19.97% 的股份，成为锰铜控股的最大股东，实现间接收购伦敦经典黑色出租车 "black cabs" 制造

商，和 MINI 等英国著名汽车品牌一样，伦敦标志形象之一的黑色出租车，其背后的公司也经历过数次的破产、整合，以及最后被外国资本收购的过程。早在 1908 年，伦敦出租车公司的前身之一 Mann&Overton 就已经在伦敦运营拥有独特车身的出租车了。吉利并购锰铜控股后，合资成立了上海英伦帝华公司，生产伦敦经典黑色出租车，并在中国市场销售。2013 年，吉利以 1104 万英镑的价格将伦敦出租车公司全资控股，2017 年正式更名为伦敦电动车公司（LEVC）。吉利在买下伦敦出租车公司之后，除了努力盘活这家老牌的出租车公司，还把伦敦的出行方案带到中国，在"曹操出行"之后，吉利推出"礼帽出行"，其官方宣称自己是"LEVCTX5 定制出行服务运营商"，定位为高端出行市场，从"礼帽出行"这个名字，就能感觉到一股英伦风。

吉利并购伦敦出租车公司，标志着吉利在全球汽车行业中的扩张和国际化战略的开始，通过吸取先进的技术经验然后赋能自己，完善自家的出行平台布局。

4. 2009 年，收购全球第二大自动变速器公司澳大利亚 DSI 公司

2009 年，吉利以 5456.34 万澳元全资收购全球第二大自动变速器公司澳大利亚 DSI 公司，在吉利汽车零部件制造的路上迈出重要的一步，业内颇为之感到振奋。自动变速器一直是国内自主汽车技术的短板。为了突破外资的技术封锁，多年来自主企业在自动变速器领域做了持续而大量的投入。彼时，DSI 号称是世界第二大自动变速器公司，其 6AT 前后驱自动变速器技术已经相当成熟，供应福特、双龙等企业，其次还在 8AT、DCT 双离合变速器方面有相关研发储备。当时的舆论界评价道："吉利将 DSI 自动变速器产品和技术引入国内，将使中国汽车企业获得世界先进的自动变速器产品，中国自动变速器产业将从此发展壮大。"这也是吉利并购 DSI 的初衷，其制定了宏大的愿景：DSI 的 6AT 变速器在满足吉利自身的同时，供应给国内其他自主车企，进而共同做大国内的自

动变速器产业。

然而事与愿违，DSI 在吉利的运作下表现并不理想，DSI 被吉利收购初期，其 2010 年和 2011 年分别还有 310 万澳元和 200 万澳元的利润，但是到 2012 年和 2013 年却产生了亏损。究其原因，系作为吉利的竞争对手，其他车企在采购 DSI 变速器方面态度谨慎，没有一家企业愿意冒着在将来被吉利牵着鼻子走的风险。2014 年吉利将 DSI 项目 90% 的股权转手，其中 61% 交给宁波双林股份（300100. SZ），19% 交给金沙江创投。双林股份是国内一家从事汽车部件和汽车电子制造的配套企业，接手 DSI 是其第一次涉足自动变速器领域。在双林集团接手之后，DSI 的业绩逐渐有了起色。该案例反映出的问题是：在国内，自动变速器的研发生产应该由整车厂独立操盘，还是通过变速器企业与整车厂之间配合，抑或由变速器企业独立发展？在国际上，自动变速器产业存在三种模式：美国是由大型汽车集团主导研发生产；德国是由变速器厂家独立发展；日本则是由几家整车厂支持一家变速器厂，整车厂与变速器厂家之间抱团合作。然而在国内多种模式并存发展，各企业各自为战。

吉利对 DSI 的并购，尽管没有达到预期的效果，但也探索出了适宜本土环境的自动变速器商业模式。同样的技术因商业模式问题会产生"水土不服"，但只有勇于探索，才能开辟出新的业务模式和创造商业价值。在并购后出现经营不及预期，及时做出调整，不失为一种好的策略，而不应"一朝被蛇咬，十年怕井绳"，错失更大的发展机遇。

5. 2010 年，"蛇吞象"并购沃尔沃

吉利并购沃尔沃拉开中国车企参与全球竞争的时代大幕，双方协同融合的案例也频频成为哈佛商学院教授的研究对象与经典案例。向数家投资机构寻求融资未果，最终交易因为地方政府的支持与确认出资，获得转机。此次交易，同时得到中国、瑞典两国的高度重视，中国工信部部长及瑞典副总理兼企业能源部长出席了签署仪式，可见当时其对于中

国民营企业、中国汽车产业的意义。

该并购交易之所以称为"蛇吞象",除了因为吉利用杠杆收购的方式 18 亿美元拿下沃尔沃,更在于与沃尔沃相比,吉利当年不过是一家造车才 13 年、以生产低端汽车为主的企业,而沃尔沃却是拥有近百年历史、净资产超过 15 亿美元、品牌价值接近百亿美元、全球雇员达 19000 多人的跨国汽车公司。

(1)交易概况。

2008 年 12 月 1 日,由于美国汽车业的大滑坡,福特汽车正式宣布将自己 10 年前耗资 64.5 亿美元收购的沃尔沃汽车以 60 亿美元的低价出售,吸引了包括中国吉利汽车、长安集团、奇瑞汽车,法国雷诺集团在内的诸多收购意向。而早在 2008 年 1 月,吉利就已向美国福特提及收购沃尔沃的意向,最终吉利成为沃尔沃的首选方。2010 年 8 月,吉利和福特在伦敦签署交割协议,沃尔沃成为吉利合资子公司。

此次收购以在国内及海外设立特殊目的项目公司的形式进行。洛希尔综合采用现金流折现、可比交易倍数、可比公司倍值等估算方法对沃尔沃资产进行评估。其认为,在金融危机最严重时的沃尔沃估值,合理的交易价格为 20 亿~30 亿美元。其中合理收购资金为 15 亿~20 亿美元,运营资金为 5 亿~10 亿美元。根据洛希尔做出的这一估值建议,吉利提出的申报收购金额为 15 亿~20 亿美元,最终吉利以 18 亿美元成功收购瑞典沃尔沃轿车公司 100% 股权,包括 9 个系列产品,3 个最新平台,2400 多个全球网络,人才和品牌以及重要的供应商体系。用 18 亿美元的代价收购沃尔沃,不到当年福特收购价的 1/3,这是全球金融危机导致世界汽车行业重新洗牌下的意外收获,也是吉利抓住历史性机遇的结果。

(2)并购标的。

沃尔沃是瑞典著名汽车品牌,1927 年由阿萨尔·加布里尔松和古斯塔夫·拉尔松在瑞典哥德堡创建,被誉为"世界上最安全的汽车",沃尔沃的品牌价值和技术含量堪称世界第一梯队。它曾是北欧最大的汽车企业，也是瑞典最大的工业企业集团，世界 20 大汽车公司之一。1999年，福特以 64.5 亿美元的高价购得沃尔沃品牌。2008 年前后，受金融危机的冲击，全球车市萧条，福特也经营惨淡，且债台高筑。在金融危机肆虐的 2008 年，沃尔沃总收入出现大幅下滑，由 2007 年的约 180 亿美元跌至约 140 亿美元。2008 年，沃尔沃税前亏损额高达 16.9 亿美元，销量仅有 33.5 万辆。

（3）并购动因。

自 1997 年进入轿车领域以来，吉利控股集团已成为中国汽车行业十强企业，凭借灵活的经营机制和持续的自主创新，取得了快速的发展，是中国汽车工业 50 年发展速度最快的企业之一。

吉利刚入市时，以低价获得市场。为了尽快追赶世界先进水平，吉利又提出"生产世界上最环保、最安全的车"的主张。2007 年，吉利发表《宁波宣言》，宣布战略转型，抛弃价格战，开始追求技术品质和品牌，之后吉利以壮士断腕的决心，将 5 万元以下车型全部停产，落后生产线全部拆除重建。这次转型显示了吉利品牌提升的决心。正是基于这一战略思想，沃尔沃成为吉利的首要购买对象。

（4）并购资金来源。

本次交易收购资金 18 亿美元，在吉利实际的寻求并购资金的过程中，还需留出沃尔沃初期运营资金。据洛希尔之前的估算，运营资金在 5 亿~10 亿美元。在整个近 30 亿美元的资金结构中，地方政府资金起到至关重要的作用。

上海嘉尔沃投资有限公司和大庆市国有资产经营有限公司分别向吉利控股集团提供 10 亿元、30 亿元现金参与并购；成都工业投资集团（以下简称成都工投）为吉利控股集团融资 20 亿元，银行同期基准利率下浮 10%；此后成都工投又为吉利控股集团提供担保，由国家开发银行和成都银行各提供 20 亿元和 10 亿元低息贷款，3 年内吉利控股集团仅需付约 1/3 的利息，3 年后酌情偿还。

综合来看，吉利控股集团并购沃尔沃主要采取了三种融资方式：一是国内外银行的低息贷款；二是海内外投资者的权益融资；三是福特卖方融资。此外，还有企业债券融资和金融衍生品工具，如向高盛 GSCP 融资发行的可转换债券和认股权证。

吉利借助了国内和国外的双重力量，同时也通过融资为自己留下了一条即使出现亏损也可以全身而退的路。一是将被收购方的收益作为担保，并成立吉利万源作为并购的运作公司；二是尽量争取国内外五年期低息银行贷款。一般来看，跨国并购整合的时间在 3~5 年之间，5 年期的贷款正好可以为吉利整合沃尔沃品牌腾出时间。

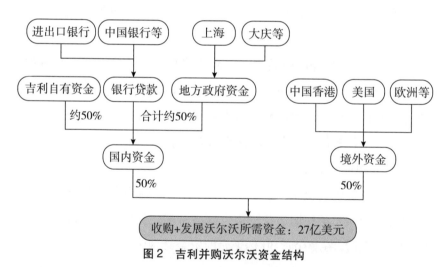

图2　吉利并购沃尔沃资金结构

资料来源：机构投资者评论。

（5）并购后的整合。

吉利并购沃尔沃的三步走整合战略：财务整合、技术整合、战略整合。在财务层面，吉利将沃尔沃的报表整合到整个吉利控股集团报表中，

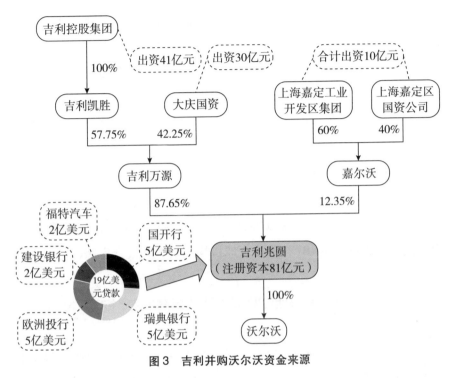

图3　吉利并购沃尔沃资金来源

资料来源：机构投资者评论。

并通过投资、融资、资产负债表管理的协同，实现财务整合；在技术层面，吉利通过"沃尔沃—吉利对话与合作委员会"、签署技术转让协议、成立技术合资公司等路径，从点到面、由浅及深地不断实现融合；在战略层面，吉沃双方共同成立领克汽车合资公司，实现开发、技术和采购等方面的联合，逐步推进双方全方位融合。

沃尔沃的产品线与当时吉利有限的低端经济型汽车之间无法形成协同效应，这在当时由于"门第悬殊"而并不为外界所看好，连像福特这样的汽车巨头都失败了，吉利究竟怎样才能创造出必要的规模经济，使沃尔沃在与强大的德国高端汽车品牌的竞争中胜出呢？沃尔沃汽车的战略是"放虎归山"、充分授权。吉利相信，沃尔沃作为拥有80年历史的汽车品牌具有足够的竞争力和吸引力，因此帮助沃尔沃筹集了110亿美元资金，使其能够发展自己的技术以取代福特的技术。

2010年，沃尔沃仅售出373525辆汽车。自2011年以来，随着销售额持续攀升，沃尔沃公司一直处于盈利状态，在2019年，沃尔沃在全球售出超70万辆汽车，实现销量翻番。中国已经成为沃尔沃品牌最大的单一市场，占2019年总销售额的22%，美国位居第二。沃尔沃的现状证明了两者的结合是天作之合。

2021年10月29日，沃尔沃汽车宣布在瑞典斯德哥尔摩证券交易所正式挂牌上市。沃尔沃汽车以每股53瑞典克朗的价格发行B类普通股，交易代码为"VOLCARB"，深受全球机构投资者和公众青睐，已获大幅超额认购。

6. 2017年，收购马来西亚DRB旗下宝腾汽车及路特斯股份

（1）交易概况。

2017年6月，吉利控股集团与马来西亚DRB-HICOM集团（以下简称DRB）签署最终协议，收购DRB-HICOM旗下宝腾汽车（PROTON）49.9%的股份以及豪华跑车品牌路特斯（Lotus）51%的股份。股权比例低于50%是因为宝腾是马来西亚的民族品牌，这一比例是双方充分尊重对方并达成共识的结果，在管理上吉利将占据主导地位。本次收购的总价值为4.63亿林吉特（约合1.08亿美元），其中包括吉利向宝腾汽车注资1.73亿林吉特，以及在马来西亚推出吉利博越的平台，价值2.90亿林吉特。此外，宝腾汽车还将作价5100万英镑向吉利出售路特斯51%的股权。

收购宝腾汽车的过程是复杂而漫长的，涉及多轮谈判和竞标。全球超过20家企业收到了宝腾的标书，经过筛选，最终剩下吉利、PSA和雷诺三家竞争。吉利最终胜出，这得益于国家"一带一路"倡议的支持、吉利自身的良好发展势头以及团队提出的方案能够解决宝腾的痛点。在收购宝腾的过程中，吉利团队展现出了极高的专业度和对市场深刻的理解。他们提出的方案包括将吉利的一款中型 SUV 引入合资公司生产销售，这正是宝腾所缺乏的。此外，双方还商定了未来在宝腾品牌强势的市场使用宝腾品牌，在其他市场则将宝腾作为吉利的生产基地。

（2）并购标的。

宝腾汽车建立于 1983 年，在马来西亚第四任首相马哈蒂尔的主导下建立，该品牌一度在马来西亚汽车市场以 50% 的份额占据主导地位。但由于廉价进口汽车的激烈竞争，宝腾汽车份额下滑严重，工厂闲置严重，在全球范围内寻找跨国合作伙伴以求渡过难关。

路特斯（Lotus）是世界著名的跑车和赛车生产商，曾译名"莲花跑车"，由柯林·查普曼（Colin Chapman）创立于 1948 年，总部位于英国诺福克郡。这家公司以创新设计和卓越性能著称，专注于打造轻量化的驾驶体验。

（3）并购动因。

通过这次收购，吉利不仅扩大了其在东南亚市场的影响力，还获得了路特斯品牌的技术和品牌价值。一方面，在收购宝腾之后，可以快速打入"右舵车"市场，包括马来西亚、英国、印度以及澳大利亚。宝腾作为马来西亚最大的汽车生产制造商，吉利便拿到了打开东南亚市场大门的金钥匙。另一方面，宝腾旗下拥有的路特斯（Lotus）品牌，其拥有的轻量化跑车技术对于吉利来说非常可贵，吉利可在性能跑车领域开拓一片疆土。此外路特斯作为复合材料和轻量化设计的领导者，相关技术运用在吉利品牌和 LYNK&CO 品牌旗下的车型上，与其他自主品牌甚至合资品牌相比也更具优势，而路特斯品牌的加持也会让吉利在品牌形象和产品力方面再上一个新台阶。

（4）并购后的整合。

并购完成后，吉利不仅通过宝腾汽车深入参与马来西亚市场，双方的合作关系已经超越了品牌，延伸到宝腾汽车的供应商，改变了整个马来西亚汽车制造生态系统。自从吉利收购宝腾汽车以来，其最显著的进步就是通过帮助供应商提高质量、节约成本和开发新产品来巩固他们与供应商之间的关系。实现这一目标的另一关键举措就是通过合资企业和技术援助协议，将每个马来西亚供应商与中国的供应商相配对，建立协同效应。这次收购对于吉利来说，不仅是市场扩张的战略举措，也是技术和品牌提升的重要一步。通过这次收购，吉利有望在东南亚市场取得更大的成功，并借助路特斯的技术进一步提升其在全球汽车市场的竞争力。

同年，吉利控股集团还全资收购美国太力（Terrafugia）公司和收购沃尔沃集团8.2%股权成为其第一大控股股东。Terrafugia公司是全球首家飞行汽车企业，专注于飞行汽车的设计与制造。沃尔沃集团（Volvo Group）则专注于卡车、客车、建筑设备等重型机械的生产和服务。吉利通过这两次并购向乘用车外的领域进行布局，汽车版图进一步扩大。

7. 2018年，收购戴姆勒9.69%具有表决权的股份，成为其第一大股东

（1）交易概况。

2018年吉利控股集团以约90亿美元的价格收购了戴姆勒（Daimler AG）9.69%的股份，通过收购Tenaclou3 Prospect Investment Limited所持戴姆勒集团股权完成此次交易，成为戴姆勒最大的单一股东。吉利曾希望戴姆勒发行新股，从而购买5%股份，戴姆勒拒绝了吉利的收购请求。吉利又通过使用香港空壳公司、衍生金融投资工具、银行融资以及精心安排的股票期权，在二级市场秘密进行收购，直到一举成为戴姆勒最大的单一股东，才将事实公开。这项近90亿美元的投资避开了市场信息披露规则。根据德国证券交易法案规定，收购方首次持有德国上市公司3%

或更多表决权股份的公司，需要告知该上市公司及联邦金融监督管理局。披露的门槛按 3%、5%、10%、15% 等依次递增。然而由于股权的巧妙建立，没有迹象表明吉利违反了信息披露规定。这一交易是吉利在全球化战略中的重要一步，进一步巩固了吉利在全球汽车行业的地位。

（2）并购标的。

戴姆勒股份公司是全球最成功的汽车制造商之一。戴姆勒集团旗下部门包括梅赛德斯-奔驰乘用车、戴姆勒卡车、梅赛德斯-奔驰轻型商务车、戴姆勒客车和戴姆勒金融服务，是全球最大的豪华车厂商之一，也是全球最大的商用车厂商，业务遍及世界各地。公司创始人戈特利布·戴姆勒和卡尔·本茨于 1886 年发明了汽车，书写了人类历史的新篇章。作为汽车行业的先驱，戴姆勒如今仍在不断塑造着未来出行的趋势。

（3）并购动因。

关于为何要收购戴姆勒股权，李书福表示："21 世纪的全球汽车行业面临巨大创新机遇，也面临来自非汽车行业公司的挑战，各个汽车企业单打独斗很难赢得这场战争。为了主动抓住机遇，我们必须刷新思维方式，与伙伴联合，通过协同与分享来占领技术制高点。对戴姆勒的投资正是出于这种战略思考。"

李书福还预测，未来世界传统汽车行业只有 2~3 家企业能活下来，届时谁能占领技术制高点，谁就是胜利者。在李书福看来，戴姆勒是全球汽车领导者，在电动化、智能化、无人驾驶与共享出行各领域都是引领者，从战略协同的角度，戴姆勒与吉利、沃尔沃产生协同效应，这是吉利入股戴姆勒的一大原因。

（4）并购资金来源。

本次收购资金近 90 亿美元，是吉利海外公司通过海外资本市场安排，实现收购资金自我平衡，没有使用中国境内资金。兴业银行和摩根士丹利等投资银行为吉利本次交易筹款。

（5）并购后的合作。

并购完成后，吉利与戴姆勒开启了全方位的合作。在并购完成当年吉利即与戴姆勒出行服务有限责任公司在中国组建合资公司蔚星科技有限公司，提供高端专车出行服务；2019 年，浙江吉利控股集团和戴姆勒共同投资德国城市空中出行公司 Volocopter，助推其商业化进程；2020 年，吉利控股集团与梅赛德斯-奔驰成立 smart 品牌全球合资公司，在全球范围内联合运营和推动 smart 品牌转型升级。2020 年，戴姆勒公司、吉利控股集团及其子公司品牌联手开发专门用于混合动力应用的高效动力系统。

8. 2023 年，吉利控股集团与雷诺集团开展合作

2023 年 7 月 11 日，吉利控股集团与拥有 120 年历史的法国汽车制造商雷诺集团达成一项重要战略联盟，共同成立了一家名为 HORSE Powertrain Limited 的动力总成技术公司，双方各持有合资公司 50% 的股份。这家新公司的目标是成为下一代混合动力和高效燃油动力总成解决方案的全球领导者，以满足未来数年的全球市场需求。

2024 年 5 月 31 日，HORSE Powertrain Limited 正式成立，将在全球范围内研发、制造和供应先进的混合动力总成和高效的燃油动力总成。预计年营收将达到约 150 亿欧元，年产能约 500 万套动力总成。这一合作被视为中国内燃机和混合动力技术走向世界的一个典型事件。将有助于吉利和雷诺集团在全球市场上的扩张，同时也将推动双方在技术创新和产品开发方面的合作。

三、吉利并购发展启示

1. 是选择 IPO 还是借壳上市，这不是一个问题

吉利生产汽车早期销售增长但利润偏低，具有较大的资金压力，有较大的需求通过资本市场融资。但吉利刚起步不久，暂时也不具备 IPO

上市的条件。早在2003年吉利曾想借道安徽的全柴动力，实现A股间接上市，但因当地政府希望由本省的汽车公司来重组全柴动力，导致这场股权收购以失败告终。后通过借壳香港上市公司国润控股上市，但当时本来就缺钱的李书福，不大可能掏上这么大一笔钱来纯粹买一个壳，最终选择了一个双方利益最大化的方案：通过合资，逐渐将吉利汽车装进这个上市公司，李书福成为大股东。

借壳上市与IPO，二者最核心的区别在于对股东持股的摊薄对价不同，IPO发行对公司的股东是有对价的摊薄，即能够按照较高的发行价格实现融资，这对公司及全体股东都是有利的。而借壳上市需要给上市公司原有股东让渡一部分权益，会稀释借壳方的股东权益；如果有配套融资，则会进一步稀释借壳方股东权益。借壳的代价可以通过方案设计在借壳方和被借壳方之间达到一种利益平衡，就像吉利借壳国润控股一样。尽管当前A股借壳上市与IPO要求趋同，但在某种程度上空间仍然会大一些，此外借壳上市的时间成本整体上远低于IPO。

那么对于一家想进入资本市场的企业来说，到底是应该选择IPO还是借壳（类借壳）上市呢？

对于一家梦想做大做强的企业来说，资本市场是其必经之路。越快地进行上市规划、越快地步入资本市场，就越有利于打开思想的桎梏、冲破企业发展的瓶颈、掌握更多的资金和资源。相反，选择IPO还是借壳，只不过是基于现实因素的取舍而已，最关键的反而应该是决心——排除万难、勇于决策、誓不罢休的决心。

如果放到现在来看，人们往往会觉得去港股借壳还不如在A股折腾——港股无论是募资能力还是估值水平都不及A股。但这对于当时的环境来说，港股给吉利提供了快速资本化的渠道、国际化视野、国际化品牌效应、国际资本整合优势，这些都是A股市场做不到的。这也解释了为何中国车企的国际化战略中，吉利是当之无愧的老大的原因。

2. 用好"并购"与"合作"两个工具

并购即兼并和收购，主要方式包括吸收合并、资产收购、股权收购三种方式；合作则既包括业务层面的合作也包括股权方面的合作。并购后的整合也是交易双方的一种合作，据统计，80%失败的并购案例都是并购后的整合失败。并购后至少在财务、技术、战略、人力资源等方面需要整合，还涉及文化、价值观等的融合和认同，良好的整合是一种管理能力的体现。吉利对沃尔沃采取的"放虎归山"策略有它的高明之处，更像是一门管理艺术。合作共赢是企业发展过程中的重要方式，能帮助企业快速获得资源、做大做强，吉利早期即通过合作的方式取得造车资格，吉利与雷诺集团通过合资设立公司开展业务合作，即一种股权方面的合作。

从吉利的成长路径来看，企业发展过程中用好"并购"与"合作"两个工具，将帮助企业实现质的飞跃。而要用好这两个工具，企业和企业的掌舵人自身需要具备勇于决策、敢于承担、乐于变革、诚心放权等一系列优秀品质。吉利从骨子上是一个国际化企业，从来不是一个家族企业。

3. 什么样的企业是好的并购标的

一个好的标的应该是长板足够长，短板也足够短，交易双方相互赋能，实现"1+1>2"。对于并购标的而言，一般在两种情况下比较容易被买方看上：一是标的经营业绩处于上升通道，二是有一定规模的企业出现经营危机，特别是破产重组时，收购方基于捡漏的心态。收购一家经营状况不好的企业，并有信心和耐心能够扭转颓势，则更显示出收购方的魄力和能力。吉利的并购标的沃尔沃、宝腾汽车、伦敦出租车公司、戴姆勒等在品牌、技术、市场等方面都有自身独特的优势，长板足够长，也是吉利希望能够补齐的短板。吉利并购伦敦出租车公司、沃尔沃以及宝腾汽车时，这些标的在经营上都面临不同程度的困难，也正是由于标的出现了危机，才给吉利带来了并购的机会。吉利通过外延式的并购快速获取市场、获取技术、提升品牌影响力，使得吉利实现了高速发展，逐步建立起自己的汽车商业帝国。

4. 机会留给有准备的人

并购是一种机遇，当机会来临时，有条件要并购，没条件创造条件也要并购，同时还需要有魄力。吉利并购沃尔沃抓住了 2008 年金融危机的机遇，用 18 亿美元的代价收购沃尔沃，不到当年福特收购价的 1/3，这是全球金融危机导致世界汽车行业重新洗牌下的意外收获，也是吉利抓住历史性机遇的结果。但对于当时的吉利来说，如此大金额的交易，筹集资金不是件容易的事情，一开始的筹资并不顺利，并购后的整合同样面临巨大挑战。吉利能顺利并购宝腾汽车也是碰上了宝腾企业经营出现困难，否则吉利可能也没有机会出手，戴姆勒拒绝向吉利发行股份就是很好的佐证。但当机会来临时，谁都能抓住吗？不管是并购沃尔沃还是宝腾汽车，都吸引了一众投资者参与投标，为何最终吉利可以胜出？很重要的原因是吉利的并购方案具有吸引力，能够对标的企业赋能，解决标的企业面临的问题。因此，并购交易不是简单的大鱼吃小鱼、谁吞并谁的问题，而是一场双向奔赴。一个好的并购是相互赋能、相互选择，将协同作用发挥到最大，同时并购的成功需要天时、地利、人和。

5. 经营者的危机意识

在吉利并购沃尔沃和宝腾汽车后，吉利已经进入了欧洲和东南亚市场，吉利也取得了长足的发展，成为世界 500 强企业，但吉利并没有停下并购的脚步。经营者的危机意识是基业长青的秘诀，也是打造百年老店的法宝。吉利收购戴姆勒的股权并成为第一大股东就是很好的例子，正是李书福基于对未来汽车行业发展的战略思考和危机意识做出的。吉利成为戴姆勒第一大股东后，双方开启了全方位的合作。

6. 未涉足的领域是通过内生培育发展还是外延并购获得

对于一块新业务，大部分企业在面临选择时会优先选择自建团队内生培育发展，但外延式并购相对于内生式增长，最大的优势就是短时间内见成效，当然也可能伴随并购整合失败的风险。吉利并购自动变速器公司、收购美国太力飞行汽车公司、收购沃尔沃集团涉足非乘用车领域，以及参股德国城市空中出行公司 Volocopter，都是在向乘用车领域之外布局。也许吉利的并购发展之路提供了很好的示范，既可以在主业乘用车领域通过并购取得巨大的成功，也可以通过并购快速抵达其他领域。决策者首要任务就是提升并购及整合的能力。

7. 当并购不及预期时该如何

与其他并购交易相比，2009 年吉利收购全球第二大自动变速器公司澳大利亚 DSI 公司可以算作一个败笔，吉利在自身的发展历程中甚至不愿提及这一过程。吉利并购 DSI 的初衷是共同做大国内的自动变速器产业，然而事与愿违。当并购交易不及预期时，吉利的做法告诉我们，认清形势，及时放手不失为一剂良方。

米度并购合伙人李文昉先生简介

金融学硕士，保荐代表人，拥有超过 10 年投资银行工作经验，曾在证券公司投资银行部任职。深度参与或负责多个 IPO、再融资、上市公司并购重组及新三板挂牌项目，涉足新材料、信息技术、消费、医疗保健等多个行业领域，对企业资本运作规则、方式和流程具有较深刻的理解，并具有丰富的实操经验。

第二部分

并购方法论

01

瞻前顾后：防治三年对赌期后业绩暴雷的五个方法

张维明

我常常为我的合伙人们推荐，中国最美的海滩，是海南文昌昌洒的月亮湾。绵延十几公里的白色沙滩，被沿着海岸线近一公里纵深的热带雨林包裹着，清晨和着日出，卷起千层会唱歌的海浪，搅动着清澈见底的海水，绝对是远离喧嚣的静谧大隐之处，局部来看，不亚于佛罗里达州被誉为全美十佳海滩的 Tampa Beach 和 Cocoa Beach。可是，2024 年 9 月 7 日的一场超强台风"摩羯"过后，树木被连根拔起，房屋玻璃损毁严重，一片狼藉。

上市公司业绩暴雷就好像美丽的海滩突遭台风席卷，这是并购交易中悬在所有人头上的达摩克利斯之剑，这把悬顶之剑让多少上市公司对并购望而却步。对于三年对赌期的业绩暴雷问题，我和我的合伙人们不得不重点关注。对于通过并购交易条款的设计有效地规避暴雷，一些投行或上市公司的传统观点是很难或不可能，但我们愿意尝试着去解决这个问题。啃下最难啃的骨头，是专注并购的精品投行的职责所在，我们乐此不疲。

我们也会经常听到行业里对并购交易成功率的争论，60%、50%、40%，甚至 30%，我认为孤立地看这个数值极具欺骗性或迷惑性，而且其本身就是一个伪命题。

首先，成功的定义是多样化的，例如，一家公司就是要通过并购清理战场、扫清对手，那么来自对手威胁的消失就是成功；一家公司要通过并购进入上下游或跨界，那么进入此前并不了解的行业的核心业务领域，具备领先的业务能力就是成功；在新"国九条"出台后，对于面临"保壳"风险的公司，成功"保壳"就是并购成功。

其次，即便是依据世俗化的标准，追求并购后长期业绩整合的协同效应，那么我们衡量的是三年内，还是三至五年，抑或更长久的未来的成功？随之而来的问题是：这些成功与不成功，哪些成功是并购交易设计过程结下的硕果，哪些不成功是其必须背的黑锅？哪些成功是企业永续经营能力的风帆，哪些不成功是被迫举起的白旗？即便身处企业之中的核心高管都很难判断，更不用说一些游离于产业之外的江湖快意写手和所谓的"顾问"，他们闭门揣摩，打哪儿指哪儿，被自媒体时代的流量裹挟着，只博眼球，不明所以。

最后，更不用说创业成功并持续运营十年的公司本身就很少，这是商业之殇还是并购之殇，二者不能混同。

所以，任何一个命题，只有放在具体环境里，在具体的前提、定义的基石上探讨才会经得起历史之锤的重击。

很多人会拿并购与婚姻做比较，其实我们坐下来争论"婚姻是否是爱情的坟墓""世界上是否存在永恒的爱情"这些看似深奥、实则空洞的话题，不如起身下场验证如何规避三年对赌期后的业绩暴雷陷阱。

本文专注于对赌完成后业绩暴雷的问题，这也是很多上市公司买方感到无可奈何、无计可施的问题，甚至解决办法只能是成为将头深深埋入沙子中的鸵鸟，或抛向空中掷一枚硬币。同时，这更是很多上市公司上市多年，手捧二级市场融资工具的"金饭碗"，迟迟不敢下场并购，错失二级市场融资机遇的原因。

我们基于多年并购实操的经验，提出规避对赌期后业绩暴雷的五大方法，希望能与业内人士碰撞、互相学习。

　　进入具体方法之前，先让我们来看一个对赌业绩暴雷、涉嫌并购欺诈纠纷的案例——亿美汇金失控案。

　　2018年1月31日，中昌数据作价6.38亿元收购了亿美汇金55%的股权，形成商誉5.23亿元。2018年度，亿美汇金实现净利润8219.63万元，顺利完成了业绩对赌[①]。但是到2019年10月，上市公司公告该子公司失控。最终，中昌数据在一连串事件的冲击下，于2023年6月宣告退市。

　　不良并购对上市公司的巨大影响可见一斑。

　　此外，近一两年并购市场不是非常活跃，样本量较少，不利于分析。我们可以回顾一下2016年前后的那次并购浪潮。据不完全统计，2015—2017年，涉及上市公司并购标的业绩承诺的分别有450家、624家、427家，未完成的公司分别有87家、158家、146家。简单计算，未完成业绩承诺的公司占比呈逐年上升趋势，即19.33%、25.32%和34.19%。

　　此外，从并购标的数量上看，在上市公司并购标的增多的同时，业绩承诺的完成质量并没有随之提升，反而下滑显著。根据相关数据统计，上述三年间，上市公司未完成业绩承诺的次数占比由16.86%增至30.11%。

　　无论是业绩承诺期内还是承诺期外，无论是并购风险控制还是并购交易欺诈的识别，都离不开一个话题，即如何规避业绩对赌期后的业绩暴雷，这里我们提供五大方法。

　　学徒法：通过利润并购进入不熟悉的领域，并利用学徒法规避业绩不确定性。

　　平衡法：在交易条款设计中平衡三年对赌期内与对赌期外的利益。

　　KKR法：有效借鉴并购基金及职业经理人机制规避对赌期外的

[①] 《中昌大数据股份有限公司关于子公司出售北京亿美汇金信息技术有限责任公司55%股权的公告》。

风险。

精准锁定法：杜绝千篇一律的对赌模板，利用差异化精准锁定保护上市对赌期后的利益。

模拟飞行法：利用敏捷思维对标的资产进行有效识别，规避风险。

一、方法一：学徒法

并购多有对赌协议，而对赌协议中，为了保证承担业绩承诺的团队的执行性，往往会在协议中加入一个条款"上市公司在业绩对赌期间不能干涉被并购公司的经营"，否则若业绩最终没有达标，很难说清是谁的责任，导致双方扯皮，甚至对簿公堂，笔者给此条款起了个名字叫"盲盒条款"。

但若真的按此协议执行，上市公司会陷入巨大的不确定性，表面上可以一定程度通过对赌协议确保三年内的业绩，但被并购公司对于上市公司而言多半成为一个"盲盒"，由于已承诺不干涉被并购公司经营，上市公司最多只能安排董事会多数席位和派驻 CFO，导致对业务层面知之甚少，三年对赌期后，被并购标的的创始团队往往会部分或全部离场，业务承接大概率会出现巨大问题，这本身就是对赌五大悖论中的业绩承接悖论。所谓悖论，即利益方的利益诉求自相矛盾，直接导致上市公司在对赌期后的风险敞口被极大地抬高。

如果说三年后业绩暴雷是一个深渊的话，这个"盲盒条款"就是踹向临渊者的致命的一脚。

我们说，了解风险的最终目的不是踟蹰不前，投鼠忌器，或是为保守倒退做背书。并购要做，风险也要规避。我们一贯的交易设计原则就是"风险到哪里，协议条款就保护到哪里"，但这里的"保护"一定是建设性的、创造性的，比如，非创造性的、偏传统的保护方法可能是延长对赌期、延长管理团队服务期、延长股票锁定期、延长对价支付期、延长竞业禁止期，所有的"延长"大概率只会换来迟到的伤害，正所谓"伤害可能会迟到，但永远不会缺席"。我们给出的办法非常清晰：三年之内一定要解决三年之后的问题。换个视角，三年不应该只是业务对赌期，更应该是上市公司的"学徒期"。上市公司之所以要并购一块资产，原因之一是其不具备短期之内涵养该资产的能力，如同 VC/PE 的投资逻辑一样，购买的核心不是资产，而是能力。而传统方法中，并购所购买的只是三年之内的能力，无疑是不够的。上市公司需要借助这三年宝贵的窗口期，让被并购标的帮其打造一个管理团队，进行三年后的承接。因此，这三年应该定义为：保证业绩的前提下的三年"学徒期"。这三年之内，上市公司应该尽可能地派团队进驻，包括但不限于财务、业务、法务团队等。

但随之而来的问题是，如前所述，在对赌协议中定义的三年不干涉被并购标的经营，看似是个极大的阻碍因素。我们说，并购交易过程最经常犯的错误就是"既要、又要、还要"，三样都想要，最后什么都要不到。应该抓住最主要的矛盾，无疑就是防范三年后的业绩暴雷，应该在协议其他条款处适当做友好安排，比如可以制定三年内派团队学徒的条款，作为补偿和平衡；对赌的弹性可分为三个等级甚至多个等级，酌情选取适合的等级，可适当调高 PE 作为派团队的补偿；因为派团队，可适当调高业绩承诺，变相做变动估值的处理。洞察到交易的艺术后，方法有千万种，上市公司不应徘徊在敢与不敢之间，久久不敢下场。担心什么，就用协议创造性地解决什么。

学徒法的核心是把三年业绩承诺的零和游戏转化为三年学徒，即三年协同的增量游戏，把博弈性的有限游戏转化为创新性的无限游戏。上市公司躬身入局，请优质的被并购标的讲上一堂三年的精彩业务大课，而不是像传统业绩对赌期一样，继续博弈、猜忌、周旋。

笔者在多年并购交易设计过程中，坚持一个主要的并购交易信条：

一个好的并购交易，一定要在协议签署的那一刻起停止博弈。通过条款设计找到交易双方的共赢点，是交易设计者的职责所在。

此外，学徒法在防范业绩暴雷的同时，也为业务多元化并购或跨行业并购提出更多的可能性。跨行业并购是很多传统制造业公司转型的刚性需求，虽然在新"国九条"下，跨行业并购难度加大，但仍不时有相应案例审核通过。市场经济毕竟鼓励市场化竞争，跨行业发展是企业自主行为，否则无法解释 Netflix 的四次自我颠覆式跨行业发展为何被业界纷纷传颂。但跨业并购风险更大，在"瞻前"的交易环节更多地"顾后"，未来三年后的业务承接比上下游并购或同业并购更加重要，上市公司需要在学徒阶段态度更加坚决。

我们在并购交易条款设计中对学徒阶段的过程和结果做更多的倾斜。同时，我们又根据标的公司的核心竞争力来源，把标的公司分为个人英雄型、团队英雄型、技术英雄型、文化英雄型四类。

（1）个人英雄型企业。

个人英雄型的企业，其核心竞争力往往是企业创始人的个人能力和个人魅力，或是企业创始人的销售网络的商业关系。在这类企业中学徒尤其艰难，充满不确定性，即使被并购标的创始人愿意将能力模型和资源和盘托出，上市公司也未必接得住。针对这种情况，我们建议上市公司尽量使用"分阶段、少现金、长锁定、不全收"的传统模型来保护上市公司利益，但是既然我们不能"既要又要"，在使用传统模型的同时，一定要在其他条款上做妥协，否则很难顺利推进。

对个人英雄型企业，要尽可能通过股权的方式留住创始人，而非成为创始人的学徒。这里还涉及另一个因素，即上市公司的市值大小。也就是说，若将被并购标的并入上市公司，以发股的形式为主，被并购标的创始人所占股比的大小很关键。举个例子，被并购标的创始人占的股比较大，甚至成为二股东，未来其在上市公司中话语权较大，本质上成为曲线上市的模式，激励作用较大，反之则形成不了激励。

（2）团队英雄型企业。

团队英雄型企业的企业管理能量和能力较分散，上市公司留住团队核心高管可能性更大，学徒制的成功率更高，<u>大体的方法是：左手股权激励，留人；右手"华为掘墓人式"人才培养机制，培养梯队</u>。

"华为掘墓人式"人才培养机制，简单说就是管理者升职的前提是培养出了其替代者，即"掘墓人"。作为并购标的，团队英雄型企业明显优于个人英雄型企业，上市公司应宁可多出估值对价，也要尽可能并购这类企业。

（3）技术英雄型企业。

对于技术英雄型企业，学徒制的重心应放在对核心技术人员的留存及学习上，与团队英雄型企业类似，传统的管理激励手段在并购这个场景下也适用，但要洞察技术英雄这个"果"的背后，是否有团队英雄及文化英雄这个"因"，比如华为，团队英雄和技术英雄是结果，文化英雄才是其背后的动因。

（4）文化英雄型企业。

文化英雄型企业相对比较容易承接，但要充分考虑文化兼容性的问题。没有绝对意义上的好文化和坏文化，每个创业公司或上市公司也都有其公司文化层面的优缺点，比如腾讯的并购风格包容性强，鼓励体外发展，与阿里的强整合性、体内发展相比，二者各有利弊。关键是要考察文化的兼容性，建议运用企业文化测度工具，如同计划组成家庭的两人会测一下四型人格或 MBTI① 的匹配度，若双方实控人都是强势人格，则很难合作，学徒制和二阶段并购都要尽早实施，拿业务控制权也要尽早。

---

① 迈尔斯-布里格斯类型指标（Myers-Briggs Type Indicator），是一种人格类型理论模型。

关于学徒法的实操案例，建议大家关注上市公司朗姿股份的发展历程。这家公司频繁使用学徒法，通过并购进入一个新的行业，三年学徒成功，规避暴雷。

二、方法二：平衡法

区别于学徒法，平衡法相对而言更直接，将交易的关注重心从三年之内向三年之外迁移。

在此我们再次重申，并购中的对赌条款不是监管要求的适用所有场景的强制条款，对赌条款主要是针对重大资产重组和关联交易类并购的，但实际操作中由于固有思维及惰性思维，上市公司默认应该有对赌条款，并且默认对赌条款是对自身有利的，从而造成误判，这一点会在下文"五个对赌陷阱"中详细讨论。误判之一就是，由于对赌的存在，交易双方在条款协商环节会过分关注三年对赌期业绩，从而忽视了对赌期之后的业绩下滑问题。而且由于潜意识中存在对赌带来的所谓"安全感"，从而忽视对资产质量的识别和对协同性的探究与追问，这一点特别像婚前财产公证，它只能降低最坏结果发生时的财产损失，无法起到提升婚姻成功率的作用。

其实，我们更应该关注条款对三年之后起到的平衡作用，比如，是否对三年内的研发费用占比做了约定，是否对新产品迭代做了约定，是否对延长对赌期做了约定，是否对新业务绿地孵化做了约定，是否对三年后管理团队离职率做了约定，是否对三年后应收账款占比做了约定，等等。同时，还是秉承不能"既要又要"的原则，既然运用平衡法对三年之后做了超额约定，就应该在其他条款上做善意安排进行平衡。

并购交易是平衡的艺术，平衡背后的主要逻辑就是高频的换位思考："永远不要提出一个连你自己都认为过分的要求来试探对方的信任"。它会腐蚀对方对你的信任。并购交易的核心是信任，它需要精心呵护。笔者经常和老投行人讲的一句话是："部分金融人，最大的问题是一上来就让对方感觉他在盯着人家钱包看，而且还不自知，甚至沾沾自喜。"没有信任的并购交易是博弈的术，而非交易艺术的道。

在不信任的氛围下只有低级的零和博弈，没有高级的共赢协同。

关于五个对赌陷阱，我们在这里做简要介绍，便于理解如何运用平衡法有效地规避陷阱。

（1）陷阱一：长短期陷阱。

因为有对赌条款的存在，被并购标的往往被要求必须完成三年对赌业绩，那么双方默认或潜意识里会认为，追求三年短期效益是理所当然的，甚至将某些杀鸡取卵的短期管理行为搬上台面来讲，比如，不投入或少投入新产品研发，这是企业经营的大忌，一般意义上的职业经理人即使要这么做也只是暗中行动，但在对赌条款下的管理者居然可以堂而皇之，这一点会严重影响企业管理文化，导致文化变形，贻害无穷。

我们识别陷阱，并不是为了炫耀或自嗨，识别的目的就是通过平衡法去规避风险，比如，要对某些潜在短期行为做约定，约定研发占比、梯队建设等，担心什么，就在条款中约定什么。

（2）陷阱二：高估值陷阱。

我时常问：在双方过于关注对赌的情况下，卖方是赌高还是赌低？答案一定是赌高，因为赌高可以变相实现或有对价的功能，即多做多卖，少做少卖。这里高估值的本质是寻求或有对价，万一未来三年利润做得多了，或有对价无疑对卖方是极为有利的，即使最后的结果没做那么多，做估值回退，也只是损失 20% 的个人所得税而已。两害相权从其轻，从试算模型的角度，只要做多的概率超过 20%，赌高就是对卖方有利的，就是最大的正义。但或有对价对卖方是巨大的风险，交易对手从人性出发，已经没有动力去如实反映利润预期（永远不要在并购交易的条款设计上去挑战人性），导致互信被破坏，累及每个条款，都成为博弈点。

　　而且这种或有对价条款，若最终未达标，会给二级市场传递"并购失败"的负面信息，这也就是为什么即便从会计角度允许稍显复杂的或有对价机制，很少有上市公司愿意使用或有对价条款。殊不知，对赌条款背后就隐藏着或有对价这头怪兽。

　　那么，如何用平衡法去规避或有对价陷阱呢？那就是要对盈利能力进行充分的逐一分析。换个场景来说，大家或许好理解一些：你雇用一个职业经理人帮你做这块业务，给他的 KPI 定多少，就是理性利润所在。并购交易中一个最大的心理误区就是要过滤掉被并购标的创始人的个人情绪影响因素，因为创业者、交易参与者往往容易被其情绪所左右，要切记过滤、过滤、再过滤。或者找到那个运用六项思考帽的反对者，给他一个喇叭，放大他的声音，把自己拉回理性。

　　（3）陷阱三：利润未达标陷阱。

　　我时常问上市公司企业家一个问题：假设你并购一家公司，三年承诺年均净利润 3000 万元，但三年快结束时一算总账，可能年均差了 300 万元，你会如何处理？会任其发展，最后如实向二级市场呈现 300 万元未完成的负面信息并做估值回退，还是会在对赌期剩余时间尽可能帮助被并购标的完成业绩，并给二级市场传递并购成功的积极信息？我得到的回答多半是后者。二级市场的乘数效应和踩踏效应是大家不得不面对的残酷现实，所以从某种意义上说，对赌利润也是对上市公司的某种绑定甚至绑架，大幅度利润未达标或许会触发估值回退，中小规模的利润未达标会促使上市公司拼了老命也要拉其一把。如何使用平衡法解决这个问题？简单说，调高 PE 但压实利润预估，这也是一种平衡，压实利润预估的价值大于抬高 PE 的损失。

　　当然，我们也可以利用其他条款去做平衡，比如发股折扣、弹性对赌、现金占比、支付节奏等，方法很多。

（4）陷阱四：尽调陷阱。

"默多克每段婚姻都有婚前协议，所以才有了他的每段婚姻。"这句话特别值得玩味，也适用于并购交易。对赌主要是规避最坏结果发生后的损失，而非规避最坏结果，就如默多克的婚前协议只是规避了他的潜在损失，而非保护其婚姻一样，我们甚至有理由怀疑，婚前协议甚至起到了纵容婚姻失败的作用，因为有婚前协议的存在，婚前双方对"自己是否真的适合对方"变得草率了。还是那句话，"不要在并购交易的条款设计上去挑战人性"，一旦有对赌作为托底，尽调方会在某种程度上放松对资产识别的警惕，这是人性。并购交易市场中很多人对没有对赌的交易感觉无所适从，不知道如何把控，可殊不知对赌条款也只是近几十年才有的金融创新而已，有对赌条款这一创新之前的并购市场依然蓬勃发展。不做对赌就不知如何交易，是彻头彻尾的路径依赖，就是管理懒惰、鸵鸟思维。反求诸己，你会聘任一个职业经理人，要求他用年薪和你做三年短期对赌吗？他愿意赌的话，你敢拿公司的长期利益和他的短期利益来赌吗？你愿意放弃柯林斯在《从优秀到卓越》中所述的对第五级经理人的追求而去和他赌吗？你愿意冒着破坏公司使命与愿景及文化的风险去和他赌吗？

那么如何用平衡法应对尽调陷阱？要尽量营造一个场景，尽调团队应该是在不做对赌的场景下进行尽调，以达到一种平衡。如何设定这个场景？我们在交易设计中应该加入一个可谈判条款，即不做对赌的低估值版本，这样不做对赌的场景是有真实价值的。一般而言，不做对赌或只做名义上的对赌，PE 倍数要比对赌 PE 倍数低 20% 左右，这 20% 可能就意味着 1 亿元的对价节省。面对这 1 亿元，你有足够的动力要求团队做不做对赌场景的尽调，穷尽不做对赌的风险利益分析，回到商业的本质，即永续经营能力和核心竞争力的识别。即便是在这种场景分析之后得出只能做对赌的结论，决策质量也远远高于"默认对赌"的慵懒管理方式。

（5）陷阱五：业务承接陷阱。

这一点我们在学徒法中曾经有所提及，对赌协议中大概率会有"对赌期间不能干涉管理团队管理"的条款，这意味着上市公司实质上为了对赌而让渡了三年内对标的公司的实际控制权。董事会多数席位、派驻CFO 等都是在不干涉经营的前提下实现的，那么董事会和 CFO 如何行使职权？最重要的是，三年对赌期后，创始人离开，上市公司如何进行业务承接？是否接得住？这本身就是一个管理学悖论，它违背了管理学的基本常识。

并购交易的设计中有太多违背管理学基本常识的地方，尽管为投行人所津津乐道，但问题就在那里埋伏着，若是个雷，就会被引爆。如何运用平衡法？与学徒法不同的是，平衡法要求我们更多地关注业务协同性的平衡，要假设并购的是一个重要的业务合作方，要找到强协同点。我们经常讲一句话，"一切无须通过并购就能实现的协同对于并购而言都是假协同"，意思是说，一定要试图找到只有通过并购才能实现的协同性，这种协同性的产出才会力量巨大，真正实现"一加一等于十"的效果。建议大家关注一下 Nokia 网络的一路并购自救之路，并购西门子网络、北电网络、摩托罗拉网络、阿尔卡特朗讯网络，无线通信行业被华为打得七零八落，唯有 Nokia 和 Ericsson 屹立不倒，Nokia 协同并购式的自我拯救堪称经典，业务每次都完美承接，并且没有"对赌"这个皇帝的新衣庇护左右。

三、方法三：KKR 法

KKR 和黑石是美国著名的并购投资基金，其众多特有的商业模式之一就是杠杆收购之后聘用完整的专业管理团队接盘，从而保证并购后的平稳运行。完整和专业是两个重要的指数，完整意味着不是空降一个职业经理人，使其导致水土不服；完整也意味着团队已经走过磨合期与风暴期，开始走向默契期与业绩期。专业意味着 KKR 招聘的大多是行业内顶尖的管理高手，尤其擅长新资产的整合。整合经验不是每个管理团队都可以轻松具备的，定向组建管理团队，为后期的稳定承接打下了坚实的基础。

有人曾质疑 KKR 的模式，认为职业经理人的管理模式在中国家族式企业的大环境下会水土不服，因为中国民营企业往往是家族式的管理机制，职业经理人很难有发挥的空间，这种说法有其历史成因，在特定历史阶段及特定场景下是准确的，但并不是一直如此。比如，当下我们看到一个典型现象就是"二代接班悖论"。民营企业家的二代多会出国读书，这导致两个问题发生：其一，有些二代意愿接班，但在海外生活多年，与国内经济生态及文化无法融合，导致水土不服，接班过程困难重重；其二，有些二代在海外生活多年，无意愿回国接班，即便想回国，也未必想接班，多数民营企业家的生存状态并不理想，依然需要战斗在一线，面对觥筹交错和尔虞我诈，二代不喜欢，也不想喜欢。

二代更自我，更注重自我价值的实现，没有一代那么强的使命感，所以我说，中国的民营企业，过去是家族式的，但随着一代大规模退休，职业经理人势必大规模地走上历史舞台，这是历史趋势，无法阻挡。我们在实操并购案例中也看到很多民营企业家希望出售自己的公司，主要原因是一代已经年近七十，干不动了，二代又明确不愿接班。这样的案例比比皆是。

既然职业经理人将走上舞台，那么 KKR 这种并购及接盘模式势必会星火燎原。我们其实已经看到国内出现类似的并购基金，这里说的并非作为上市公司白手套的并购基金，而是真如 KKR 这种，并购后派驻实战派职业经理人，在市场低迷期接盘、整合，提振企业经营能力，然后在市场高点卖出，获取业绩提升及市场提升的另类"戴维斯双击"。

虽然上市公司主体的性质与并购基金不同，但仍然可以充分借鉴这种模式，即在并购谈判期或三年业绩对赌期就锚定并购后的整合与协同，甚至为接盘准备好团队，这样有序、有体系的操作会极大地降低并后风险。

我们认为，经济体有其运行的自然规律，中国并购市场必然会进化成为成熟并购市场应有的样子，道路虽然会有些曲折，甚至可能短期内出现返祖和逆潮流现象，但历史前进的车轮不会停歇。

四、方法四：精准锁定法

如前文所述，初创的企业往往会经历由个人英雄型到团队英雄型、再到技术英雄型、最后到制度英雄型甚至文化英雄型的阶段，当然这些阶段的顺序可能会有所不同，我们要识别标的公司处于哪个阶段。我们的核心观点是：若无法承接或整合标的公司业务，就进行精准锁定。而实操过程中我们看到上市公司经常犯的错误是固化思维严重，缺乏批判精神去审视并购条款，通常是锁定标的实控人，而忽略对其核心资产的识别，出现锁定错配。

比如，如果对方是团队英雄型企业，只锁定大股东是没有意义的，虽然在并购条款中会约定管理团队的竞业禁止和离职率，但相对而言约束力较差，在制定该类条款时往往照搬模板，流于形式，骨子里并不重视，所以当后期出现团队离职，也就毫无抓手。

反之亦然，如果标的方是制度英雄型或文化英雄型企业，相对而言，企业已进入较成熟阶段，承接成功率更高。比如华为，其轮值董事长的设置就是在从团队英雄型、文化英雄型向制度英雄型转型，最终达到任正非在与不在华为都一样的效果，而非此前的过度依赖任正非的战略能力和个人威信。

此外，精准锁定法也可以推而广之，将其用于风控条款。我们经常说，在并购交易中，要做到担心什么就在合同中约定什么。比如，对于并购协议的或有对价条款，双方往往争执不下，标的方不愿意无限兜底，因为责任不好澄清，这里依然可以使用精准锁定法，即对相应条款进行结构化处理，不做无限兜底，但也不能完全不兜底，可以在协议中约定标的方仅对未来三年之内出现的或有负债担责，等等。

在对赌条款中，也可以应用精准锁定法。比如，刚性对赌与不对赌之间，理论上不是非此即彼的，可以做多层级设置、利润回补，也可以做完成一定比例业绩承诺下的利润回补，不一定都是估值回补，因为其中的一定比例可以灵活约定，进而产生更多精准约定的可能性。这些精准约定与精准锁定方法，或许并不会直接影响三年对赌期后的业绩，但可作为平衡条款，留出更多的腾挪空间，为实现三年后的业绩目标保驾护航。

所以我们说，并购交易的艺术在于，对条款背后的逻辑洞察越深刻，谈判中可使用的条款工具越多，越容易帮助双方达成利益平衡与共识，而且很多时候，单一条款的可变通性越高，与其他条款耦合后产生的化学反应越大，这就是很多技术派交易顾问对研究并购条款乐此不疲的原因。此间的快乐，源于对交易的创造性发挥，正如马斯洛所言，"唯有创造，才会产生高峰体验"。

五、方法五：模拟飞行法

模拟飞行法，即模拟整合，量化协同，跑一单模拟飞行。

在并购交易的实际操作过程中我们经常发现这样一种现象：大家过分相信常规尽调，而忽略或缺乏对业务真实协同性的有效考察，或仅通过尽调数据来沙盘推导业务协同性，这就如婚姻中的协同性要通过观察双方性格与价值观是否相投得出，通过问卷无法获得真实结果一样。有人讲走入婚姻之前，双方最好经历一次略有挑战的双人旅行，旅行中充满了意外的惊喜和挑战，甚至是经历风险与挫败，双方共同面对，通过观察对方的真实状态来决定是否要牵手面对后面漫长的人生。

并购也是一样，与其耗费巨大的精力，长期陷入条款与估值的博弈与纠结，不如拿出适当的资源做一个 Pilot 合作项目，我们把它叫作模拟飞行，即真实地入场与潜在并购标的做一个真实的合作项目，在项目中观察合作团队也就是被并购方的各种能力。管理学中讲"最好的面试是无监督小组讨论或真实的项目赛马"，先做一个项目，通过观察项目中双方的状态，了解业务协同性、团队能力、团队文化匹配度等，并在项目执行过程中尽可能地记录项目执行要点。这就像 IoT（物联网）行业的传感器一样，通过这些近似于实时的业务传感数据，做到量化协同及测算，更加精准地了解协同溢价、协同风险，便于精准定价，同时尝试协同创新，找到并及时测试有效的协同方法。正如《敏捷宣言》中所倡导的，与其争论，不如测试，并购中也是一样，与其坐在办公室里博弈和论证业务的协同性，不如撸起袖子入场，做个项目测试一下协同性。管理学与并购艺术在这个路口再次相遇，敏捷思维的光辉闪烁，再一次照亮并购交易中迟疑不决的人们。

在测试过程中要寻找 MVP（Minimal Valuable Product）项目，即最小可验证项目，比如联合开发一个新品，联合将一个新品推向市场，或联合做一个技术改造项目等，关注哪个领域的协同性，就在哪个领域去找 MVP 项目。

在本文结尾，让我们来总结一下，并购交易中防止三年对赌期后暴雷，既要顾后，更要瞻前，要解决任何问题，都不能静态地只看现在或过去，要动态地放到场景中去看，越具体越深刻，与其卡在一个点上零和博弈，不如跳脱出来，尝试一下以上的五种方法——学徒法、平衡法、KKR 法、精准锁定法、模拟飞行法。

本文写于 2024 年 9 月 25 日，正值证监会发布《关于深化上市公司并购重组市场改革的意见》之时，A 股连续两天大幅度上涨，我们截取其中部分内容如下。

并购重组是支持经济转型升级、实现高质量发展的重要市场工具。新"国九条"对活跃并购重组市场做出重要部署。为进一步激发并购重组市场活力，证监会在广泛调研的基础上，研究制定了《关于深化上市公司并购重组市场改革的意见》，坚持市场化方向，更好发挥资本市场在企业并购重组中的主渠道作用。主要内容如下：

一是支持上市公司向新质生产力方向转型升级。证监会将积极支持上市公司围绕战略性新兴产业、未来产业等进行并购重组，包括开展基于转型升级等目标的跨行业并购、有助于补链强链和提升关键技术水平的未盈利资产收购，以及支持"两创"板块公司并购产业链上下游资产等，引导更多资源要素向新质生产力方向聚集。

二是鼓励上市公司加强产业整合。资本市场在支持新兴行业发展的同时，将继续助力传统行业通过重组合理提升产业集中度，提升资源配置效率。对于上市公司之间的整合需求，将通过完善限售期规定、大幅简化审核程序等方式予以支持。同时，通过锁定期"反向挂钩"等安排，鼓励私募投资基金积极参与并购重组。

三是进一步提高监管包容度。证监会将在尊重规则的同时，尊重市场规律、尊重经济规律、尊重创新规律，对重组估值、业绩承诺、同业竞争和关联交易等事项，进一步提高包容度，更好发挥市场优化资源配置的作用。

四是提升重组市场交易效率。证监会将支持上市公司根据交易安排，分期发行股份和可转债等支付工具、分期支付交易对价、分期配套融资，以提高交易灵活性和资金使用效率。同时，建立重组简易审核程序，对符合条件的上市公司重组，大幅简化审核流程、缩短审核时限、提高重组效率。

五是提升中介机构服务水平。活跃并购重组市场离不开中介机构的功能发挥。证监会将引导证券公司等机构提高服务能力，充分发挥交易撮合和专业服务作用，助力上市公司实施高质量并购重组。

六是依法加强监管。证监会将引导交易各方规范开展并购重组活动、严格履行信息披露等各项法定义务，打击各类违法违规行为，切实维护重组市场秩序，有力有效保护中小投资者合法权益。

为落实《关于深化上市公司并购重组市场改革的意见》，证监会和证券交易所修订《上市公司重大资产重组管理办法》等规则，同步公开征求意见。

其中第三点，提到尊重规则之外的"三个尊重"，即尊重市场规律、尊重经济规律、尊重创新规律，并对重组估值、业绩承诺进一步提高包容度。

对此，笔者深以为然，仿佛在冷清的二级市场的深秋，一丝回春暖意袭来。把本该交给市场的权利还给市场，用交易艺术而非监管权力去寻求交易双方包括中小股东的"利益平衡点"。

市场的声音必须被听到、必须被尊重，也必将被听到、必将被尊重。雷声轰鸣，此起彼伏，仿佛有一个遥远的声音在空中回荡与低吟：潮起潮落寻常事，笑看风云变幻间。

米度并购合伙人张维明先生简介

曾任Sonos（美资纳斯达克上市公司）大中华区副总裁、摩托罗拉北京创新研发中心产品总监、中国建设银行数据工程师，2020年12月加入米度并购，从跨行业视角助力米度客户，并为客户提供控制权交易的精品投行服务。

取得哈尔滨工业大学计算机科学与工程学士学位、对外经济贸易大学管理学硕士学位，现兼任对外经济贸易大学、中国农业大学、北京第二外国语学院、中国政法大学四所大学的 MBA 中心校外导师、人工智能产业联盟、智能家居产业联盟资深顾问及双创导师。

具备 20 多年跨行业（金融科技、通信、消费电子、投行）、跨专业（市场营销、生态合作、研发管理、投融资）、跨企业类型（大型央企、大型外企、成功创业企业）从业经验，具备丰富的跨领域认知能力、资源整合能力、多行业视角交叉验证能力，在科创、高端制造、互联网、智能家居领域有着丰富的人脉、深刻的行业洞察能力及优质并购标的发掘能力。

02

由纵到横：某制造业企业并购战略的上下半场

张维明

我们说，所谓战略到哪儿，组织就到哪儿，并购就应该到哪儿，也叫"战略吹哨，并购报到"。

而对于 A 股上市公司占比较高的制造业而言，关于企业战略和并购战略，有一个绕不开的话题，那就是每一个制造业企业的老板都有一个品牌梦，但是我们需要理性思考，制造业应该向下游突围进入品牌吗？品牌梦真的那么美好吗？或者换个说法：制造业企业到底是应该横向突围，通过并购扩展品类、消灭对手，实现产业升级，还是纵向突围，通过并购进入下游，实现品牌梦。

选择这两条路径，企业分别需要规避的风险与误区到底是什么？

我们在众多的并购案例中选择了一个比较有代表性的案例，一家制造业上市公司在 2023 年一年中操作了两起并购（投资）案例，涉及横向与纵向两种并购形式：A 公司于 2023 年 2 月纵向并购（投资），布局下一步控股口腔品牌 S 品牌的母公司 B 公司；2023 年 11 月横向并购，直接控股主营益生菌产品的 C 公司。这两个案例有以下五个亮点。

第一，A 股上市公司有 30% 的公司市值不超过 30 亿元，且流通股较少，交易清淡，融资能力较弱，此类公司往往是通过并购寻求突围的主力。A 公司即属于此类公司，净利润 1 亿元，堪称优秀，但市值只有 20

亿元，流通股较少，股权依然集中在早期创始人手中，利润良好，但二级市场反馈一般，所以有通过并购进行突围的动能。

第二，一年之内完成两次大规模股权投资或并购，虽然年初大比例投资 B 公司表面为少数股权投资，但距离控制权咫尺之遥，具备了进一步获取控制权实现上市公司并表的逻辑可行性。可以看出这家 20 亿元市值的上市公司的勇气和定力，更重要的是，两次投资一纵一横，决策者是如何考量的，值得思考与玩味。

第三，首次并购为少数股权并购，未来获得控制权的意图较为明显，这种并购路径的得与失，即交易技巧，也值得我们思考，尤其是并购背后的性价比计算逻辑，值得我们进行沙盘推演。

第四，这是制造业公司实现品牌梦想的经典案例，但为何上半年试图纵向获得品牌，下半年却转向横向扩品产业升级？这之中是否有战略矛盾？并购背后的逻辑是什么？复盘之后有哪些得失？这些都值得思考。

第五，并购 C 公司的过程，充分体现了上市公司的魄力与智慧，对于寻求少数股权投资的标的，主动抛出产业并购并助力其跨越式发展的橄榄枝，为创业公司与产业投资及并购方的融合发展提供了很好的样板，同时为当下的热门话题，即 VC/PE 如何在 IPO 遇阻的情况下退出，提供了一个较好的解决思路。

笔者认为，从这五个角度来看，该案例在过去十年的并购史上极具特点和价值，值得挖掘与深思。

一、案例情况介绍

1. 交易双方介绍

（1）主并购方 A 公司概况。

A 公司是一家专注于口腔护理产品的 ODM（原始设计制造商）。公司自成立以来，一直深耕于口腔护理领域，业务涵盖众多口腔护理产品，以及一次性卫生用品，如湿巾等。A 公司凭借其卓越的研发能力、严格的质量控制和高生产效率，赢得了众多国际知名品牌的信任与合作，是中国第一家上市的口腔护理公司。根据海关总署统计数据，2014—2016年，其牙刷产品连续三年位居中国牙刷产品出口量前五名。

尽管 A 公司在 ODM 领域有着丰富的经验和良好的市场表现，但其自主品牌的发展相对困难。为了扩大市场份额和品牌影响力，A 公司决定通过并购策略来实现转型升级。

其 2022 年第三季度季报显示，A 公司市盈率 29.08 倍，市净率 2.02倍；每股收益 0.43 元，每股净资产 11.13 元；营业总收入 7.559 亿元，营收同比增长 4.03%，与行业平均基本持平；归母净利润 4308 万元，净利润同比增长 6.52%；销售毛利率 22.46%，净率 5.70%；净资产收益率 3.91%，资产负债率 30.66%。

（2）第一次交易被并购方 B 公司概况。

B 公司是一家专注于口腔护理产品的品牌运营公司，旗下拥有多个知名口腔护理品牌，如成人口腔护理品牌和儿童口腔护理品牌等。B 公司自成立以来，一直致力于为消费者提供高品质、创新性的口腔护理产品，赢得了广大消费者的喜爱和信赖。

B 公司旗下的两个核心品牌"SK"和"SK 宝贝"是口腔护理知名品牌。在 2022 年全网口腔护理类 TOP20 品牌交易规模分析榜单中，SK 跻身 TOP5。

B 公司在品牌运营和市场营销方面有着丰富的经验和强大的实力，通过精准的市场定位、创新的营销策略和广泛的渠道布局，成功打造了多个市场热门品牌。同时，B 公司还注重产品研发和技术创新，不断推出符合消费者需求的新产品。

（3）第二次交易被并购方 C 公司概况。

C 公司是一家专注于微生物益生菌全产业链研发、生产和销售的高新技术企业，拥有益生菌应用工程技术中心；荣获了省级专精特新企业、市级瞪羚企业等荣誉称号；拥有 1 个研发中心、2 个生产基地；规划产能为年产益生菌原料菌粉 200 吨、益生菌制剂及相关产品 2000 吨，目前已落地产能为年产益生菌原料菌粉 40 吨、益生菌制剂及相关产品 400 吨；主持 13 项人体临床研究，拥有 36 项中国发明专利。C 公司具有较高的投资价值。

2. 交易基本情况

（1）交易一：A 公司收购 B 公司约 16.49% 股权，累计持股 32%，成为 S 品牌母公司第一大股东。

2023 年 2 月 2 日，A 公司发布公告，与 C 公司、D 公司签署了《关于 B 公司之股份转让协议》，拟以现金方式收购 B 公司共计 16.4967% 的股权，交易对价 4.71 亿元。

值得注意的第一点是，这并非 A 公司首次入股 B 公司。公开资料显示，早在 2021 年 A 公司便两次间接持有 B 公司股权。2021 年 1 月，A 公司出资 5500 万元，间接持有 B 公司的股份比例为 3.125%；2021 年 3 月，出资 2.5 亿元，间接持有 B 公司的股份比例合计 15.6683%。本次交易完成后，A 公司持有（含直接持有和间接持有）B 公司的股份比例为 32.165%。

根据公告，若此次收购完成，A 公司将成为 B 公司的第一大股东。

值得注意的第二点是，成立于 2014 年的 B 公司，2022 年 2 月开始了在港交所的上市之旅，但一直受阻。据 B 公司此前发布的招股书显示，2021 年、2022 年 1—9 月营业收入分别为 18.1 亿元、12.3 亿元，净利润分别为-4.46 亿元、1.07 亿元。目前该招股书已经处于失效状态。

对于此次收购股权的原因，A 公司表示，本次交易有利于聚焦 A 公司战略方向，进一步提升整个供应链的协同价值，更好地满足消费者的需求，也有助于 A 公司深入布局口腔护理业务的细分领域，不断丰富口腔护理与个人护理产品品类，拓展企业业务线。

一般来讲，上市公司对标的方少数股权投资，不受监管鼓励，在这种前提下 A 公司依然增持为第一大股东，有专业人士认为其目的是拿到控制权且并表，至少要实现权益法并表，提升利润。

（2）交易二：A 公司控股益生菌制造业厂商 C 公司，拉出第二增长曲线。

2023 年 11 月 23 日，A 公司发表《A 公司关于收购 C 公司部分股权及增资的公告》，公司与标的公司及其股东签署《股权转让及增资协议》，通过股权转让及增资方式，以 21256 万元的价格获得标的公司 52% 的股权。其中以 13815 万元收购原有股东持有的标的公司 46% 的股权，同时需要承担某原有股东尚未实缴的标的公司注册资本 1296 万元，并以现金 6144 万元（对应的股权比例为 5.94%）对标的公司进行增资。

该交易值得注意的地方有如下四点。

第一，跨界横向并购。在公告的风险提示部分有如下内容："益生菌属于新品类，该交易与 A 公司原有产品协同性不强。"因此从某种意义上讲，A 公司本次并购虽属横向并购，但为第二曲线模式，与交易一中的并购本质有一点相似，即向产业价值链条的高端移动，交易一为向品牌端移动，交易二为向国产替代及医美大健康方向进军。

第二，收购成本较高。标的公司估值 2.72 亿元，承诺未来三年年均净利润 2000 万元，2023 年净利润 900 万元，动态市盈率 13.6 倍，静态市盈率 35 倍，资产溢价率 586%，通过"股权转让+增资+补充资本金"三种方式，以 2.13 亿元获得 52% 股权，收购成本不低。这也体现了并购方对资产的认可，及迅速完成交易的决心。

第三，资金可能承压。A 公司 2.13 亿元的交易对价中 40% 来自自有资金，60% 来自并购贷款。由此计算，A 公司的贷款金额为 1.28 亿元。虽然 A 公司强调，此次交易付款周期从首次付款到末次付款时间跨度约 1 年半，不会产生流动性风险，但从资金上或依然存有压力。数据显示，截至 2023 年 9 月 30 日，A 公司账面货币资金 4.12 亿元，覆盖同期内的 4.28 亿元的短期借款有风险。但好在支付周期较长，变相摊薄支付成本及资金压力，这也是并购交易的主要交易技巧之一，说明上市公司团队并购技术成熟度较高。

第四，C 公司承诺的净利润年均复合增长率，远高于同行业企业。以科拓生物、蔚蓝生物、汤臣倍健为例，据研报预测，前述几家企业 2023—2025 年的净利润年均复合增长率分别为 31.32%、32.02%、18.69%。C 公司承诺的 50.93% 的复合增长率远高于同行业企业，也远高于 C 公司历史复合增长率。关于这点我们猜测，不排除是对于前两年，尤其是第一年利润承诺进行了保守预估，这种交易设计方式可以保护主并购方、被并购方以及中小股东三方面的利益，再次证明上市公司并购团队技术较为娴熟。

二、并购案例分析

1. 交易一

A 公司是 B 公司的上游制造企业，B 公司旗下 S 品牌是其主要客户，这是一个典型的上游通过并购进入下游品牌的案例。

（1）并购动机。

A 公司选择并购 SK 品牌母公司 B 公司的原因主要有以下两点。

第一，B 公司旗下拥有多个知名口腔护理品牌，这些品牌在市场上具有较高的知名度和美誉度，能够帮助 A 公司快速扩大市场份额。

第二，B 公司在品牌运营和市场营销方面有着丰富的经验和实力，这可以为 A 公司提供有力的支持，帮助其提升自主品牌的运营能力和市场竞争力。

（2）并购策略。

在并购过程中，A 公司采用了分步走的策略。A 公司先通过股权基金间接持有 B 公司约 15.7% 的股权，成为其第二大股东。A 公司再宣布拟以 4.71 亿元的价格收购 B 公司约 16.5% 的股权，使其持有的 B 公司股权比例达到 32.2%，成为其第一大股东。这种分步走的策略有助于 A 公司逐步实现对 B 公司的控制，同时也为 B 公司的股东提供了更多的选择权。

（3）影响分析。

A 公司并购 B 公司的意义在于：首先，通过并购 B 公司，A 公司可以快速获得多个知名口腔护理品牌，进一步扩大其在口腔护理领域的市场份额和品牌影响力。其次，B 公司在品牌运营和市场营销方面的经验和实力可以为 A 公司提供有力的支持，帮助其提升自主品牌的运营能力和市场竞争力。最后，通过并购 B 公司，A 公司可以进一步拓展其业务领域，实现从 ODM 制造商向品牌商的转型升级。

然而，A 公司并购 B 公司也面临着挑战和风险。首先，A 公司需要在并购后整合 B 公司的业务和资源，实现双方的优势互补和协同发展。这需要 A 公司具备强大的整合能力和管理能力。其次，A 公司需要在保持 B 公司品牌独立性和自主性的同时，实现对其的有效控制和管理。这需要 A 公司在品牌运营和管理方面具备丰富的经验和实力。最后，A 公司还需要应对市场竞争和消费者需求的变化，不断提升产品和服务的质量和水平，以保持其在口腔护理领域的领先地位。

（4）总结。

A 公司并购 B 公司是一项具有战略意义的举措，有助于 A 公司扩大市场份额、提升品牌影响力、实现转型升级。然而，并购过程中也面临着一些挑战和风险，A 公司需要具备强大的整合能力和管理能力来应对。

2. 交易二

A 公司作为一家上市公司，拥有充裕的资金和丰富的产业资源。然而，随着市场竞争的加剧，公司需要寻找新的增长点。C 公司作为一家专注于益生菌制造的企业，拥有独特的技术和品牌影响力，但面临着资金压力和市场拓展的困难。因此，A公司看到了控股C公司的商机，希望通过并购实现双方的共赢。

（1）并购动机。

A公司方面：A公司希望通过并购C公司，进一步拓展其在健康产业领域的布局。此外，C公司的益生菌技术在市场上具有一定的竞争优势，有助于A公司提升产品品质和品牌形象。

C公司方面：C公司面临着资金压力和市场拓展的困难，接受A公司的控股可以为其提供资金支持，并借助A公司的品牌和市场资源实现快速发展。

（2）并购策略。

第一，A公司在并购过程中注重与C公司的沟通和协作，确保并购的顺利进行。

第二，A公司在并购后保留了C公司的核心团队和自主品牌，以保持其独立性和竞争力。

第三，A公司为C公司提供了资金支持和市场资源，帮助其实现快速发展。

（3）影响分析。

对A公司的影响：通过并购C公司，A公司成功拓展了健康产业领域，提升了产品品质和品牌形象。同时，C公司的益生菌技术有助于A公司开发新的产品线，满足消费者多样化的需求。此外，最重要的是，A公司的估值逻辑会跳出原本的"低端制造业代工"，打上国产自主替代及生物科技的标签，二级市场必然会有所反应。

对C公司的影响：接受A公司的控股为C公司提供了资金支持和市场资源，帮助其解决资金压力和市场拓展的困难。同时，C公司可以借助A公司的品牌影响力提升市场地位，实现快速发展。

（4）总结。

A公司与C公司的联姻案例展示了企业间并购的潜在价值和战略意义。通过并购，双方实现了资源共享、优势互补和协同发展。然而，并购过程中也需要注意保持双方的核心竞争力和独立性，以实现长期的共赢。

对于其他企业而言，A公司与C公司的联姻案例具有一定的借鉴意义。在寻求并购机会时，企业应充分评估自身的战略需求和目标，寻找具有互补优势和协同效应的合作伙伴。同时，在并购过程中要注重沟通和协作，确保并购的顺利进行并实现双方的共赢。

三、价值特色分析

我们之所以把这两个案例合并在一起思考，有两个原因：其一，横向或纵向并购一直是企业家犹豫不决的问题，A公司先纵后横的两次并购是巧合还是实操之后的战略修正结果值得深思；其二，我们把这两个案例串在一起看，或许可以找到并购与企业价值变动的关系，从而找到一些规律和价值点。

企业的并购式发展充满了灵动与多样性，甚至少许的矛盾性。

1. 横在企业家面前的三个问题

（1）问题一：到底是追求绿地协同的经济性，还是并购协同的效率性？

绿地协同，指利用自身资源孵化新业务，按波士顿矩阵的说法，即由明星产品长成现金奶牛，或者按混沌李善友的说法，就是拉出第二曲线。而这里的问题是，互联网时代，信息被迅速拉平之后，留给绿地孵化的机会越来越少，资本会涌向每一个新品类的价值洼地与沟壑，同时裹挟着各种"系"的内外部整合资源，于是绿地孵化时间窗口变窄，协同性严重降低。

而绿地孵化项目的市场成熟度又是个软肋，导致原有的绿地孵化的经济性也逐渐丧失，于是企业家转念一想：何不尝试并购式协同，从市场上直接并购经过市场淘汰机制检验的接近成熟的项目？表面上资金效率低了，但成功率高了，整体效率未必低。A 公司显然是经过思考，并且由于某些绿地孵化的效率背离，意识到了并购协同的价值和意义，虽有犹豫，但还是走向了并购协同。

（2）问题二：并购必讲协同，但应该是横向并购协同，还是上下游并购协同？

横向并购协同貌似更安全，企业更容易融入与承接，但对于制造业企业而言，沿着产业链向价值链上游攀爬是每个企业家的梦想或者说是隐性需求，意思就是，每个制造业企业家都有个品牌梦，尤其是消费电子行业，向下游走更容易扩大营收，向下游走才能建立品牌，向下游走才能走向价值链的高端。

是做耐克，还是只生产耐克鞋，答案不言自明。

（3）问题三：制造业向产业链下游移动，但对品牌并购中的陷阱是否考虑充分？

陷阱一：有品牌不等于有品牌溢价。

举个例子，小米是品牌，但品牌溢价较低，SU7 标准款定价 21.58 万元，略高于无品牌力的哪吒或极克的定价，它虽有优势，但价格稍微抬高，优势便荡然无存。所以制造业企业做品牌前要想好，要做哪类品牌，要做苹果而不是小米才更有意义。正面的案例就是安踏，收购了一批全球高端品牌，与安踏原有品牌形成品牌矩阵，无形中抬高了安踏品牌的同时，也抬高了品牌溢价，所以没有溢价能力的品牌是伪品牌。

A 公司上半年并购案例收购 S 品牌，单从财务角度是个优秀的案例，但问题是 S 品牌的品牌力及品牌溢价如何？快消品的品牌力和品牌溢价本身就比消费电子领域要弱，比如，消费者买手机要比买口腔护理产品更在乎品牌，而且快消品的品牌力很大程度上是被渠道能力支撑或代表的，有些时候大家会混淆快消品的品牌力与渠道能力，误把渠道能力当成品牌力。当被并购标的品牌力一般时，问题就来了：主并购方是否值得为低溢价品牌付出商誉对价？若S品牌的品牌力是由渠道能力支撑的，那么是应该收购这个品牌及企业整体资产，还是应该在市场上猎取渠道能力的高手？就这个问题我们曾经和A公司的团队进行过探讨，我们甚至一度认为，快消品的品牌力大多不强，或者说溢价能力较弱，与其并购品牌，不如找到品牌或渠道高手，重塑A公司自有品牌。S品牌的良好业绩未必是其品牌力所致，很可能是得益于其强大的渠道能力。就此问题，虽有不同认知，但我们更相信A公司管理团队的战略能力，不必多言。

陷阱二：进入下游，意味着此前的重要客户会变成竞争对手。

鱼和熊掌不能兼得，"既要又要"悖论再一次在企业发展的某个拐角处咆哮，对此，企业管理者不能假装看不见。所谓"选择性偏差悖论"也会埋伏在路的两旁，突然杀将出来，警告管理者："选择什么就相信什么"会将企业植入风险之中。为了规避它，管理者要迅速确立主攻方向，要算清品牌带来的增值部分能否覆盖失去原有客户的减值部分，甚至要壮士断腕，决绝地从制造业的此岸纵情一跃到达品牌的彼岸，而且要清醒地意识到，完成这一跃的不只是管理者自己，要思考企业的团队文化、人才组成及人才密度，是否能完成从制造基因到品牌基因的转化，若涉及并购品牌，要考虑能否给予品牌团队足够权限与地位，融入核心实控团队，共同推动企业品牌化发展。

如果企业的基因依然是传统制造业企业，品牌无法生长，并购品牌收获的果实也会迅速凋亡。对于A公司而言，并购S品牌最大的挑战是如何将团队调整为品牌导向团队。我认为很难在兼顾品牌的同时做好制造业，二者的基因完全不同，更何况存在左右手互搏的问题。苹果若是自己有工厂，是无法接受三星的订单的，所以当代的品牌，走代工模式也是企业文化的选择。A 公司转换角色需要巨大的投入和决心，对于 A 公司的能力我们虽不怀疑，但这一点仍值得企业重视。

陷阱三：有品牌不等于有品牌矩阵，后者才能形成品牌壁垒。

多品牌构建矩阵最大的价值在于提高品牌保护和供应链效率。前者的价值在于，矩阵中某一单一品牌出现问题，不至于殃及全部，即所谓品牌隔离。后者的价值在于，低端品牌走量，做渗透战略，同时拉低供应链成本，如此前的华为荣耀；而高端品牌拉高调性，做撇脂战略，如华为的 Mate 系列和 P 系列。在 A 公司并购 S 品牌的案例中，目前看品牌矩阵组合的效应尚不明显，S 品牌和 A 公司双品牌如何运营依然是外界关心的问题，相信管理团队已有计划。

2. 风险考量

这两个案例中，有几个风险需要考量。

（1）如何处置 B 公司创始团队剩余股权才能避免双输？

B 公司实控人剩余股权为 36%~42%，由于是弱溢价品牌，我们假设 A 公司尚需要依赖创始团队保证业务持续稳定发展，创始团队股权需要流动性退出机制，理论上 PE 不应少于此前投资人退出的交易估值，即 24 倍，但这会极大地增加 A 公司的收购成本。原本 A 公司或许认为理论上只需要再投入 4 亿~5 亿元就可以控股，但考虑到以上因素，即对创始团队的激励，实际需要的资金量可能在 12 亿元（4 亿元+8 亿元）左右，逻辑上等于 A 并 A 的成本，成本较高。反之，若只以少量资金强拿控制权，对于同质性业务尚可，接得住，但对于 A 公司并不熟悉的品牌业务，会使创始团队不满，甚至离心离德，留出较大的风险敞口。

如何摊薄交易成本成为一个巨大的问题。本次交易过后，A 公司成为 B 公司第一大股东，距离获取最终控制权仅一步之遥，交易成本约为：0.55+2.50+4.71＝7.76 亿元，占股 32.2%，估值 24 亿元，PE24 倍，交易成本已经不低。即便是未来在北交所上市或在港交所上市，考虑到这两个市场的低市盈率水平，投入产出比是个问题，而在 A 股上市又遥遥无期。

（2）B 公司及 C 公司未来股权市场化出路何在？

对于 B 公司而言，并入上市公司，可抬高 A 公司整体 PE 倍数。假设 PE 倍数提升 20%~40%，由 20 倍最多提升至 28 倍，价值 4 亿~8 亿元，覆盖并购成本约 8 亿元（0.55+2.50+4.71 = 7.76 亿元），股比为 32%，估值 24 亿元。但这个路径的前提是加大品牌业务及收购 C 公司业务的占比，持续凸显增长能力与潜力，否则二级市场会面临定价模糊陷阱，不知按何种赛道、行业进行定价，这也是很多多元化公司虽实现了高利润、高增长，但没带来高估值的原因。如果公司主营赛道标签不明显或主赛道增长不明显，基金经理不敢下场，将导致没有流动性，形成融资困难的恶性循环。好在从并购后 A 公司的股价走势来看，二级市场看好这两次交易。

此前，B 公司寻求 A 股创业板上市受阻，但快消类品牌不受监管优先考虑也在情理之中；寻求港股上市受阻，虽说依然有机会，但港股 PE 较低，恐怕难以满足后进入投资人预期，不过总好过颗粒无收；在北交所上市与港股上市类似，PE 过低，单独上市无法收回收购成本。

对于 C 公司而言，我们假设标的方具备资金敏感性，且产业资金进入后会迅速放大并购标的产能及营收水平，未来剩余股权有以下三种安排策略：

一是标的公司未来可以以更高的利润及 PE 倍数卖出全部或部分剩余股权，实现交易双方双赢。

二是标的公司长期持有全部或部分剩余股权，但并购阶段需要加入强制分红及经营权保障条款。

三是未来若标的公司高速发展，可以寻求北交所拆分上市，该通道相比于其他板块拆分上市，门槛更低。

（3）两次交易后的市场反应如何？

从图1中可以看出，剔除A股整体波动，我们认为，两次并购对市值的管理都起到非常积极的作用，同时也为企业未来发展带来了更多可能性，即品牌加产品的第二增长曲线已经就位。我们真心为上市公司管理团队感到高兴。

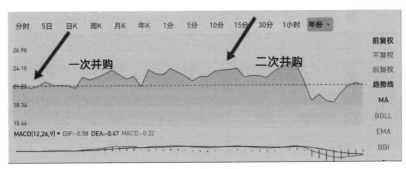

图1　两次并购交易市值变化

四、总结提炼

呼应开篇所讲的"战略吹哨，并购报到"，一家优秀的外延式发展企业，应该以企业发展战略为先，并购战略跟随，要做到"战略指哪儿，并购打哪儿"。

我们在本文中所分析的案例，虽有交易设计及执行方面的小瑕疵，但上市公司管理团队的战略主张清晰而且坚定，值得称道。

反观A股并购市场，在并购实操过程中我们很遗憾地经常发现"并购打哪儿，战略指哪儿"的问题，也就是说并购之前要么战略缺失，要么战略模糊或战略摇摆，上市公司遇到所谓"好标的"，就会忘记战略初心，导致并购执行阶段风险倍增。我们说，有质量略差的战略定力，也好过没有战略定力。尤其是处于成熟期的企业，团队早期所具备的先天优势，即"创业荷尔蒙"已经严重不足，<u>在企业执行力与创新力双下降的情况下，缺乏战略定力必然会导致体力不支，迷失于风月、烟花、杨柳与迷雾之间，最终跌落。</u>

基于此，我们祝福企业家们，保持开放心态，坚持战略定力，借助并购工具，保持创新激情，实现基业长青。

03

破局求新：国资并购的悖论与创新之路

张维明

在并购的复杂棋局中，国有企业（国资）的并购行为往往因其独特的身份和使命而面临一系列悖论和挑战。这些挑战不仅来自外部市场的竞争压力，也源自国资体系内部的决策机制和正确性的要求。本文将讨论国资并购的主要局限性，以及如何通过创新思维来克服这些局限。

一、局限之一：决策链条过长

这一点我的一位朋友也提到过，她创造性地给这个问题起了个名字——"不知己"，相对于知己知彼。这里的"不知己"，不是不想知己，而是不能。因为决策链条过长，链条上的每一个人的想法很难统一，而且一直在变化，很难达成共识。并购是个复杂的多方博弈过程，涉及买方、卖方、买方服务机构、卖方服务机构、监管机构。这些主体达成共识本身就很困难，需要高频决策和高频沟通，但国资并购超长的决策链条难以适应这种节奏，更不用说还会出现种种突发情况，例如，签约前关键决策人调离岗位，新决策者重启或搁置谈判，所有前期的努力和马拉松式的沟通皆不作数，需要重新来过。

二、局限之二：守约成本较低

由于决策链条长，大家共担决策风险，如果项目被否，决策链条上的个人不会觉得是自己一个人的责任，所产生的亏欠感相对于市场化并购小很多。即便在决策链条较短的情况下，也可将违反约定的行为更多地归咎于职位的职责，而非个人诚信问题。

三、局限之三：政治正确陷阱

国资并购首先要保证的是避免被扣上"国有资产流失"的帽子，比如，国资在收购过程中多半会要求大股东长期保留少部分股份，避免大股东全部套现离场；会要求进行适当比例增资，而非全部转老股，从而确保部分投资款在被并购标的体内。这两种处理方式都会导致被并购方的利益受损，再加上国资对于估值模型有"正确性"的要求，无法通过估值平衡来弥补前两项带来的标的方的损失，导致"既要又要还要"问题的发生，最终交易往往是开始热闹，中间降温，最后草草收场，不欢而散。

四、局限性之四：承接困难

国资并购由于缺乏市场化管理团队，多会要求标的方创始团队长期绑定。正是因为这个局限性，某些国资并购过程中会出现一个"潜规则"，就是对创始人有年龄要求，希望创始人年富力强，通过并购使系统外的创业者成为系统内的职业经理人。但这种并购方式仅适合业绩一般、苦苦支撑，需要国资加持的创业者。这些创业者在谈判中议价能力一般，相对弱势，再加上被锁定了占比较高的股权，剩余股权得不到二阶段的承诺，因此被并购后套现有限，大概率会愿意承担国企职业经理人的角色，甚至有些创业者希望通过国资并购进到"系统内"，变现目标和上岸都暂且不提。

面对这些挑战，我们提出了一种创新的解决方案："寻找中青年创始人+产业赋能潜在增量=二次创业或分拆上市"。这些创始人通常具有强烈的创业精神和成长潜力，他们不满足于现状，总是寻求新的挑战和机遇。借助上市公司的资源和平台，我们可以助力这些年轻的创始人实现更快速的发展，甚至实现二次创业或未来的拆分上市。

这些年轻的创始人在《不拘一格》中被哈斯廷斯描述为第五级创业者，他们不会轻易停留在任何一个山花烂漫的山坡，他们与生俱来的使命就是征服一座又一座山峰。他们具有自我驱动、自我激励、自我成长和自我实现的特点。他们享受征服和创业带来的快乐，而不是仅仅追求财富自由。对于这些创业者，上市公司的角色从单纯的并购者转变为赋能者和合作伙伴。

这种策略不仅为创业者提供了更广阔的舞台，也为上市公司带来了新的增长点。这是一种双赢的策略，上市公司不需要与第五级创业者进行对赌，因为他们的目标永远在更远处。面对业绩承诺条款，他们总是遥遥领先。

通过这种创新的并购策略，国有企业不仅可以克服自身的局限性，还可以在并购市场中发挥更大的作用，实现高效、创新的并购行为。这不仅是对国资并购的一种反思，也是对未来并购趋势的一种探索。

04

博弈之道：股市，"赌市"乎？上市公司 并购交易中的"赌字诀"

李 敏

曾几何时，"对赌"还仅仅是私募股权投资中的舶来品，没想到在上市公司并购交易这样的特定场景中，"赌"竟然成为交易达成、监管认可、市场买单的重要利器。几乎可以说，中国资本市场发育出全球最强的对赌规则体系。对赌安排作为一种估值调整机制，解决了交易双方对于未来不确定性的分歧。"你敢赌，我就敢信。"本文试图庖丁解牛，结合相关案例的细节，把这个交易中无法回避的话题讲透，以期提供并购交易中弥合双方差异、推进交易落地的新思路和新方案。

一、何种情况下需要"赌"

1. 规则体系

《上市公司重大资产重组管理办法》（2019年10月）第三十五条规定，采取收益现值法、假设开发法等基于未来收益预期的方法对拟购买资产进行评估或者估值并作为定价参考依据的，上市公司应当在重大资产重组实施完毕后3年内的年度报告中单独披露相关资产的实际盈利数与利润预测数的差异情况，并由会计师事务所对此出具专项审核意见；交易对方应当与上市公司就相关资产实际盈利数不足利润预测数的情况签订明确可行的补偿协议。预计本次重大资产重组将摊薄上市公司当年每股收益的，上市公司应当提出填补每股收益的具体措施，并将相关议案提交董事会和股东大会进行表决。负责落实该等具体措施的相关责任主体应当公开承诺，保证切实履行其义务和责任。

《上市公司监管法律法规常见问题与解答修订汇编》（2015 年 9 月）提出，交易对方为上市公司控股股东、实际控制人或者其控制的关联人，应当以其获得的股份和现金进行业绩补偿。如构成借壳上市的，应当以拟购买资产的价格进行业绩补偿的计算，且股份补偿不低于本次交易发行股份数量的 90%。业绩补偿应先以股份补偿，不足部分以现金补偿。

《关于并购重组业绩补偿相关问题与解答》（2016 年 1 月）提出：交易对方为上市公司的控股股东、实际控制人或者其控制的关联人，在交易定价采用资产基础法估值结果的情况下，如果资产基础法中对于一项或几项资产采用了基于未来收益预期的方法，上市公司的控股股东、实际控制人或者其控制的关联人也应就此部分进行业绩补偿。

《关于上市公司业绩补偿承诺的相关问题与解答》（2016 年 6 月）提出，上市公司重大资产重组中，重组方的业绩补偿承诺是基于其与上市公司签订的业绩补偿协议做出的，该承诺是重组方案的重要组成部分，因此，重组方应当严格按照业绩补偿协议履行承诺。重组方不得适用《上市公司监管指引第 4 号——上市公司实际控制人、股东、关联方、收购人以及上市公司承诺及履行》第五条的规定，变更其做出的业绩补偿承诺。

《关于深化上市公司并购重组市场改革的意见》（简称"并购六条"，2024 年 9 月）提出，上市公司向第三方购买资产的，交易双方可以自主协商是否设置承诺安排。

一般来讲，收购少数股东权益的案例中，交易对方一般不做承诺，主要因为其对标的公司无控制权或者经营的重大影响力，逻辑上没有能力承诺标的公司的业绩。但是，收购少数股权的案例中有一类会要求做出业绩承诺，比如收购大股东持有的部分少数股东权益，如涉及未来收益法估值，根据《上市公司重大资产重组管理办法》需要做出业绩承诺。

2. 需要探讨的问题

从以上规则中可以看出，对赌并非法定要求，以下情形并无刚性的对赌要求。

一是采用资产基础法进行估值的；二是收购少数股权的；三是基于收益法估值，向控股股东、实际控制人或者其控制的关联人之外的特定对象购买资产的；四是上市公司向关联方购买、出售资产，但未构成重大资产重组的。

应该说，在很多海外并购案例中，不对赌是常态，比如2024年9月19日，南微医学（688029）以3672万欧元（约人民币2.9亿元）购买英国的内镜耗材渠道商Creo Medical S. L. U. 51%股权，未做业绩对赌。

二、"赌"什么

1. 规则体系

《上市公司重大资产重组管理办法》第三十五条规定，交易对方应当与上市公司就相关资产实际盈利数不足利润预测数的情况签订明确可行的补偿协议。

规则体系中只有对利润做出对赌的相关规定，而实操中业绩对赌的内容不仅包括净利润，还会对营业收入、现金流、应收账款、客户、主营业务等指标做出承诺。

2. 需要探讨的问题

（1）净利润的调整。

业绩承诺中对影响净利润数的事项需要进行扣除，主要为非经常性损益和募投项目对净利润的影响。其中股权激励成本属于非经常性损益事项，由于金额较大，也会对上市公司利润产生较大影响。

案例一：军信股份（301109）收购仁和环境63%股权。

2024年8月5日，军信股份（301109）通过发股及现金（85%股票+15%现金）的方式收购仁和环境63%股权[①]获证监会同意注册批复，是新"国九条"出台后深交所首单获证监会注册批文的并购项目。

这个案例中，标的企业的业绩承诺中对影响净利润数的事项进行了剔除。扣除非经常性损益，其他净利润剔除相关影响的具体内容及合理性如表1所示。

表1　　　　　净利润剔除相关影响的具体内容及合理性

剔除的具体内容	合理性
标的公司因上市公司实施的股权激励导致的股份支付	收益法评估的业绩预测未考虑潜在股份支付影响；上市公司实施股权激励为上市公司整体发展考虑，由上市公司进行决策并实施，但在会计处理时，如标的公司员工参与股权激励，标的公司应计提相应的股份支付，进而影响标的公司的业绩，扣除具有合理性
本次交割完成后，标的公司新增投资项目所产生的损益。上述新增投资项目指除标的公司已投产项目（纳入本次交易评估范围的）外的新增投资项目及已投产项目扩大产能的投资项目	收益法评估的业绩预测是按照标的公司截至2022年12月31日已有项目相关业务进行预测的，不包含新增投资项目，因此，扣除新增投资项目所产生的损益具有合理性

一般情况下，估值是不会包括募集资金项目带来的预期收益的，当

---

① 资料来源：《湖南军信环保股份有限公司发行股份及支付现金购买资产并募集配套资金暨关联交易报告书（草案）》。

然新建项目前期存在建设期和达产期，可能早期还会存在亏损的情况。因此大部分案例约定，募集资金项目独立核算，不计入实际利润的测算，同时因使用募集资金为标的公司节约财务费用，募集资金的利息需要在实际利润中扣除。

案例二：星湖科技（600866）收购久凌制药。

2018 年，星湖科技收购久凌制药案例中，约定了在计算承诺期实际实现的净利润时，应扣除标的公司于交易完成后实际使用上市公司本次交易募集配套资金提供的资金支持的资金成本，该资金成本为实际到账之日起至业绩补偿期间期末按照资金到账之日中国人民银行公布的三年期贷款基准利率计算的利息，各期实际净利润应按该期所使用上述资金的实际时间当期对资金成本进行扣减。

案例三：节能环境（300140）收购中国环保的资产。

2023 年 4 月，节能环境（300140）发行股份收购其母公司中国环保的资产，其业绩承诺中，基于收益法预测的净利润剔除了预计影响净利润的项目（包含利息支出、计提预计负债项目），即"业绩承诺净利润金额＝业绩承诺资产归母息前税后利润（评估预测）－（业绩承诺资产税后利息+业绩承诺资产预计负债税后影响）"。

交易方案中明确指出，所做出的业绩承诺及未来计算利润实现情况时均不含业绩承诺资产利息费用及计提的预计负债金额。

（2）其他常见对赌指标。

除了净利润，业绩对赌中常见的对赌还有营业收入、现金流、应收账款、客户、主营业务、净利润率等指标。

案例一：华铭智能（300462）收购国政通 90% 股权。

2018 年，华铭智能以发行股份及支付现金的方式购买国政通 90% 股权，交易对价为 16.65 亿元。除了承诺净利润，国政通还对应收账款账面价值收回做出了承诺。

如国政通在 2021 年 12 月 31 日对其截至 2019 年 12 月 31 日经审计的应收账款账面价值无法完全收回，则业绩承诺方应就届时未能收回的差额部分向上市公司支付保证金用以担保后续应收账款收回不足对应的补偿责任。

在后续的一年内（2022 年全年），如收回该等应收账款，则在收回范围内退还保证金。在 2022 年年末未收回的，则保证金作为补偿金。

案例二：钢研高纳（300034）购买青岛新力通 65% 股权。

2017 年 11 月，钢研高纳并购青岛新力通案例中，交易对方除了承诺三年的净利润，还承诺了经营性现金流净额，即业绩承诺期内目标公司累计经营性现金流净额不低于业绩承诺期间实际完成净利润之和的 60%。

案例三：华谊嘉信（现福石控股，300071）收购迪思传媒 100% 股权。

交易对方承诺的业绩目标除具体金额，还包括年均复合利润增长率不低于 15% 的指标，以及如下指标。

第一，应收账款指标。

承诺期内，各期应收账款周转率不低于 1.5 次/年，各期应收账款回款率不低于 40%，坏账率不高于 2%。承诺期届满且全部股份解除锁定前的应收账款回收率不低于 85%。

第二，客户指标。

承诺期内，各期发生业务往来数量的客户不少于 30 家；各期第一大最终客户毛利占总毛利比重分别不高于 50%，各期前三大最终客户毛利占总毛利比重分别不高于 70%；各期直接客户贡献的毛利占总毛利比重不低于 50%。直接客户是指直接与迪思传媒及其子公司签约的最终服务接收方或其关联方。

第三，主营业务指标。

承诺期内，各期主营业务毛利的 80% 应来源于公共关系、数字营销、活动、展览、广告、媒体投放业务。

第四，净利润率指标。

承诺期内，各期净利润率不低于 5%。

上述各项承诺业绩指标的实际实现数均不考虑股份支付费用的影响；除净利润指标外，其他财务管理指标可在协商一致的基础上进行适当调整。

（3）差异化业绩承诺。

案例：昊华科技（600378）收购中化蓝天 100% 股权。

2024 年 8 月，昊华科技以 72.44 亿元购买中化蓝天 100% 股权，本次交易构成重大资产重组。

根据重组方案，依照标的资产类别，设置了有针对性的差异化业绩承诺方案。其中，对于采用收益法定价的控股公司和合营公司，业绩承诺以净利润为口径；对于采用资产基础法定价的控股公司中，以收益法定价的无形资产，业绩承诺以分成收入为口径。

此外，方案还增加了合并口径盈利预测对赌方案，2024—2026 年，中化蓝天合并口径净利润之和不低于 13.89 亿元[①]，总利润有了一定的保障，有效保护了中小股东利益。

同时，净利润的计算剔除了募投项目对标的净利润的影响。计算净利润时，如存在募投项目，扣除使用募集配套资金按照一年期银行贷款利率计算对标的公司净利润影响的金额。

三、"输"什么

"愿赌服输"，有赌就有罚。赌输了，就要有补偿承诺，补偿的保障就是换取股票的锁定期。

---

① 资料来源：《昊华化工科技集团股份有限公司第八届董事会第十六次会议决议公告》。

1. 锁定期

锁定期为交易对方在发股上市后设定的可解锁期限，一般分阶段按业绩承诺完成情况的比例解锁。

（1）规则体系。

《上市公司重大资产重组管理办法》第四十六条规定，特定对象以资产认购而取得的上市公司股份，自股份发行结束之日起 12 个月内不得转让；属于下列情形之一的，36 个月内不得转让：①特定对象为上市公司控股股东、实际控制人或者其控制的关联人；②特定对象通过认购本次发行的股份取得上市公司的实际控制权；③特定对象取得本次发行的股份时，对其用于认购股份的资产持续拥有权益的时间不足 12 个月。

（2）需要探讨的问题。

就锁定期，交易各方可以根据业绩承诺的完成确定性等因素进行差异化约定，比如，上述军信股份收购仁和环境案例中设置了不同的锁定期。3 名交易对方在发股上市后锁定期为 12 个月，其他 16 名交易对方在发股上市后锁定期为 24 个月。

可解锁条件也根据实际情况做了差异化的约定，因为做了五年的业绩承诺，所以规定三年累计承诺业绩完成后，解锁认购股份的 30%；四年累计承诺业绩完成后，解锁认购股份的 60%；五年累计承诺业绩完成后，解锁认购股份的 100%。

2. 补偿承诺

《上市公司重大资产重组管理办法》已经明确要求，采取收益现值法、假设开发法等基于未来收益预期的方法对拟购买资产进行评估或者估值并作为定价参考依据的，交易对方应当与上市公司就相关资产实际盈利数不足利润预测数的情况签订明确可行的补偿协议。

（1）业绩补偿规则体系。

《关于并购重组业绩补偿相关问题与解答》提出，交易对方为上市公司控股股东、实际控制人或者其控制的关联人，无论标的资产是否为其所有或控制，也无论其参与此次交易是否基于过桥等暂时性安排，上市公司的控股股东、实际控制人或者其控制的关联人均应以其获得的股份和现金进行业绩补偿。

如果资产基础法中对于一项或几项资产采用了基于未来收益预期的方法，上市公司的控股股东、实际控制人或者其控制的关联人也应就此部分进行业绩补偿。

（2）业绩补偿的类型。

虽然业绩补偿都是对赌未来三年实现的净利润，但是交易方案的细节安排不同，也暗藏玄机，<u>通常有打包结算型、逐年结算型、容错型和精确型方案</u>。

第一，累计补偿（打包结算型）。累计补偿是指对标的资产在业绩承诺期内累计实现的业绩与累计承诺业绩的差异进行补偿。

上述军信股份收购仁和环境的案例就属于打包结算型：其承诺2023—2027年净利润合计不低于22亿元，若累计低于22亿元则需要对上市公司进行补偿。应补偿股份数=［本次交易最终交易作价×（1-累计实际净利润数/累计净利润承诺数）］/本次发行价格。股票不足以补偿的另需现金补偿：需现金补偿金额=（应补偿股份数量-已补偿股份数量）×本次发行价格。

案例：索通发展（603612）收购欣源股份。

2023年，索通发展通过发股和支付现金收购欣源股份约94.98%股权。约定欣源股份在业绩承诺期内净利润累计不低于6亿元[1]。如果累计实际实现净利润数总数未达到约定值，则需要进行补偿。

实际上，就在交易的当年，即2023年，标的公司实际实现净利润与

---

[1] 资料来源：《索通发展股份有限公司关于发行股份及支付现金购买资产并募集配套资金暨关联交易之业绩补偿方案暨回购注销对应补偿股份的公告》。

所承诺数相差过大。因未来有较大可能触发利润补偿义务，上市公司此次并购的业绩补偿提前启动。公司以1元的总价回购并注销交易对方本次交易所取得的股份共计0.43亿股。在承诺期满后，仍需要计算补偿金额，若最终补偿金额大于7.38亿元，差额部分仍需要进行现金补偿。

第二，分期补偿（逐年结算型）。分期补偿即每年对是否达成业绩进行测算，测算后即进行补偿。

案例：京城股份（600860）收购北洋天青80%股权。

2022年，京城股份通过发行股份及支付现金购买北洋天青80%股权。交易方案就是逐年计算业绩承诺完成情况，并落实补偿事宜。

第三，容错补偿。通常情况下，容错补偿允许在一定范围内，当被并购方未能完全达到预先设定的业绩目标或出现特殊情况时，并购方给予一定程度的宽容，而不是严格按照传统的业绩补偿方式进行全额补偿。这种机制旨在平衡并购交易中的风险和不确定性，也考虑到一些不可预见的外部因素或特殊情况可能对被并购方的业绩表现产生的影响。

案例：新乳业（002946）收购重庆瀚虹。

2021年1月，新乳业以2.31亿元收购重庆瀚虹60%股权，并签订投资对赌协议，对赌期限为2021年3月1日至2024年2月29日。

对赌期内，重庆瀚虹净利润应分别不低于3850万元、4235万元、4658万元，三年累计净利润不低于1.3亿元[1]。若重庆瀚虹经审计的业绩累计净利润小于1.3亿元但大于1.05亿元（为承诺总利润的81%），则对赌方应以现金方式向重庆瀚虹补足业绩差额，但补偿总额不超过2243万元（即只补充未完成的利润）；若重庆瀚虹承诺期内累计净利润小于1.05亿元，则对赌方应以现金方式向新乳业支付估值差额补偿。

截至2024年2月29日承诺期结束，重庆瀚虹三年合计亏损952万

① 资料来源：《新希望乳业股份有限公司关于重庆瀚虹业绩达成情况暨对外投资项目进展的公告》。

元，业绩未达预期。2024 年 3 月 25 日，新乳业收到重庆仲裁委员会的仲裁结果，裁决将估值补偿款变更为 4460 万元，将业绩补偿款变更为 20 万元，不及协议约定补偿额度的五成。

第四，精确补偿。精确型业绩补偿是在重组交易中就业绩对赌不做容错安排，"锱铢必较"，刻板执行对赌约定。

（3）其他个性化安排。

第一，交易作价的调整。

案例：2020 年初环旭电子（601231）发行股份购买 Financière AFG S. A. S. 公司 10.4%股权。

根据标的在交易后的两年内（即 2020 年度、2021 年度）累计实现业绩情况，对交易估值做调增或调减安排，相应调整由卖方按比例分摊。

第二，非经常性损益的特殊安排。

在实际业务中，对非经常性损益的认定会有一些特殊的安排，比如，与经营相关的政府补助或者退税在协议中可能会约定，该部分不作为扣除因素。

案例：华宏科技（002645）收购鑫泰科技 100%股权。

2019 年，在华宏科技收购鑫泰科技案例中，关于实际净利润的确定标准如下：实际净利润指经审计的归母净利润（以扣非孰低者为准）与经甲方认可的与标的经营相关的政府补助之和，但后者的金额不得超过乙方当年度承诺净利润的 10%。

第三，承诺覆盖率。

交易对方做出的业绩承诺能够覆盖资产重组标的估值的比例，是一直以来监管机构的关注重点。覆盖率是指承诺业绩总和占估值的比例。高升控股收购华麒通信时，反馈意见曾经有一个同行业的覆盖率对比：从数据上来看，业绩承诺覆盖率在 25%～30%是数据比较集中的区间。这个比值越大，安全垫越高。当然，承诺覆盖率，其实就是找一个业绩对赌和估值的平衡点，得从标的实际情况出发，不要好高骛远。

比如，前述华铭智能收购国政通 90% 股权的案例中，交易对价为 16.65 亿元，整体估值 18.5 亿元，标的承诺三年业绩累计不低于 3.67 亿元，承诺覆盖率 19.82%。假设承诺期内对赌业绩全部完成，承诺期后业绩实现为 0，则上市公司支付对价的 80.18% 的损失。

四、"奖"什么

超额业绩奖励是指上市公司重大资产重组方案中，基于相关资产实际盈利数超过利润预测数而设置的对标的资产交易对方、管理层或核心技术人员的奖励对价。超额业绩奖励在实际案例中主要分为两种：一是奖励给交易对方的，为或有对价，即对交易对价的调整；二是给予员工的，即员工激励。

（1）规则体系。

证监会《监管规则适用指引——上市类第 1 号》中提到，上市公司重大资产重组方案中，对标的资产交易对方、管理层或核心技术人员设置业绩奖励安排时，应基于标的资产实际盈利数大于预测数的超额部分，奖励总额不应超过其超额业绩部分的 100%，且不超过其交易作价的 20%。

拟增加或减少的交易标的的交易作价、资产总额、资产净额及营业收入占原标的资产相应指标总量的比例超过 20% 的，视为对方案的重大调整，需要重新履行锁价及其他事项的审核程序。

（2）或有对价问题。

案例：中文传媒（600373）收购北京朗知网络传媒 58% 股份。

2024 年 3 月 19 日，中文传媒收购北京朗知网络传媒 58% 股份，交易价格为 6.41 亿元。业绩承诺人承诺，朗知传媒 2024 年度、2025 年度、2026 年度扣非净利润分别不低于 0.88 亿元、1.09 亿元、1.29 亿元。若三年业绩承诺期满，业绩承诺超出部分的 10%～40% 作为超额业绩奖励[1]。

（3）职工激励问题。

仅作为职工激励的业绩奖励都是基于超额业绩部分的，根据各方的协商，约定不同的比例。

案例：京城股份（600860）收购北洋天青 80% 股权。

京城股份收购北洋天青案例中，也有约定超额业绩奖励[2]。若北洋天青在业绩承诺期内各年度实现的净利润均超过承诺净利润数，则将 2021 年度实现的净利润超过承诺部分的 30%、2022 年度超过承诺部分的 40%、2023 年度超过承诺部分的 50% 和 2024 年度超过承诺部分的 50% 作为奖金奖励给届时仍于北洋天青任职的核心管理团队成员，于北洋天青 2024 年度专项审计结果出具后，一次性支付全部奖励金额。上述超额业绩奖励金额不应超过标的资产交易价格的 20%。

五、结语

业绩对赌犹如一场豪赌，有人赚得盆满钵满，有人亏得血本无归。过高、不符合标的企业实际经营情况、与行业相悖的业绩承诺，虽然短期内能够换取较大的利益，但对上市公司和标的交易对方而言都存在着较大风险，如大幅度地商誉减值影响当期利润、引起监管关注、业绩补偿压力过大等。因此，协议业绩对赌时需审慎考虑实际条件，合理安排补偿和奖励措施。

---

[1] 资料来源：《中文天地出版传媒集团股份有限公司关于现金收购北京朗知网络传媒科技股份有限公司 58% 股份的公告》。

[2] 资料来源：《北京京城机电股份有限公司关于本次发行股份及支付现金购买资产并募集配套资金方案调整不构成重组方案重大调整的公告》。

05

囚徒困境：并购参与方的困惑、错配与解决之道

张维明

博弈论中有一个大家熟知的经典博弈理论——囚徒困境。博弈双方最终卡在互相猜忌与不信任的困局中，导致双方最终必然选择对双方而言的非最优解。无论是囚徒困境还是博弈论中众多博弈模型，都有一个前提，即信息不对称。双方无法做坦诚沟通，最后只能通过博弈遗憾地形成双输的结果，最多也就是零和博弈或纳什均衡。

我们选择"囚徒困境"作为主题，试图通过它来分析当前并购生态下的参与方的困境与错配。笔者认为，这种困局与错配极大地提升了并购交易的成本和难度，阻碍了并购交易的市场化，使并购交易无法高效运行。直接的后果是有那么多优质的买卖双方，原本有较强的协同性，最后交易却遗憾地折戟沉沙，并购双方互相辜负与错失，不禁令人扼腕叹息，唏嘘不已。本文试图对这种困局与错配提出我们的建议和解决办法，与大家探讨。

首先，并购是个复杂博弈，交易达成一般要取决于五方势力的博弈：

（1）买方，即上市公司。

（2）卖方，即被并购标的，多为创业公司。

（3）买方顾问，一般为上市公司投资部、董秘团队、券商，或主要上市公司承销券商。

（4）卖方顾问，非标配，有时有专业团队，有时没有专业团队。

（5）交易监管机构。

并购交易是一个复杂交易，所谓复杂，不仅指条款后面的利益纠结复杂，即每个条款的增增减减，都会使名义估值不变的情况下实际估值出现巨大的出入。这里的复杂更多的是由参与方众多所致，交易的本质大多是买卖双方的零和博弈，是博弈导向，甚至是多方博弈导向，而非共赢思维导向。由于多方博弈的出现，交易的不确定性呈几何级数增长。下面我们分别来探讨并购交易中各参与方的问题，及交易难以完成的原因，同时也对相应的解决办法进行探讨。

一、买方的困境与顾虑

1. 商业错位及占便宜心理

上市并购战略目标不清晰，并购与否，何时并购，并购谁，并购体量多大，是否需要有协同，被并购标的画像是怎样的……诸如此类的问题貌似有答案，实则很空洞或很模糊。在空洞或模糊的并购战略外壳下，是趁着现阶段并购市场为买方市场的时间窗口捞一票的潜意识，在谈判过程中，买方不停压低交易对手价格，且不停地在多个交易对手之间比价，过度使用谈判技巧压低价格。

这种交易思维的本质问题是，并购本应是基于战略整合、战略合作的长期主义思维的，上市公司却错把长期战略合作的并购交易视作与同行或上下游的价格厮杀。此类问题背后的逻辑链条是：因为并购战略不清晰，所以将价格作为并购交易的主要因素。

反之，如果并购战略清晰，且并购战略与企业中长期发展战略有较强的协同性，那么谈判会紧紧围绕着并购战略展开，紧盯并购战略不放，"将军赶路，不追野兔"，再便宜的标的，若不符合其并购战略，也是贵的。

并购战略清晰之后，交易自然会沿着协同性的方向进行推演，而非价格因素。上下游协同、横向协同，甚至迅速做一个交易测试协同性及协同杠杆，测算并购后协同放大效益比纠结于现有交易价格要重要得多。

我敬重的一位上市公司 CFO 在我们的交易合作完成后说过一句话，对我触动很大，他曾在交易的关键阶段对上市公司实际控制人讲："关键是识别资产的质量，若资产质量确实好，多花上一至两倍的 PE 迅速把它拿下，尽快进入协同期，比耗费漫长的时间进行价格博弈所创造的价值要大得多。"这家上市公司的一位实际控制人也曾讲过一句经典的话："一个好的交易，一定应该是交易完成后的数月甚至数年没有一方认为自己吃亏了或被算计了。因为交易之后，一旦有任何一方发现交易明显不公，一定会在后面的交易执行阶段将其找补回来，使双方陷入无尽的拉扯与内耗，最后导致双输。"

我对这位上市公司实控人的话深表赞同，我坚持认为一个好的交易一定要凸显公平性，而非交易技巧的炫耀，而且一个好的交易一定要做到双方在协议签署那一刻停止博弈。反之，若交易条款导致关于交易的博弈要持续若干年，则是并购交易的最大的遗憾和对交易艺术的玷污。双赢及停止博弈，是并购交易条款最大的正义，也是并购这一资本交易工具对产业发展最大的正义。

任何行业的从业人员，都应该有其从业的价值观，并通过它去影响行业的价值观。秉持自己的价值观不仅难能可贵，也是交易成功的最大保障。寻求双赢而非价格博弈，追求简单直接的条款设计而非复杂交易，咬定并购战略而非见异思迁，我认为是投入并购交易中的上市公司决策团队应该秉持的基本思维。

但是很遗憾，我们在并购交易实操中经常遇到的问题是实控人仅关注价格，比如，我们在给证券合规联盟的 100 多位董秘分享"并购交易的要点与陷阱"时，有个别董秘就私信联系我问：执行团队懂这些道理，但老板就是要压低价，怎么办？如何破？

只提出问题不去尝试解决问题是不道德的，我们不仅负责提出问题，也要负责给出解决问题的方案。对老板只关注价格的问题，我们试着给出以下两种解法。

（1）解法一：模型试算法——重在教育。

企业家并不了解并购交易艺术，这很正常。但很多企业家善于学习，我们愿意帮助他们在交易中成长。比如，我们制作了一个名义估值与实际估值的试算模型，名义估值是买方实控人想压低的价格，假设 PE 为 8 倍，并列出名义估值到实际估值的可调整参数及市场惯常操作区间，这些参数有大约 20 个，包括现金占比、支付节奏、发股折扣、第二阶段收购时间、对赌期间、对赌弹性参数、非经常损益的例外处理等，每个参数的增减，在名义估值不变的前提下都会导致实际估值 PE 变化 1~2 倍，若叠加起来，威力巨大，仅一个弹性对赌参数的设置的 PE 差值就可以有 3~4 倍。

这个模型就是鲜活的例子，告诉上市公司实控人，交易的面子和交易的里子同样重要。绝大多数实控人会很快搞懂其中的玄妙之处，做出调整。但前提是上市公司投资团队或董秘团队有机会、有能力"辅导"老板。

对于少数不愿意或无从接受模型辅导，依然执着于价格的实控人，可使用第二个解法。

（2）解法二：曲线救国——上市交易实操者要具备能力充分使用模型去拟合交易双方的冲突。

我们在实际操作中发现，很多上市公司的投资团队或董秘团队对监管法规较熟悉，但囿于甲方思维，运用交易条款模型去拟合估值冲突的经验稍显不足。这个时候，作为第三方的并购交易顾问有义务提供这种交易撮合模型的提示的辅导。关于这一点，行业中也有争论，有一种观点认为，交易双方为博弈双方，若把撮合条款及试算结果一开始就和盘托出，不利于在谈判中为自己设置有利条款。

对此我持反对意见，我认为，并购交易顾问的核心能力不是交易技术能力，而是短时间内获取交易双方信任的能力。这种信任极其脆弱又弥足珍贵，双方都需要通过对交易顾问的信任弥合冲突。一个好的技术条款，若没有信任护佑及加持，也会被质疑为不怀好意。那么，交易顾问何以构建这种信任？

通过交易设计的能力，帮助买方决策团队迅速解决问题。对交易顾问的信任首先是在能力上的信任。比如，如果通过短短的几个回合的讨论，上市公司投资团队就能意识到交易对手的顾问能力不凡，并且并未只站在单方面考虑问题，会迅速破冰。所谓交易中的信任，无外乎交易能力和交易人格两方面。当交易中一方无保留地把方案、模型、逻辑等和盘托出的时候，若对方投桃报李，就是好的交易对手；反之若对方得寸进尺，则说明其交易人格存在问题，交易不值得继续。即便开始阶段很顺利，也可能会在后面的执行环节出现重大问题，这种交易，我们要么叫停，要么控制投入，及时止损。

将交易估值模型及推演第一时间向对方说明有一个好处，可以通过模型的推演了解交易对方的实力。若双方实力相当，则会有共鸣，也会有群体思维下的方案贡献到交易中；若对方实力不如我们想象也无妨，模型的推演可以帮助对方提升交易能力，在这个过程中双方会无形中形成亦师亦友的关系，信任感会迅速提升。

例如，笔者在 2022 年 11 月的一次交易的谈判过程中，主动提示交易对方分阶段并购，对于二阶段交易的约定要防止构成一揽子交易，从而达到降低商誉风险的效果。利用交易能力，主动提示对方的潜在风险，我认为这是并购交易中人格和价值观的体现。这里存在一个悖论：并购往往是重大交易，对方团队若轻易被影响和控制，那么其团队、管理、文化、业务能力等存疑；若对方能力超强，低级的影响和控制也只是雕虫小技，会破坏信任，并影响并购人格。

解法二的逻辑并不复杂，我们帮助并会同上市公司的投资团队通过试算模型做到"既要又要"，也就是既要满足上市公司实控人压低价格即名义估值的目的，又要通过条款的设计，达到体现实际价值即实际估值的目的。

有这样一个案例，上市公司的董秘坚持说老板要求 PE 倍数在 10 倍之下，希望我们体量他的难处。我们的回复非常简单：你需要多少倍都可以，你认可我们用其他参数来调整这个逻辑就好。例如，仅用弹性对赌这一个参数我们就可以将 PE 倍数从 10 调整到 8，甚至 8 以下：完全弹性对赌，即只补利润不补估值，相当于只做形式上的对赌，可以是 8 倍 PE；部分弹性对赌，如在完成 70% 业绩基础上只补利润，不补估值，可以是 9 倍 PE；完全对赌，即只选择补估值的方式，则为 10 倍 PE。我们会发现，仅仅使用这一个条款，即可以线性调整出双方可接受的或有估值，可以线性调整的参数是"在业绩完成比例基础上只补利润"中的利润完成占比，它可以是 50%~90%，对应的估值可以从 8 倍 PE 到 10 倍 PE，每种参数组合还要考虑不同补偿形式所对应的所得税损失等。

这个案例中仅提到了一个参数，更何况存在多个参数的组合的情况，叠加到一起威力巨大。我们看到这些变化，都在市场可接受及监管允许的范围之内，很多并购交易的设计只是简单复制交易方案模板，对交易条款背后的意义及变化并没有读透读懂，导致交易对手稍作变化就不知所措了。

所以说，所谓并购交易的智慧是建立在以下三点之上的：一是要读懂每个交易条款的变化、深刻含义，即量化价值；二是要具备综合运用这些变化，并通过灵活调整这些变化来拟合交易冲突的能力和愿望；三是这些能力要充分体现在并购顾问的交易人格中，即运用这些能力在交易中体现善意而非算计，运用善意的能力构建信任，借助信任促成交易。

低级的信任来自能力之下的忠诚，高级的信任来自能力之上的善意。

在买方困境中有一个问题就是，卖方投资团队的并购交易能力的局限性，即我们经常说的，并购交易属于行业高频、个体低频事件，这使上市公司投资团队无法构建系统且成熟的交易能力。

二级市场的并购交易每年有 3000~4000 起，并不少，算是高频事件。但是对于每个上市公司而言，每年能做一个交易就算高频了，甚至 A 股很多上市公司从未做过并购交易，或几年才做一单并购交易。在这种情况下，其董秘团队或投资团队仅具备投融资技能，而非并购技能。这两项技能看似有相通之处，但从实操角度，进入并购决策关键阶段会有非常大的不同。

而上市公司若自认为其没有这个能力，借助 IPO 券商或外部顾问的力量还好（传统券商在并购交易中也有明显短板），若自认为具备这个能力，或碍于面子不愿意请教外部团队，则最终的结果很可能是因为不熟悉而担心，因为担心而苛求条款，因为苛求条款而使谈判陷入僵局，因为陷入僵局而错失时间窗口，因为错失时间窗口而给自己找到暂停或退出并购的理由，最终成为一只将头深深埋入沙中的鸵鸟。

2. 前呼后拥，信息错配

在并购交易中，上市公司买方所处的位置与卖方不同，卖方完全可以将并购需求放在明处，因为并购意愿对二级市场的露出对于其估值管理来说未必是坏事。而一家正在寻求并购的上市公司往往会引起机构投资者的关注，各种中介机构围上来，前呼后拥，提供资产信息，于是给上市公司造成优质资产众多的假象。可是在资产深入调查的过程中会发现，很多资产并不具备优质资产的特性，它们要么业务数据不实，要么并购意愿不明确，要么并购经验及心理准备严重不足出现错配，要么对资产价格期望值过高。所谓乱花渐欲迷人眼，买方在万花丛中走着走着，容易忘记自己的并购初衷，甚至因此而错失并购机遇。这个问题的解法有如下两种。

（1）解法一：顾问聚焦法。

一些上市公司有这样的心态：反正不向推荐标的的服务机构付费，所以来者不拒。好像成本极低，但其实反而导致较高的沟通成本。因为有些标的需要在小尽调过程中才可以有效识别，但一旦进入小尽调，就意味着并购团队的成本付出，各个标的林林总总加在一起，信息对齐的成本并不低。与其如此，不如聚焦几家头部的中介机构，将并购需求预先沟通清楚，全权委托其来进行标的的初步识别。借助少数中介机构的力量实现更加精准的匹配，节省时间成本。

（2）解法二：主动出击法。

其实上市公司的业务团队对其所在行业及上下游状况比中介机构要熟悉得多。除非是多元化并购，但凡强协同性的并购，其业务团队对所在行业的主要企业及其上下游企业的经营情况一般比较清楚。我们可以约请上市公司的业务部门会同上市公司的投资部门，绘制出所在行业的企业图谱，标出每个企业的核心并购参数，基于参数计算出相应的并购意向优先级；约请中介机构有目标地去接触潜在并购标的。主动出击法的好处在于，由于对所在行业充分了解，与潜在并购标的的协同性较强。换句话说，运用这种方法的并购在初期就具备强协同性的特点，因此也为通过并购对标的方赋能提供了可能性。强协同性加上并购赋能，使得沟通标的对上市公司的认知度和认同度颇高，减少了很多后期的沟通成本。

比如，我们2021年做的一个项目属于强协同性的精准匹配项目，第一次向卖方标的提到买方上市公司时，卖方反应就非常积极："这家上市公司我们很了解，我们有协同，可以推进。"

主动出击法有一个关键的问题需要解决：对于小公司还好，一旦公司较大，就会出现条款分割，即业务部门的考核指标中并没有支持并购成功这一项，导致业务部门不配合，或即使配合，在关键的尽调与反馈环节也不积极、不作为，这种不积极、不作为产生的直接负面影响是，不敢出具业务部门建议，或为确保部门自身的安全，不说错话，直接拒绝并购标的。

此外，在并购中还会出现业务冲突的问题。与买方业务互补的并购标的很可能与现有团队在业务发展路径上出现冲突。比如，现有团队想开发的新业务正好与并购标的已有业务重合，也就是说，并购动了现有团队的奶酪，于是不和谐的声音就会出现。

运用主动出击法可以避免与现有业务团队的冲突。买方找到一个市场空隙，先与业务团队达成共识，经由头部中介机构定点，有明确目标地去接触标的方，效率更高，效果更好。

二、买方顾问——券商的困境与顾虑

1. 倾向通道类业务，并购业务及技能被边缘化

在近几年所谓的"并购热潮"中，我们看到很多券商开始进入并购赛道。在很多券商及投行群里，此前是买卖壳资产的需求居多，现在更多的是上市公司并购类需求及相应的资产。于是一个问题浮出水面：为何券商是在IPO不好的形势下才进入并购领域，而此前并没有？我们在和某头部券商的并购专家的一次线上访谈中讨论出了一种解释，对比并购类业务的不确定性，IPO与破产重组等通道类业务更具确定性，确定性意味着券商团队投入精力后大概率会有回报，而并购业务会有非常大的不确定性，可能历经千帆的一个项目始终无法抵达交易的彼岸。更多券商的资源此前涌向确定性较强的通道类业务，导致并购类业务在券商内部较边缘化，市场选择的结果意味着或许在券商内部，最强的团队不是并购团队，最强的资源也不属于并购团队。

券商作为资本市场的重要参与者，其业务选择和人才配置受到多种因素的影响。以下是公开发表的著作中对为何最优秀的人才可能更多地从事IPO等通道类业务而非并购业务的详细分析。

（1）业务性质和风险差异。

通道类业务（如IPO）有如下特点：一是低风险。通道类业务通常不涉及券商的资产负债表，风险较低。券商通过提供服务收取费用，不直接承担市场风险。二是具有规模化潜力。这类业务具有较好的规模化潜力，随着客户数量的增加，收入可以显著增长，而成本增长相对有限。

并购业务有如下特点：一是高风险。并购业务涉及更复杂的风险评估和项目管理，需要深入理解行业和市场，深入了解交易双方。二是具有项目依赖性。并购业务的成功高度依赖单个项目的成功，且每个项目都有其独特性，难以简单复制和规模化。

（2）收益模式和激励机制差异。

通道类业务有如下特点：一是有明确且可预测的收益。通道类业务的收费模式相对明确，如承销费、顾问费等，收入相对可预测。二是激励机制直接。券商和从业人员可以通过完成更多的IPO项目快速增加收入，激励机制较为直接。

并购业务有如下特点：一是收益具有不确定性。并购业务的收益受多种因素影响，包括交易成功与否、交易规模等，收益具有较大不确定性。二是需要长期投入。并购业务往往需要长期投入，从项目初期到最终完成可能需要较长时间，且结果不确定。

（3）市场环境和政策导向差异。

一方面，通道类业务是市场繁荣期的先行者。在牛市中，券商的通道类业务如IPO往往率先受益，市场预期乐观时，资金流入股市，IPO活动增加。另一方面，通道类业务有政策支持。监管政策可能更倾向于支持IPO等直接融资方式，以促进资本市场的健康发展。

并购业务受政策和市场波动的影响较大,如 IPO 收紧时,并购市场可能受关注,但并非所有企业都会转向并购。

(4)人才需求和职业发展差异。

通道类业务有如下特点:一是专业技能需求标准化。通道类业务需要标准化的专业技能,如财务分析、法律合规等,优秀人才容易通过专业训练快速上手。二是职业晋升路径清晰。在通道类业务中,优秀人才可以通过完成项目积累经验和声誉,职业晋升路径相对清晰。

并购业务有如下特点:一是有更强的综合能力要求。并购业务要求人才具备更强的综合能力,包括行业分析、战略规划、谈判技巧等,这些能力需要较长时间的积累。二是职业发展具有不确定性。由于并购项目的不确定性,职业发展路径可能不如通道类业务那样明确和可预测。

(5)券商业务转型和市场趋势。

随着资本市场的发展和券商业务的转型,券商越来越重视通道类业务的多元化和专业化,以适应市场的变化和客户需求。同时,券商也在积极拓展如财富管理、资产管理等其他业务领域,以实现收入的多元化和风险的分散。

综上所述,最优秀的人才可能更倾向于从事 IPO 等通道类业务,因为这些业务风险较低、收益模式明确、市场环境和政策导向较为有利,且职业发展路径相对清晰。而并购业务虽然具有其独特的吸引力,但由于其高风险、收益不确定和对综合能力的要求,可能不是所有优秀人才的首选。

2. 买方上市公司不愿为并购顾问业务付费,只能通过发股收费

在国内并购交易中,买方上市公司有不愿为并购顾问业务付费的现象。参考行业内的相关研究和公开发表的文章,有以下几个方面原因。

(1)市场和行业惯例。

并购交易中,卖方通常掌握更多信息,而买方处于信息劣势。这导致买方依赖并购顾问来缩小信息差距，但买方可能认为支付顾问费用增加了交易成本，因此不愿付费。在一些市场中，还存在卖方支付顾问费用的惯例，买方习惯于这种模式，不愿意改变。

（2）并购顾问的价值认知。

一是价值认同不足，买方可能不完全认同并购顾问所提供服务的价值，认为顾问服务的定价与其带来的实际效益不成正比。二是风险和收益不匹配，买方可能认为支付顾问费用存在风险，如果交易未能成功，已支付的费用将无法收回。

（3）财务和成本考量。

从成本控制角度，上市公司在进行并购时会尽可能控制成本，包括顾问费用，以保持财务报表的吸引力。从预算限制的角度，上市公司可能因预算限制而不愿额外支付顾问费用。

（4）监管和法律环境。

一是法规不健全，缺乏明确的法规要求买方支付并购顾问费用，导致买方有选择不支付的空间。二是监管执行不力，即使存在相关法规，监管执行不力也使买方有机可乘。

（5）并购顾问的竞争力。

一是服务质量参差不齐，并购顾问市场竞争激烈，服务质量不一，买方可能因此对支付费用持保留态度。二是缺乏差异化服务，并购顾问未能提供差异化服务，使买方难以看到支付费用的必要性。

针对此类问题的解决方案建议如下。

第一，提高并购顾问服务质量。提升服务质量，通过成功案例和专业能力来证明顾问服务的价值。

第二，建立行业标准。通过行业协会或监管机构推动建立并购顾问服务的行业标准。

第三，调整收费模式。参考国际做法，采用固定费用和基于交易价格的变动费用相结合的收费模式。

第四，增强买方的支付意愿。通过市场教育和案例分享，让买方认识到高质量并购顾问服务的重要性。

第五，提升并购市场的透明度。提高并购交易信息的透明度，减少信息不对称。

第六，培养长期合作关系。并购顾问与买方建立长期的合作关系，通过持续提供高质量的服务来获得买方的信任，增强其支付意愿。

第七，政策和法规支持。政府和监管机构可以通过政策引导和法规要求，鼓励或规定买方支付并购顾问费用。

第八，建立风险共担机制。如根据交易结果调整顾问费用，使顾问费用与交易成功与否挂钩。

通过上述措施，可以逐步解决买方不愿支付并购顾问费用的问题，促进并购市场的健康发展。

3. 方案偏保守，关注监管动态

券商在并购交易条款制定与谈判过程中相比其他财务顾问更加保守，更关注监管机构的态度，可能的原因如下。

第一，合规性要求。券商作为金融市场的重要参与者，受到严格的监管，必须确保所有的并购活动都符合监管要求，以避免法律风险和监管处罚。

第二，风险管理要求。券商通常对风险管理有较高的要求，保守的态度有助于降低交易过程中的不确定性和潜在风险。

第三，市场声誉考量。券商的市场声誉对其业务至关重要，过于激进的交易策略可能会损害其声誉，影响未来的业务机会。

第四，资本与资源限制。券商可能受到资本和资源的限制，这要求他们在并购中采取更为谨慎的策略。

第五，监管环境变化影响。监管环境的变化可能会影响并购策略，券商需要密切关注监管动态，以确保交易符合最新的监管精神。

第六，交易结构复杂。并购交易结构复杂，涉及多方利益协调，券商作为中介机构，需要平衡各方利益，这往往导致更为保守的立场。

第七，客户利益保护需要。券商需要保护客户利益，避免因激进策略使客户面临不必要的风险。

第八，历史经验与教训。历史上的失败案例可能使券商在新的并购交易中更加谨慎。

针对此类问题的解决建议如下。

第一，增强合规意识。券商应持续加强合规培训，确保所有员工都清楚监管要求，并在交易中严格遵守监管要求。

第二，风险评估与管理。建立和完善风险评估体系，对潜在风险进行量化分析，并制定相应的风险控制措施。

第三，提升专业能力。通过提升财务分析、法律咨询、市场研究等方面的专业能力，增强自身在并购中的议价能力和创新能力。

第四，加强与监管机构沟通。积极与监管机构沟通，了解最新的监管动向，确保交易策略与监管要求保持一致。

第五，创新交易结构设计。在合规和风险可控的前提下，探索创新的交易结构，以满足市场需求和客户期望。

第六，客户教育与沟通。加强对客户的教育和沟通，让客户理解保守策略背后的逻辑，增强客户对券商决策的信任。

第七，加强跨部门协作。加强内部跨部门协作，整合不同部门的资源和专长，共同推动并购交易的创新。

通过上述措施，券商可以在确保合规和风险可控的同时，逐步提高在并购交易中的创新性。

4. 分成规则具有局限性，导致并购团队驱动力不足

券商虽然开始重视并购业务，但考核机制尚未针对并购业务的不确

定性进行相应调整，导致并购团队驱动力不足。

券商并购项目团队的分成规则考核指标通常涉及多个方面，包括团队成员的贡献、项目复杂度、项目成功与否以及交易规模等。以下是一些常见的分成规则和实践。

第一，固定费用与变动费用结合。券商并购顾问费通常包括固定费用和基于交易价格的变动费用两部分。固定费用保证了财务顾问的基本利益，而变动费用则与交易的成功和交易规模挂钩，起到激励作用。

第二，项目里程碑支付。并购顾问费通常按照项目进展的里程碑分期支付。例如，顾问协议签订后支付首期款（通常为 10%~20%），并购协议签订后支付第二期款（30%~40%），交易审批通过后支付第三期款（30%~40%），剩余的在股权过户后支付。

第三，支付成功佣金。成功佣金是并购成功后按照交易额支付的费用，通常占总顾问费的 30%~60%。

第四，根据贡献度分成。团队内部的分成通常根据成员的贡献度来决定，具体考核指标可能包括项目获取、客户关系维护、交易结构设计、谈判、文档准备等多个方面。

第五，根据项目复杂度和风险分成。项目的操作复杂程度、风险高低也会影响团队成员的分成。高风险、高复杂度的项目可能会有更高的分成比例。

第六，根据项目规模分成。交易规模较大的项目可能会有更高的顾问费，团队成员的分成也相应增加。

第七，根据绩效考核结果分成。券商可能会根据团队和个人的绩效考核结果来调整分成比例，以奖励高绩效的团队成员。

第八，按照行业惯例和公司政策执行。分成规则也会受到行业惯例和公司政策的影响，不同券商和地区可能有不同的执行标准。

第九，莱曼公式计算佣金。国外金融机构在从事并购业务时，有时会采用莱曼公式来计算佣金，即随着交易金额的递增，佣金比例递减。

第十，设置风险共担机制。有些券商可能会设置风险共担机制，如果实际交易金额低于预估，可能会给予团队成员累进比例佣金作为奖励；如果高于预估，则扣减佣金作为惩罚。

这些分成规则并不是一成不变的，会根据市场环境、项目特性以及券商的内部政策进行调整。券商在实际操作中需要平衡团队激励和公司利益，确保分成规则的公平性和合理性。

三、卖方公司的困境与顾虑

1. 能力悖论

我们认为创业企业家的并购交易能力相对较弱，这就是我们经常提到的并购能力悖论。我们一直认为，一个优秀的创业者必然在并购这件事情上缺乏足够的专业性。反之，若某个创业企业家整天思考如何被并购，把精力放在研究并购交易的各种技巧上，他必然无法专注于企业的战略发展。一个优秀的企业家不能同时具有两种企业管理人格，接受并购即意味着某种程度的放弃，所以我们经常和企业家讲，是否接受并购要事先考虑清楚，而不应该抱着试着看的态度。并购交易需要耗费心力，需要坚定的并购信念还在其次，最主要的原因是，并购是一条套现离场的近道。从人性的角度而言，并购是一种"利益鸦片"，企业家一旦发现有一条通往利益的短期效应的捷径，可能会不由自主地与它勾肩搭背。在此我们丝毫没有贬低试图接受并购的企业家之意，但是从人性趋利避害的角度而言，被并购从而实现套现、避险、上岸永远都是人性潜意识中的渴望。而优秀的企业家需要执着的信念、不屈的精神、苦中作乐的意志力，但在并购短期套现利益的诱惑下，可能会犹豫，会放慢脚步，会目光旁落。这不是企业家的问题，这只是人性的事实而已。

关于这个困惑，我们给出的解决方法是：

（1）企业家首先要思考清楚是否真的要接受并购，不建议任何企业家抱着试试看的态度，否则得不偿失，并购交易大概率无法成功，同时企业也会失去方向。

（2）找到自己信任的，或通过信任度较高的朋友推荐专业的并购顾问。所谓专业的人做专业的事，虽然企业家善于学习，但并购交易的专业能力并不能够在短期内构建。并购交易能力只有在实战中才可以积累，而且试错成本极高，企业家应专注于企业的经营，把并购交易交给信任的专业人士。

2. 谨言慎行

中国的并购文化来源于中国的传统商业文化。区别于欧美的商业文化，中国传统的商业文化中一直认为企业被并购这件事情羞于启齿，寻求被并购的企业家常常"谨言慎行"。可以理解，因为"某某公司正在寻求被并购"诸如此类的消息一旦散播出去，会对企业的客户、团队、合作伙伴、上下游产生影响，从而进一步影响企业的经营。

所以企业家面对并购，从来都是小心翼翼的。我们经常说，从商业性、人性、心理学角度，每个企业家都有探究被并购可能性的心。我们时常讲，企业经营会有三种选择。第一种是上市，并通过上市跨越式发展达到永续经营的目的。此前很多企业家认为上市就等于一夜暴富。但现行的二级市场减持制度，让大股东套现变得极其困难。第二种是稳步经营，赚取每年的净利润。第三种是寻求被并购。被并购是商业变现的一种方式，从产品交易到资本交易是人类社会的一大进步。我们要理解每一个企业家寻求被并购的企图，同时由于信任成本较高，很多企业家轻易不愿向并购顾问表露其寻求被并购的真实意图，所以更需要企业家和专业并购顾问的双向奔赴。

关于这一困惑，我们也给出两个解决办法：

（1）区分资源型顾问和技术型顾问，寻找技术型顾问而非资源型顾问帮助企业家构建并购能力，因为资源通过市场可以以交易的形式获得。

（2）要花精力去识别技术型顾问的能力，及其与企业文化的匹配度，并与技术型顾问建立信任。创业企业家识别人及建立互信的能力都较强，但很多不愿意花精力去和并购顾问建立互信，双方只是停留在甲乙方的商业藩篱之上。我的观点是，并购顾问乙方立场本身就是一个悖论。难以想象一位经验丰富的资深并购专家会接受甲方的傲慢、偏见与居高临下，即使接受了，他也不会发自内心地在交易中捍卫甲方的利益，可能要求自己做到适可而止、恰到好处，不会为甲方的利益倾尽全力。所以我认为，企业家要么不选择并购顾问，一旦选择了，就要想办法与其建立互信，甚至有某种程度的利益绑定，激励顾问与企业同进退，竭尽全力。

对于这种困惑，我们给出两个解决方法：

（1）一方面，企业家如果有疑问，要第一时间与并购顾问探讨。其实有疑问并及时进行碰撞也是对企业家并购思维的历练，便于提升其并购认知的成熟度。我们最担心的是企业家有疑问但是不直接提出，积累到一定程度就会对双方的信任产生影响。另一方面，并购顾问要尊重所有的疑问，不要以专家自居。

（2）并购顾问应该把方案之外的其他可能也进行拆解，预先分享给企业家，让其知其然知其所以然，增强企业家对并购的安全感。这里还涉及并购顾问及机构的品牌打造问题，方法不一。比如，企业家对知名并购顾问机构和个人常抱有质疑，沟通成本很高。这里不展开说，品牌的力量在商业世界里面是共通的，本质上就是降低信任门槛和沟通成本。

四、做专注于并购交易及交易艺术的精品投行

基于以上并购交易中各方的困境与困惑，不难推导出优秀的并购顾问所应该具备的能力模型。

1. 做技术型而非资源型顾问

我不认同把并购顾问机构比作房屋中介，后者核心的逻辑是资源撮合型而非技术型。房屋买卖说到底没有什么技术含量，核心是拥有房源信息的多少。但在互联网信息被拉平的时代，挣信息差的钱愈发艰难，而且我坚持认为，并购交易中所谓的资源是浅层次的资源，触达资源的门槛有多高是个问题，你能做到，那么竞争对手也能做到，甚至通过盲投就可以做到。笔者曾经做了一个有趣的商业实验，对一个真实的并购标的做了有针对性的邮件推送，居然也成功推动了这笔交易的现场尽调。反思下来，其中的逻辑是，真正有刚性并购需求的上市公司不太在乎标的介绍人的可信任程度，更在乎的是标的的质量，即便是一个邮件推送的标的，也会引起其注意。反之，如果上市公司的并购需求并真实、不迫切，即使"被触达"也很难向前推进。我们这里并不是否定资源型交易顾问。真正的资源型交易顾问应该是行业中的精英，无论在人格、资历、信任度、行业经验上，都被同行所熟知和认可，这种资源型顾问是行业稀缺的。所以，深资源型顾问可遇不可求，一个顾问机构要构建其核心竞争能力，可操作的方法是培养更多的技术型顾问，或做合理的机构搭配。

此外，企业家身边的资源型朋友的数量可能远超技术型顾问的数量，真正进入交易谈判阶段，技术型顾问的能量会被充分释放，对一个关键交易环节的把控很可能就会帮助企业规避上千万元的风险。

2. 做深交易而非浅交易

同做技术性顾问的逻辑类似，要做深交易而非浅较交易的道理非常

简单。其一，浅交易看似投入少，实则成交率极低，投入产出未必合适。其二，浅交易竞争对手多，难以达成结果，而深交易竞争对手少，找到其中的规律后杠杆作用会变强。

3. 做好资产而非一般资产

资产也分三六九等，好资产有如下特点：

第一，标的方老板对并购这件事情思考深入，老板的个性不会优柔寡断，这样可以降低后期拉抽屉反复的可能性。在并购交易的关键环节，有太多的诱惑，标的方老板一定要事先想清楚才不会犹豫不决。

第二，资产偏实业，有独特性，有领先性。

第三，扣非净利润最好能在一千万元以上、五千万元以下，这个区间资产的成交率更大。

4. 做买方顾问但要秉持双赢立场

并购交易顾问大多向买方收费，但若仅站在买方的立场去设计和思考，则很难达成交易。这里的分寸把握非常重要，既要保护买方的利益，制定合理的条款，还不能引起卖方的误解。并购沟通好像是个玄学，但我认为任何玄机背后都是事物发展的朴素规律。信任来自安全感，没有安全感就会失去信任，这是构建信任的朴素逻辑。而构建信任的方法就是第一时间做坦诚沟通，我们追求的是交割之后停止博弈的交易，这种对双方双赢的交易会随着时间的流淌为交易顾问和机构的成长背书。坦诚沟通，阳光博弈，是构建信任的唯一法门。

五、做并购交易赛道的长期主义者

长期主义可以是陷阱，也可以是美丽的愿景。作为一个金融人，我时常会在长短期利益之间撕扯与碰撞。我赞同我的一位合伙人说过的话："并购交易顾问可能不适合职场小白，因为需要长期的坚持，甚至可能经历数年的颗粒无收。"你播下的不是一株株月季花，几十天内就可以满园芬芳，枝枝蔓蔓。你播下的可能是一粒果树的种子，需要历经数年才能结出果实，甚至是一棵银杏树，穿越历史与代际，在繁华与喧闹的康波周期之后，残花不在之时，大树的枝蔓一直在慢慢地生长，从未停息，穿越花丛和灌木，向天空打个响指，仿佛在低吟和哼唱着一首歌谣："道路，因为难，才布满芬芳。路上的人，因为志趣相投，才一路欢唱。"

06

无间之道：被并购前的尽调与反向尽调陷阱

张维明

并购交易的尽调环节通常存在诸多常规的陷阱与风险，比如，财务尽调陷阱中的财务风险与财务造假的识别，法务尽调陷阱中的潜在法务风险的识别，业务尽调陷阱中的协同能力及相应业务加减法的识别，老板风险中的老板个人风险对企业风险的分析，客户尽调风险中的客户串通及客户敏感风险，技术领先性风险中的技术实效性识别，等等。

现有的风险分析着重于站在买方视角，多是考虑上市公司作为主并购方，收购之前如何抽丝剥茧，见微知著，通过诸多细节考察被并购标的表象背后的隐性风险或刻意隐藏的风险与陷阱，其中关注财务造假的文章居多。

在这里，我们试图换一个视角，去关注并购交易中被忽视的，处于并购能力弱势方的被并购方，站在被并购方的视角，审视其中的风险与陷阱。

我经常提到的一个观点是，在一场并购交易中，交易双方处于完全不对等的地位，比如并购能力的不对等。一方面，买方是上市公司，其董秘团队或投资团队或多或少具备一些并购交易经验，而被并购方的企业家对于并购交易往往是陌生的，很少有企业家熟谙并购之道。这里本来就存在认知悖论。我认为，一位优秀的企业家本就不应该熟练掌握并购艺术和技巧，一个创业者若成天思考的是如何把企业高价卖掉，他的管理行为会变形，管理效率会受到影响。一个优秀的创业者一定是专注于业务或产品的，具备的是业务 DNA 而非并购 DNA。

另一方面，创业公司团队较小，不同于上市公司，无法体内涵养并购专业人才，很多创业公司甚至连一个合格的财务总监都不具备，更何况合格的并购人才。

所以，我们若站在被并购方的视角探讨，更显思考的价值。

一、主并购方并购意图的风险识别与规避

我们认为，对被并购标的而言，尽调中最大的风险来自对主并购方真实并购意图的识别。简单说，就是要预先判断主并购方是否确有通过并购进行跨越式发展的真实诉求。也就是上市公司为什么选择并购式发展，而非内生式发展，或抓住绿地孵化的机会。

之所以要做这个识别，是为了避免发生以下现象：主并购方并购意图并不明显，条件并不完全具备，并购战略并不清晰，董事会对并购意见并不统一。在这种情况下，由于上市公司本着试试看的心理，即便顺利通过了尽调，在后期详细条款的谈判环节也会犹犹豫豫，裹足不前。

在很多情况下，顺利通过尽调也是一个伪命题。因为参与尽调的中介机构，尤其是上市公司聘用的会计机构以"免责"为最大利益，在尽调过程中会最大化地发现问题，而非在各种利益及风险之间进行平衡。会计师对上市公司的审计可能会碍于和上市公司客户甲乙方关系的维护进行合规前提下的平衡，但对于并购标的的审计则能严则严。除非上市公司实控人在尽调沟通会上明确提出"这个交易必须完成，你们酌情尽调"，否则审计机构从自身利益角度，没有从宽处理的动力。并购尽调无法和商业利益对立起来。

并购战略不清晰或者不坚定的上市公司实际控制人很难做出如此明确的表态。笔者曾经经历过一个案例，董秘非常认可某个标的，并成功

说服了实际控制人开始尽调，董秘亲自到尽调现场与审计机构沟通明确的并购意图，但结果并不乐观，由于董秘的话语权有限，审计机构没有实际控制人的态度，很难做出调整。

一旦实控人态度犹豫，面对尽调出现的一堆问题，很可能"就坡下驴"，正好给自己一个不做决策的理由，鸵鸟的头再一次深深地埋入了沙土之中。

一些上市公司还存在另一种企图，以尽调结果不满意为由不做决策，但通过尽调可以获取标的方核心竞争能力甚至部分商业机密。因为面对尽调，标的方很难把其商业机密完全包裹起来。尽管有保密协议，但仍然难以避免上市公司借助这些商业机密进入并购标的领域，摇身一变，成为标的方的竞争对手。这种结果是最糟的，对被并购标的方的打击是巨大的，甚至是毁灭性的。

那么，如何解决这些问题？

（1）要进行并购意愿真实性的识别。

比如，上市公司是否遇到了业绩瓶颈或业绩危机，是否出现利润下滑，现金流是否出现问题，是否因为破发已经失去发股能力，是否由于大股东股份占比较低发股收购能力堪忧，流动性及负债率是否无法支撑其并购交易中必不可少的现金支付部分，等等。

我们要假设自己是上市公司反对派董事，预先质疑并购决策的确定性，而不是为了推进交易，装作看不见这些阻碍因素。

反复追问上市公司的并购能力与并购意图是买方投行顾问的职责和专业性的体现。

（2）还要考察上市公司并购后的持续运营能力。

比如，上市公司若处于亏损状态，要考察其扭亏的计划及可行性。由于并购往往伴随着发股收购，扭亏的现实性对交易达成非常重要。

诚然，我们不可能穷尽所有可能性，我们也没必要像堂吉诃德一样出征前带上厚厚的铠甲而压垮坐骑，但有些常规性的探究是应该进行的。

调查扭亏计划的可行性中有一个重要的方向是不良资产置出的可行性，因为扭亏计划受制于很多客观及市场因素，有很大的不确定性，而比较确定可控的方法是不良资产置出或出表，可控性强，效果明显。

二、并购交易交割后"买方塌方"风险的识别与规避

上面所说的两种办法属于事前调研，依然可能无法完全客观地呈现风险，因此我们还要给被并购方留一个避险迫降方案，即 Plan B，如果最糟糕的情况发生，我们有预案，最坏结果也能承受。

有这样一种糟糕的情况：上市公司在首次并购完成后，甚至在首次并购交易之中，出现重大财务风险，无法完成二阶段收购或无法继续完成支付。并购标的如何自处？我们把这种风险叫作"买方塌方"。对于这种风险，虽说出现的概率不大，但如同我们此前所说的，并购风险对买卖双方是不对等的，如果并购失败，买方还可以休养生息，东山再起，但对于卖方而言，可能是毁灭性的。

（1）方法一。

面对"买方塌方"的风险，我们的建议是视概率大小，采取预先防范措施，比如，提高首次交易比例，尽量通过第一阶段交易满足被并购方财务基本诉求。

将第一阶段的现金交易与发股交易在公告的协议中去除关联关系，并提高现金占比，意味着即使发股失败，现金交易部分依然可以如期进行，甚至可以是现金部分独自形成少数股权投资，发股成功后再让渡控制权。这对双方都有利，至少对卖方有利，而对买方未形成实质性伤害。

直接将第一阶段收购设计为少数股权加投票权，比如，49%股权加上额外 2%的投票权授权，并设定授权期限。这意味着即使后期"买方塌方"，卖方依然可以按协议收回控制权，同时对买方而言，也可以规避

一定的风险，即若卖方出现业绩暴雷或塌方，买方可以按协议顺利出表。

（2）方法二。

与通常的操作相反，可适当抬高第一阶段估值，降低第二阶段估值，以第二阶段低估值甚至是超低估值作为代价，换取第一阶段的确定性，落袋为安，提前上岸。

（3）方法三。

设定第二阶段的强制分红权。理论上，第一阶段失去控制权后，若第二阶段无法进行，且后续不进行分红，或只进行公司法定意义的敷衍分红，对于被并购标的而言，剩余股份对其而言没有意义。所以对第二阶段条款，要在不构成一揽子交易的前提下尽可能锁定核心条款，并约定强制分红计划，确保被并购方的利益得到保护。而且强制分红条款对被并购方在第二阶段谈判中保持主动性也非常重要，成为第二阶段如期进行的一个核心抓手。

三、并购交易交割后"卖方业务塌方"的风险规避

卖方也要考虑由于主客观原因自身业务出现严重问题时的自我保护办法。因为要做对赌估值补偿，除了财务损失，还失去公司控制权的"变相戴维斯双输"。

（1）方法一：设置主动回购权。

卖方在业绩非常不理想的情况下可以选择主动回购全部或部分股权，从而使财务和控制权中至少有一样保全。作为谈判筹码的一部分，关于回购权有两点事项需要注意：一是尽量压低回购时的资金占用利率水平。因为该项条款不是并购交易主条款，只是应急避险条款，同时业绩大幅度下滑后的回购行为在某种程度上也符合上市公司的利益，甚至被并购标的即使不提出回购要求，上市公司也会要求回购，所以上市公司在谈判过程中对资金占用利率有可能不会过多纠缠。由于回购时被并购标的

无法拿回前期已经缴纳的个人所得税，资金占用利率水平适当降低，可以确保回购成本控制在合理的水平。二是在协议设置中要尽量将回购的主动权与决策权放在自己手中。由于回购与否还取决于其他因素，应通过平衡其他条款，尽量掌握回购的主动权。当然，以上这两点利益是需要在其他并购条款做适当平衡的前提下才可以获得的。所以对于被并购标的，要追问自己的核心诉求，也就是并购初心到底是什么，是避险，还是收益最大化，这个答案直接影响整个交易的结构设计。比如避险是第一位的，宁可让渡一些估值，也要获取回购决策的主动权，反之则估值优先。

（2）方法二：对第二阶段的协议设计，尽量在第一阶段达成共识。

在第一阶段执行过程中，除了达成第一阶段业绩目标，还需要注意尽可能在第一阶段的执行阶段扫除第二阶段的执行障碍。

在并购交易的第二阶段，即实施阶段，主要应关注的是并购后的整合。以下是第二阶段需要特别注意的事项：

第一，整合规划。制订详细的整合计划，包括财务整合、人力资源整合、资产整合和企业文化整合等方面。确定整合的时间表和关键里程碑，确保整合过程按计划进行。

第二，协同效应的实现。评估和实现并购双方的协同效应，包括成本节约、市场份额扩大、新产品开发等监控。控制整合进度。

第三，文化整合。识别和解决文化差异问题，促进并购双方文化的融合。通过沟通和培训，确保员工理解新的企业文化和价值观。

第四，管理团队的整合。确定新公司的管理结构和关键管理人员的安排。评估和整合管理团队，确保管理层的稳定性和效率。

第五，员工的沟通与参与。与员工进行有效沟通，减少不确定性和焦虑。鼓励员工参与整合过程，提高他们的接受度和参与感。

第六，客户和供应商关系。维护和加强与客户和供应商的关系，确保业务的连续性。评估和优化供应链，以提高效率、降低成本。

第七，法律和合规问题。解决并购后可能出现的法律问题，包括合同、诉讼和合规性问题。确保新公司遵守所有相关的法律法规。

第八，财务整合。合并财务报表，实现财务管理的统一。优化财务流程和系统，提高财务效率。

第九，资产和负债的管理。评估和整合双方的资产和负债，优化资本结构。处理遗留的资产和负债问题，如债务重组和资产出售。

第十，绩效监控。建立绩效监控系统，跟踪整合效果和业务绩效。根据绩效结果调整整合策略和业务计划。

第十一，风险管理。识别和评估整合过程中可能出现的风险。制定风险应对策略，减少潜在的负面影响。

第十二，沟通协调。加强与所有利益相关者的沟通，包括股东、员工、客户、供应商和监管机构。确保信息的透明度和一致性，建立信任。

第十三，技术和系统整合。评估和整合 IT 系统和技术支持，确保技术兼容性和数据安全。优化技术基础设施，提高运营效率。

第十四，税务和财务规划。优化税务结构，利用税收优惠政策。进行财务规划，确保资金的有效使用。

通过关注这些事项，可以确保并购交易第二阶段的顺利进行，实现并购的长期价值。

关注并购交易之后的整合阶段，并不是使并购交易拖泥带水，而是对并购交易的最大尊重。毕竟，一个好的并购交易，交割只是开始，整合才是华彩乐章。

对于并购交易，整合序幕徐徐拉开时，就是并购交易质量真正经受检验之时，也是优秀的并购人嘴角挂着微笑，品尝自己胜利果实之时。

四、结语

就像硬币有两面，并购交易也有两面，如果一面是术，另一面就是道。面对并购交易中的尽调与反尽调风险，除了在术的层面进行防范，还要在道的层面扎紧篱笆，始终遵循业务规范性和企业长效发展之道。

并购交易的两面，如果一面是陷阱，另一面就是机遇。通过尽调风险的识别与规避，可以提升企业合理合规、有序运营的勇气和自信。这种自信必将慢慢成长，助力企业基业长青。那时候，回头望去，来时源于并购的荆棘之路，其实也是布满鲜花的未来之路。

07

互利共赢:"三盘牛肉"与并购

赵 笛

无论是饥肠辘辘,还是酒过三巡,当有三盘香喷喷的牛肉端上桌来,谁都免不了吞咽口水,细细品尝一番。这三盘牛肉是什么口味其实并不重要,重要的是吸引了眼球、表达了重视、足够吃饱。

当然,本文要说的不是餐馆如何招揽食客,而是一种并购交易的打法,这种打法要达到的效果是:

端上"第一盘牛肉",对方会收住准备离开的步伐,喝完咖啡也不是不行;

端上"第二盘牛肉",对方有兴趣深谈,合作的萌芽悄然生长;

端上"第三盘牛肉",对方已经掩饰不住内心的激动,遗憾双方没有早点遇见。

这就是并购领域"三盘牛肉"的理论,来自中国建材集团原董事长宋志平先生。早年间,宋志平接手北京新型建筑材料总厂(简称北新建材)厂长一职,在带领老国企绝境求生的同时,创造性地在水泥行业整合大戏中提出了"三盘牛肉"的概念,一举将中国建材打造成为全球规模最大的水泥供应商。

所谓并购重组中的"三盘牛肉"理论,指的是合作交易中要以人为本,以关注人的诉求为纽带,最终解决并购过程中的整合问题。这"三盘牛肉"是指公允价格、七三模式和职业经理人。

一、"第一盘牛肉"：公允价格

买东西的人总想价格尽可能便宜，卖东西的人希望尽可能价高，这是朴素的商业逻辑。但对于并购交易来说，买方之所以要买，核心驱动力并不是觉得标的够便宜，而是有更值得关注的价值，比如帮企业扭转不利局面、开辟第二经营战场、消灭竞争对手等。

对于买方来说，过分地压低价格，短期来看，可能导致现阶段的交易无法实施；长期来看，即使最后压迫式地让卖方接受，但"吃亏"的那根刺必然导致后续的合作中双方心存芥蒂。

2007年年初，宋志平邀请四家水泥厂老板在西子湖畔会谈，端出来"第一盘牛肉"。当时的水泥市场恶性竞争、价格战频繁，仅浙江省就有上百家民营水泥厂，各家水泥厂磨刀霍霍，甚至准备与国内外机构合作，请"雇佣军"来打内战。

但经商的目的从来就是赚钱，而不是赌气。当公允价格这"第一盘牛肉"摆上桌，水泥厂老板们内心中开始打起算盘，一改往日的敌对，彼此之间试探着商量。

并购交易谈判中，首当其冲的就是价格问题。最近我也遇到一个案例：卖方标的所处的细分行业很小，市场竞争也很小，导致公司有稳定的收入和较高的利润，但未来增长前景不确定。卖方认识到自身的缺陷，所以要价不高，7倍PE即可。买方也看准了这一点，便认定这场并购只能按照"财务投资"的逻辑来，只愿意给6倍PE，先并购70%。

看上去似乎只有1倍PE的差距，金额只有几千万元，但卖方感到很不爽。站在卖方的角度想：你本来对我的发展也产生不了什么赋能，凭什么还嫌弃我未来难有增长？而在上缴交易税款后，实际到手的对价可能只有3年利润［6倍×（1-25%综合税）×70%股权］，与其卖掉，还不如继续自己经营。

由此可见，一笔成功的并购交易，买卖双方不能只考虑自己，也要设身处地地为对方考虑。公允的成交价格的核心应该是评估标的本身值多少钱，而不是买方觉得值多少钱。二者的本质区别在于：前者我们可以通过过往的真实利润、每年能够产生的现金贡献、资产重置需要的代价等诸多条件来综合评估，而后者往往有捡漏的心态。

二、"第二盘牛肉"：七三模式

企业家们都想员工具有主人翁精神，但员工首先要是"主人"，才能够发挥奉献精神。

七三模式是宋志平在推进水泥行业并购以及混合所有制经营时采取的基本股权模型，即中国建材持有其所属子公司股份约70%，给机构投资人和原创业者保留30%的股份。其好处是形成一套自上而下的有效控制体系，一方面，在集团有效管控的前提下，确保各子公司合并利润；另一方面，创始人团队继续发挥主人翁精神，与新的控股股东实现利益绑定。

"第二盘牛肉"被宋志平率先运用在淮海经济区，先后完成了山东鲁南水泥、江苏巨龙水泥、安徽海螺水泥的整合；随后以浙江为突破口，湖南、江西、福建等地的水泥企业也纷纷加入，从而组建了南方水泥。此后，无论是以东三省企业为基础的北方水泥，还是以四川企业为起点的西南水泥的整合，都延续了"第二盘牛肉"的打法。

近年来，为了避免曾经的并购交易案中屡屡出现的业绩变脸问题，越来越多的买方选择分阶段并购的策略，即先通过收购51%以上股权实现并表，并与卖方创始团队约定业绩承诺，待业绩承诺实现后再并购剩余股份，甚至还会继续进行新一轮的业绩约定。

从表面上看，宋志平的七三模式和现在流行的分阶段并购模式很像，但本质上有很大的区别。分阶段并购本质上体现了买方（上市公司）对卖方及并购标的的不信任：在资产和财务端，买方对尽调结论并不完全信任，总担心并购标的有"坑"；在经营端，买方自己没有能力对标的企业进行管理，总担心并购标的的业绩变脸。在此情况下，买方会要求卖方对并购标的在各个层面予以兜底。这类并购给人的感觉是为了合并报表，而不是真正意义上的战略布局。

相反，宋志平的七三模式的初衷并不是一种"约束"，而是买方和卖方的一种"约定"，"约定"的内容是买卖双方依旧能够携手发展，背靠大树能够更好地发展，发展得越好，少数股东权益也会越有价值。

或许卖方也会担心，买方不收购剩下的30%，是否等于卖方少赚了30%？我想，通过协议和制度的约定，比如分红的约定、股权激励的约定等，往往就能够打消这部分担忧。而随着资本运作和股权激励的推行，卖方或管理团队也可以成为平台更大、规模更大、盈利更强、分红更多的买方上市公司的股东，往往能够获得更多的投资收益。

当然，如果卖方多有此类担忧，买方也要反思，其控股后的一系列举措是为了清洗老臣，还是为了留住老臣。创始团队既然能够将企业做起来，必然有其能力和优势。合作共赢，总比形同陌路要好。

三、"第三盘牛肉"：职业经理人

老一辈企业家多是白手起家，在摸爬滚打中向企业注入了大量心血。企业就像他们的孩子一样，如果一夜之间宣告这家企业与创始团队再无关系，他们实在很难接受并下定决心。

对此，宋志平端出了"第三盘牛肉"——把经营层留下来成为新企业的职业经理人。

在任北新建材厂长后，宋志平就在用人和留人上下足了功夫。他提出了"工资年年涨，房子年年盖"的口号，并将这句话做成条幅，飘扬在厂区上空。在他的努力下，北新建材的员工工资在当地是最高的，福利也是最好的。这种对员工的关爱和尊重，不仅激发了员工的积极性和创造力，也为企业的发展奠定了坚实的基础。

随着并购的开展，宋志平用"第三盘牛肉"留下来一大批被并购企业的创始人和企业家，他们成为新公司的职业经理人。张传军持有北方水泥 20%股权，同时也担任中国建材北方水泥的总裁；崔星太曾担任山东鲁南水泥厂厂长，后成为南方水泥董事，港股上市公司中国建材的副总裁；有同样经历的还有姚季鑫，他曾担任浙江三狮水泥厂副厂长，后担任南方水泥副董事长。

并购方往往容易忽视的是，一个公允的并购对价中，除了包含标的资产，还包含标的公司的整个管理体系和人员。如果并购之后有人不用，采取大面积换人的做法，这无疑是在浪费钱。

第一，创始人团队既然能够将企业做大，表明这个团队具备了一定的能力和优势。对于买方来说，为何不能够绑定这些人才，让其为公司所用？

第二，买方既然选择并购而不是内在培育，已经说明买方在短时间内无法具备被并购标的在所处细分赛道提供的产品服务、技术管理等方面的实力。那么，大面积将外部人员空降至标的公司，不等同于"劣币驱逐良币"吗？

有太多的买方只看重报表收益，不重视并购过程中产生的团队和人员收益。在过往的并购案例中，买方没有处理好并购方团队和人员的关系而导致并购交易后患无穷的案例并不鲜见。

比如，一家 A 股工程类上市公司通过换股的方式并购了一家设计企业，其并购的目的就是并表利润，根本没有想好两家企业怎么去融合发展。上市公司从来没有想过在上市公司层面架设一个分管设计板块的副总，设计公司的原始团队虽然在设计公司继续任职，但其目的也无非是完成业绩对赌。最终，因为一连串貌合神离的操作，这家设计公司常年业绩造假东窗事发，上市公司也面临退市警示。

再比如，一家 A 股游戏上市公司现金收购了另一家游戏公司，卖方给了未来三年数亿元的业绩对赌，并承诺买入一定量的上市公司股票。上市公司就此选择了与标的方进行现金收购交易，而没有采取发股收购，也没有吸纳标的方团队入职上市公司。在业绩对赌的这三年里，标的方贡献着上市公司超 80% 的利润，随着业绩对赌一年年的实现，上市公司股价也在一波波上涨。然而，随着业绩对赌期结束，卖方将上市公司股票卖得干干净净，并购标的的业绩从盈利几亿元到几乎只能盈亏平衡，股价又回到了并购前的阶段，犹如黄粱一梦。

企业是靠人发展起来的，并购并的不仅是资产，也是人才。正所谓，千里马常有，而伯乐不常有。

米度并购合伙人赵笛先生简介

曾任职于全国知名财经媒体 9 年，负责资本市场和上市公司新闻报道，曾主笔多篇市场影响力巨大的重磅证券新闻。后转战上市公司，先后服务于黄金珠宝、新能源、水利环保、产业地产、新能源汽车等行业的 A 股上市公司或拟上市公司，具有多家上市公司董事会秘书及证券事务工作经验。

擅长挖掘和推广企业内在价值，曾参与多家上市公司的舆情危机公关工作，协助多家（拟）上市公司消除和缓解负面舆情的影响。多次受邀为上市公司开展债务纾困、并购重组、破产重整工作，协助解决上市公司及拟上市公司 IPO 及兼并购过程中出现的各类合规性疑难杂症以及对交易可行性把控。

立足中西部，常驻武汉办公室。

08

同途殊归：锂电设备企业的发展轨迹

赵 笛

2015 年 11 月 26 日傍晚，一辆考斯特中巴车从青岛机场出发驶向青岛莱西市，车上坐着先导智能董事长王燕青、赢合科技董事长王维东等多位新能源电池产业链上的"大佬"，第二天他们将参加国轩高科在莱西市姜山镇国家级新能源汽车产业园的签约奠基仪式。国轩高科的电池将供给北汽新能源，而先导智能、赢合科技等又给国轩高科提供锂电池生产设备。

同坐一辆车，大家的意气风发溢于言表。就在半年前，赢合科技和先导智能成为首批上市的锂电设备公司，上市一个月，市值触及百亿元。而作为本次聚会的东道主，国轩高科更是早在一年前（2014 年 9 月）便借壳东源电器实现曲线上市，这比老大哥宁德时代的 IPO 早了近四年。

当时的新能源汽车和锂电池产业链远没有现在这么火，市场名气比较大的除了北汽新能源，再就是江淮和悦 iEV4。2014 年年底，该纯电车型官方售价 16.98 万元，各种补贴到手后实际只需 9.98 万元就能开回家，而且还能送沪牌，一时风光无两。

是时，蔚来和小鹏刚刚成立一年，理想汽车成立半年。但谁又能想到，作为先行者的江淮，短短几年后便成了蔚来和大众的代工。

大家同坐一辆车，车相同，路相似，但终点不尽相同。

一、没有大树难乘凉——浩能科技耗尽潜能

同车之旅 8 年后，新能源汽车的渗透率已经达到 50%。新能源汽车及锂电产业不但在资本市场炙手可热，也将中国智造的东风吹到西方发达国家。

在房地产产业江河日下的背景下，新能源汽车产业成了中国经济新的基石。

在国内，狭义的新能源汽车实际指的就是搭载了锂电池的电动车。一辆车上，锂电池的价格往往占据了车价的一半。锂电池显然比大冰箱、大沙发、大彩电更有科技含量。作为锂电产业链中重要的一环，锂电设备生产企业为锂电池生产企业提供武器，但同样也受制于锂电池生产企业。随着锂电池行业的集中度越来越高，一方面，行业产能向头部企业集中，导致一批中小型锂电企业退出市场竞争，锂电设备企业的坏账风险加大；另一方面，如何与锂电池龙头企业周旋，如何绑定一棵大树，成为锂电设备企业在发展中首先要考虑的问题。

看着赢合科技、先导智能双双上市，浩能科技坐不住了。

1. 错失 IPO 先机

深圳市浩能科技有限公司（简称浩能科技）成立于 2005 年 8 月 23 日，成立时间虽然比先导智能晚了三年，但比赢合科技还早了一年。浩能科技原注册地在深圳龙岗，后搬至深圳坪山。公司最早的经营范围就包括了锂离子电池设备的生产。

经过五年的发展，2010 年 9 月，公司才迎来了首位非自然人股东——天津东方富海股权投资基金，投后估值 6400 万元。

仅仅一年之后，2011 年 9 月，公司又进行了一轮大额融资，包括力合创赢基金、湖南新能源创业投资基金在内的多家机构向其增资，此时，浩能科技的估值已经到了 5 亿元。

2012 年 11 月，浩能科技通过资本公积转增实收资本，将公司股本增至 5000 万股①。然而不知是何缘故，在此后的三年里，浩能科技没有继续在一级市场有所作为，这让浩能科技错过了做大做强的好时机。

直到 2016 年 4 月，浩能科技才又进行了多笔股权转让，其目的是完成员工持股以及对股份代持的梳理。或许，此时的浩能科技有了 IPO 的想法。但遗憾的是，截至目前，浩能科技依旧是有限责任公司，没有完成股改。

在浩能科技没有动作的这三年里，他的竞争对手们却摩拳擦掌加快资本化步伐。2015 年 5 月，赢合科技和先导智能登陆创业板。上市后一年里，两家锂电设备龙头企业均斩获了百亿元市值，这不免让同行眼红。

IPO 已然错失先机，曲线上市成为唯一选择，于是浩能科技决定委身科恒股份。

2. 这不是一棵好大树

现在看，科恒股份对于浩能科技来说，并不是一棵值得依靠的大树。

2016 年 4 月，科恒股份以货币资金 5000 万元认缴浩能科技新增注册资本 555.5556 万元，占浩能科技增资后注册资本的 10%②，投后估值依旧是 5 亿元。2016 年 11 月，科恒股份以发行 4.5 亿股股份的形式购买浩能科技 90% 股权，至此将浩能科技股份全部纳入麾下③。

科恒股份原有的核心业务是锂电池正极材料，该技术来自实控人万国江。万国江原为复旦大学化学系教师，其下海创业成立科恒股份，并于 2012 年登陆深交所创业板。

锂电池正极材料是锂电池生产的核心原材料之一，而锂电池生产设

---

① 资料来源：企查查。
② 资料来源：企查查。
③ 资料来源：《江门市科恒实业股份有限公司关于发行股份及支付现金购买资产并募集配套资金暨关联交易之标的资产过户完成的公告》。

备又是锂电池生产不可或缺的"武器",按理说这二者的结合可以取得"1+1>2"的效果,然而结果却事与愿违。

总结经验和教训,首先是保守和固执。2012年上市至2016年,科恒股份唯一的一次资本运作(定向增发)就是收购浩能科技。由于锂电设备是一个需要大量资金投入的产业,没有强大的资金支持显然无法做大。然而,科恒股份收购浩能科技后,上市公司竟没有围绕该产业募集资金用于发展,以致浩能科技的规模一直上不去。

其次是识人和用人问题。科恒股份在收购浩能科技时,与浩能科技原实控人陈荣等五人以及一个员工持股平台业绩对赌,2016—2018年归母净利润分别不低于3500万元、4500万元和5500万元,平均4500万元,预期PE为11倍[①]。浩能科技超额完成业绩承诺,超过部分的50%(金额为2468.03万元)用于奖励浩能科技管理团队。随后,浩能科技管理团队离开了公司,据说转投了其他上市公司,这无疑对浩能科技和科恒股份都是巨大损失。为何没能留住浩能科技的原始团队,是管理上出了问题,还是交易方案的设计上过于短视?

最后是慈不带兵。除了业绩对赌的那三年,浩能科技的管理体系一直处于混乱状态,这一点在浩能科技远远低于同行业公司的毛利率、高企的三项费用以及巨额的存货减值损失上展现得淋漓尽致。

3. 一步错步步错

浩能科技选错了科恒股份这棵大树,科恒股份同样也选错了大树。

在其他锂电设备纷纷开始绑定大树的时候,科恒股份也在行动。在众多的战略投资人PK中,教师出身的万国江选中了株洲高科集团有限公司(以下简称株洲高科)。株洲高科实际控制人是湖南省人民政府办公厅,省属国资,但上级单位是湖南株洲高新技术产业开发区管委会,

---

① 资料来源:《国信证券股份有限公司关于深圳市浩能科技有限公司业绩承诺完成情况和标的资产减值测试的核查意见》。

可以理解成三线城市的国资平台公司。

相较而言,先导智能通过定增绑定了产业"一哥"宁德时代,赢合科技也被上海国资下的上海电气纳入麾下。而株洲高科不但在资本实力上远不如上面两家,在投资初心上也大打折扣。宁德时代没有让先导智能必须去福建,上海电气也没有让赢合科技搬去上海,但株洲高科要求科恒股份去株洲投资。

2020 年 12 月,万国江及其一致行动人正式将 1250 万股转让给株洲高科,转让单价 16 元/股,总金额 2 亿元。同时,株洲高科拟以不超过 7 亿元现金认购公司非公开发行的不超过 6340.5797 万股股份。上述股份协议转让及发行认购完成后,株洲高科将合计持有公司 7590.5797 万股,占公司发行后总股本的 27.55%①。不过,在上述 7 亿元的增发募投项目中,竟然有 4.5 亿元要在株洲新建产能。

2021 年 4 月 1 日,株洲高科在向科恒股份借款的同时,就开始要求搬产能事宜——相关借款协议和产业园项目进区的合同是一并签署公告的。对此,株洲开发区为其提供了 200 亩土地用于项目建设,对应土地款总额不超过 6000 万元(含相关契税和交易费)。

要求科恒股份在株洲建厂的政绩考量远远大于经济考量。众所周知,锂电池产业链集中地在沿海地区或锂矿资源丰富的地区。

天不遂人愿,由于涉及"专网通信"大案,不仅株洲高科,甚至是整个株洲市都在 2021—2022 年"地震不断",债务风险危如累卵。2022 年开年,监管部门便开始窗口指导科恒股份向株洲高科的定增事宜不宜推进,3 月,科恒股份撤回了定增申请,历时 1 年多的科恒联姻国资告一段落。

然而,株洲高科带来的负面问题并没有随着增发终止而结束。在株

---

① 资料来源:《江门市科恒实业股份有限公司关于收到〈关于株洲高科集团有限公司收购江门市科恒实业股份有限公司有关问题的批复〉的公告》。

洲国资开始介入科恒股份后，就向科恒推荐了浩能科技的总经理人选。这位总经理给浩能科技带来了一系列问题，后续浩能科技的应收账款、资产存货持续大额减值，这位总经理都难辞其咎。

相较科恒股份的国资之路中断，赢合科技则在 2019 年 11 月引入上海电气成为控股股东；2021 年 7 月，先导智能通过定增将宁德时代引入为第二大股东。最终的结果是，先导智能和赢合科技绑定的大树，不但帮助这两家企业的产值规模迅速做大做强，而且在行业周期下行的困难时期，成为上市公司的坚强后盾。

2023 年年底，科恒股份终于迎来了珠海格力金投的战略性入股，但年年亏损的浩能科技已经与上述两家竞争对手拉开了很大的差距（见表1）。

表 1　　浩能科技、先导智能、赢合科技锂电设备收入年度数据 单位：亿元

项目	公司	2023 年	2022 年	2021 年	2020 年	2019 年	2018 年	2017 年	2016 年
锂电设备收入	浩能科技	9.6	13.22	7.26	10.98	8.05	14.61	12.39	1.732（11月并表完成）
	先导智能	126.42	99.44	69.56	32.38	38.12	34.44	18.23	7.31
	赢合科技	61.44	81.92	49.07	16.52	13.51	13.77	11.7	7.1

二、人间正道是沧桑——赢合科技太想赢就难赢

赢合科技是最早实现 IPO 的锂电池设备企业，2015 年 5 月 14 日，总部位于广东深圳的赢合科技抢先登陆了深交所创业板，4 天后，总部位于江苏无锡的先导智能也登陆了创业板。

有意思的是，赢合科技先上市 4 天，但股票代码却排在了先导智能的后面。赢合科技的股票代码是 300457，先导智能是 300450。

在上市初期，赢合科技和先导智能的差距并不大。

上市前一年，先导智能营业收入 3.045 亿元，净利润 6551 万元；上市第一年，先导智能实现营业收入 5.361 亿元，净利润 1.456 亿元[①]。

上市前一年，赢合科技营业收入 2.25 亿元，净利润 5052 万元；上市第一年，赢合科技实现营业收入 3.652 亿元，净利润 6023 万元[②]。

上市一个月，赢合科技的市值一度超过 84 亿元，先导智能的市值则一度高达 127 亿元。由于收入规模和利润能力略逊于先导智能，在上市初期，赢合科技的市值低于先导智能，但二者差距并没有那么大（见表 2）。

表 2　　　　　　　先导智能、赢合科技上市前后财务数据对比　　　　单位：元

公司	上市时间	上市前收入（2014 年）	上市前净利润（2014 年）	上市后收入（2015 年）	上市后净利润（2015 年）
先导智能	2015.5.18	3.045 亿	6551 万	5.361 亿	1.456 亿
赢合科技	2015.5.14	2.25 亿	5052 万	3.652 亿	6023 万

然而，随着两家公司实控人选择了不一样的道路，两家公司的收入、利润、市值差距逐步加大。

2020 年 3 月 10 日，赢合科技市值最高峰为 303 亿元；2021 年 11 月 8 日，市值最高达到 1367 亿元，后者为前者的 4.5 倍。

这到底是什么原因呢？

1. 盲目自信：从首创整线到回归做强单机

赢合科技上市时的主营产品包括涂布机、分条机、制片机、卷绕机、模切机、叠片机六大类设备及相应的配套辅助设备，基本囊括了锂电生产设备的前段和中段。但是，赢合科技的野心不止于此——因为它要"做整线"。

---

① 亿牛网，https：//eniu.com/gu/sz300450/income。
② 亿牛网，https：//eniu.com/gu/sz300457/income。

2015 年 10 月 30 日，距离上市仅仅 5 个月，赢合科技就出手收购了深圳市新浦自动化设备有限公司（以下简称新浦公司）60% 股权，这是赢合科技上市后的第一笔并购。

公告显示，新浦公司已掌握了锂电生产的后段工序检测、干燥注液等关键设备的核心技术，产品包括软包化成机、软包干燥注液机和 EV 动力（汽车）电池化成机等。

在收购新浦公司的同时，赢合科技在业界率先提出锂电设备整线交付模式。经过两年多的探索和积累，2017 年，赢合科技宣布实现签单后 3 个月设计、生产、装配及内部测试，1 个月完成客户现场的安装、调试后投产的整线交付模式。2017 年赢合科技营业收入 15.86 亿元，当年新签订单达到 22.39 亿元，其中多数来自整线订单[1]。当年先导智能的收入也不过 21.77 亿元。

赢合科技并购新浦公司明显是冲着其锂电后段设备而来，由于赢合科技原有业务是做锂电前中段设备，这一并购的目的性很强，就是要打通锂电设备整线。

然而不知道是何缘故，2017 年 12 月赢合科技就把仅仅并表两年的新浦公司卖掉了。

不过，这笔失败的并购并没有打消赢合科技做整线的决心。在赢合科技 2017 年、2018 年年报中，分别有 38 处、20 处提到"整线"，并表示公司依靠领先的整线解决方案在同行业公司中赢得竞争；在 2019 年年报中，有 14 处提到"整线"[2]，并表示在整线交付模式上具备绝对的领先优势。

不过，从 2020 年年报开始，赢合科技逐步开始放弃整线战略，年报提到"整线"的地方降到了只有 9 处，且没有再对整线能力大书特书；

---

① 资料来源：《深圳市赢合科技股份有限公司 2017 年年度报告》。

② 资料来源：《深圳市赢合科技股份有限公司 2019 年年度报告》。

在 2021 年年报中，"整线"字样竟然消失了，取而代之的是表示公司开始聚焦做专、做精、做强单机设备。

从 2015 年到 2021 年，7 年时间里，整线策略给赢合科技带来了什么呢？

2. 纠错代价：整线悖论吞噬利润

从逻辑上来看，整线设备为下游企业提供了一站式解决方案，似乎更有利于企业获取客户订单。但是，这一策略无异于饮鸩止渴。

回过头来看，锂电头部企业无论是出于技术保密的原因，还是出于培育竞争对手降低采购成本的原因，都不会"专宠"一家上游供应商，自然也不会采购整线设备。相反，只有那些中小锂电企业，由于缺乏研发实力，往往乐忠于"拿来主义"——快速地获得整线设备用于生产。

此外，从行业发展规律看，行业的集中度总是从分散到集中，中小锂电企业陆续亏损、倒闭，自然而然就形成了大量的坏账。由于锂电设备企业往往采用"3331"的付款模式，设备企业前期是需要大量垫资的，一旦买方资金链出了问题，往往会形成巨额的坏账风险。

锂电设备企业当年签署的订单，收入会体现在一年半之后。2017 年前后整线设备的盲目接单，最终导致从 2019 年开始坏账明显增多，坏账比例逐年增加，严重吞噬着公司利润。

2017 年、2018 年，赢合科技资产减值准备分别是 5037.2 万元、4931.8 万元，占净利润比重为 40.65% 和 15.2%[①]。然而从 2019 年开始，坏账准备占净利润的比重突然猛增至 75%，2020 年则是达到 91.3%[②]，2023 年更是升至 100%。

尽管从营收来看，赢合科技实现了快速扩张，但净利润因资产减值准备的影响波动较大，且一直深受其扰。2023 年赢合科技净利润为

---

① 资料来源：《深圳市赢合科技股份有限公司 2018 年年度报告》。
② 资料来源：《深圳市赢合科技股份有限公司 2020 年年度报告》。

5. 538 亿元，其中电子烟业务贡献的净利润约 5.1 亿元，这说明锂电设备业务的净利润仅有约 4380 万元①（见表 3）。

表 3 赢合科技收入、净利润及坏账计提情况

项目	2023 年	2022 年	2021 年	2020 年	2019 年	2018 年	2017 年
收入（亿元）	97.5	90.2	52.02	23.85	16.7	20.87	15.86
净利润（亿元）	5.538	4.874	3.114	1.907	1.647	3.245	1.239
计提（万元）	55389.8	40296.6	24128.4	17412.5	12365.8	4931.8	5037.2
占净利润比（%）	100.0	82.7	77.5	91.3	75.1	15.2	40.7

3. 及时放手：绑定大树挽回一局

锂电池设备行业的结算规则是"3331"——下单预付 30%、发货 30%、验收 30%，还有 10% 是一年之后兑现的质保金。这一付款节奏，决定了设备企业需要大量垫资。所以，绑定有钱的大树，是大家的共识。

2019 年 11 月 11 日，上海电气与赢合科技原实控人王维东、许小菊达成协议，一是上海电气受让实控人持有的 3658.9932 万股股票，占公司股本的 9.73%；二是改选董事会，上海电气提名 9 名董事（含 3 名独董）中的 6 人；三是王维东、许小菊放弃剩余投票权，直至上海电气在公司的持股比例超出二者不低于 10%。根据上述操作，上海电气成为赢合科技的控股股东，上海市国资委成为赢合科技实际控制人。

在实控权变更交易的同时，上市公司还启动了对上海电气的定向增发。2020 年 8 月，赢合科技定增完成，上海电气持股比例上升至 28.28%。对于整个锂电行业来说，这是国有资本首次并购一家锂电行业上市公司，为后来者指明了背靠大树这一发展方向。随后才有了宁德时代入股先导智能成为二股东、比亚迪入股深圳市尚水智能股份有限公司、珠海格力金投成为科恒股份（浩能科技）控股股东等锂电行业公司纷纷

---

① 资料来源：《深圳市赢合科技股份有限公司 2023 年年度报告》。

绑定大树的故事。

上海国资成为赢合科技实控人,给赢合科技带来了一连串变化。

首先是资金方面。根据公司 2023 年年报,锂电设备公司中,赢合科技和先导智能是少有的财务费用为负的企业(见表 4)。这得益于这两家公司都通过向"大树"增发,获得了丰厚的流动资金。此外,赢合科技还与关联企业上海电气财务公司开展资金合作,赢合科技将闲置资金存于上海电气财务公司,获得的存款利息不低于中国人民银行的统一存款利息,原则上也不低于国内主要合作银行的存款利息。

表 4 　　　　2023 年锂电设备公司财务费用、财务费用率对比

项目	赢合科技	先导智能	利元亨	星云股份	璞泰来	科恒股份	金银河
财务费用（万元）	−3314	−3942	6611	2893	7576	8169	5810
财务费用率（%）	—	—	1.32	3.19	0.53	2.70	2.58

其次是管理方面。在上海电气入主当年,赢合科技的管理费用率一度高达 5.59%。而随着国企管理体制的加持,2021 年,赢合科技的管理费用率以近乎腰斩的速度下降(见表 5)。

表 5 　　　　赢合科技 2016—2023 年管理费用率

项目	2023 年	2022 年	2021 年	2020 年	2019 年	2018 年	2017 年	2016 年
营业收入（亿元）	97.5	90.2	52.02	23.84	16.7	20.87	15.86	8.51
管理费用（元）	2.76 亿	2.41 亿	1.78 亿	1.23 亿	9337 万	8711 万	1.77 亿	9441 万
管理费用率（%）	2.83	2.67	3.42	5.16	5.59	4.17	11.18	11.09

最后是业务方面。作为我国大型综合性装备制造企业集团,上海电气在新能源及自动化领域布局深厚,早在 2017 年便与国轩高科成立了合

资公司，进军储能锂电池领域。而除了收购赢合科技，上海电气领投零跑汽车、天际汽车，完成了在锂电池领域从新能源制造装备到电芯、到模组、再到 Pack 的布局。

此外，上海电气在欧洲市场的提前布局，如收购德国上市公司 Manz 等，也为赢合科技的"出海"奠定了合作基础。资料显示，赢合科技在欧洲陆续获得了法国"电池空客"ACC 公司新锂电设备订单，也中标了德国大众亿级订单，为其 20gW·h 超级工厂提供生产锂电池的核心锂电设备及解决方案等。

自 2019 年上海电气成为控股股东以来，赢合科技在锂电池专用设备领域的表现出色，营业收入从 2019 年的 16.7 亿元上涨至 2022 年的 90.2 亿元。通过这一合作，赢合科技背靠大树，在市场竞争中占据了更有利的位置。

4. 贪心不足：蹭口罩热点差点酿苦果

赢合科技原实控人王维东、许小菊通过将部分股权卖给上海电气，赚得盆满钵满。然而即使已经成为人生赢家，王维东依旧不满足，其操作把上海电气坑得不轻。由于将股份卖给上海电气时王维东是有三年业绩承诺的，那么如何让赢合科技快速地完成业绩承诺呢？

2020 年年初，新冠疫情暴发，此时王维东想到了蹭口罩机热点。2019 年年底到 2020 年年初，受疫情影响，口罩需求暴涨。2020 年 2 月 1 日，赢合科技开始设计研发口罩生产设备，并在 2 月 15 日发出第一批订单。截至 2 月 21 日，公司共接到 1700 台设备的订单。然而，由于产能限制，2 月仅生产并交付了 123 台口罩机。

据媒体报道，由于无法按时交付，客户纷纷上门索要口罩机，导致公司门前被堵。赢合科技提出了两种解决方案：愿意等待的客户继续等待，不愿等的客户可以选择退款。此外，客户需要自有工程师自行装配和调试，一旦售出，公司不负任何责任。与此同时，甚至有买家和同事冲进车间抢走半成品口罩机，自己组装调试。

3月6日，赢合科技因涉嫌哄抬口罩机价格被立案调查。3月13日，广东省市场监督管理局公布的第三批价格违法典型案件中，赢合科技旗下子公司因哄抬口罩机价格被立案。对此，赢合科技一方面表示将积极配合调查，另一方面强调口罩机设备被炒买是少数客户的行为，与公司无关。

由于疫情后期口罩产能过剩，赢合科技的口罩机发生大规模退货。2020年，公司调减营业收入1.741亿元，调减净利润8049万元，同时对退货进行了跌价测试，计提存货跌价准备5568万元，进一步调减净利润4733万元[①]。

口罩机业务在短期内确实推动了公司股价上涨93%，但这一业务最终是昙花一现。赢合科技2020年年报显示，口罩机业务出现大幅下滑，并计提了大量坏账准备。这一尝试不仅未能持续带来收益，反而影响了公司的主业锂电设备业务。

值得注意的是，赢合科技2021年1月17日发布公告称，王维东因涉嫌操纵证券、期货市场罪于2021年1月15日被公安机关采取刑事拘留；3月4日证监会也发来调查通知书，显示王维东涉嫌操纵证券市场已被立案调查。上述消息曾让赢合科技的股价在4个交易日内最大跌幅达到74%，这对于刚完成定增不久的上海电气来说，是无妄之灾。

相关立案调查结果虽没有被公开，但国企控股的赢合科技，似乎并没有受到太大的冲击。2021年中期，赢合科技公众号上发布的一篇文章中提到王维东参会，这显然是一种信息的传递。如此迅速地化解危机，其中是否有国企的背书不得而知。

5. 扛过周期下行：靠的就是并购

在绑定上海电气这棵大树的同时，赢合科技在并购投资领域也有自

---

① 资料来源：《深圳市赢合科技股份有限公司2020年年度报告》。

已的见解。从整个并购动作来看，赢合科技并没有撒网式投资，而是围绕产业链投资。

一开始就并购新浦公司无疑是对的，这比先导智能并购同样是后段设备的泰坦新动力早了一年半。虽然赢合科技两年后卖掉了新浦公司，但这次积极尝试，对其后面的并购和并购后的融合产生了积极影响。

随后，赢合科技并购了东莞雅康精密和深圳慧合智能（后更名为东莞瑞合智能），这两笔并购都是为了进一步补足在前中段设备领域的优势。

当然，最让人眼前一亮的并购来自对电子烟生产企业深圳市斯科尔科技有限公司（以下简称斯科尔）的并购。这一并购略带跨界意义，但电子烟生产要用到大量消费锂电池，赢合科技也算是其上游。就是斯科尔这么一笔不起眼的收购，最终成为赢合科技在锂电行业下行时抵抗风险的利器。

2018 年 9 月，赢合科技通过认购斯科尔新增注册资本 520.4082 万元，认购金额 4827 万元，取得斯科尔 51% 的股权[①]。按照当时交易价格计算，斯科尔估值为 9465 万元。资料显示，斯科尔算得上老牌的电子烟雾化器厂商，主要做代工和自主品牌的电子烟以及烟弹、雾化器及其他电子烟配件，不过与行业龙头雾芯科技等差距比较大。

相比那些业绩对赌完成就变脸的并购案例，斯科尔无疑是一朵忠诚守信的白莲花。虽然受新冠疫情影响，斯科尔的业绩对赌延期了一年，并且 2019 年、2021 年、2022 年还因为业绩承诺不达预期，原实控人（斯科尔二股东）陆续赔给赢合科技 67.40 万元、624.48 万元、1079.47 万元，这么一算，赢合科技购买斯科尔 51% 股权的对价只有 3055.65 万元。

---

① 资料来源：企查查。

然而得益于全球电子烟的大爆发，斯科尔在 2022 年下半年推出自有品牌 SKECrystal，获得了巨大的业绩成长，成为欧洲市场的主要品牌之一。根据第三方统计，2023 年斯科尔已经成为英国市场第二大电子烟厂商。

2022 年上半年，斯科尔的营收为 7000 万~8000 万元，2022 年年报披露的斯科尔年度营收已经大幅增长至 5.45 亿元。

由于锂电企业在 2021—2022 年大量新增产能，叠加疫情结束后经济未呈现出预期的快速复苏，从 2023 年开始，锂电池需求下行，锂电行业进入下行周期，锂电设备的需求也出现快速萎缩。然而，相比只有锂电单一业务的企业来说，赢合科技旗下的电子烟业务，为母公司抗住行业下行周期贡献了非凡力量。

2023 年全年，斯科尔实现收入 33.4 亿元，占赢合科技总收入的 34%；实现净利润 99988.6 万元，归属于赢合科技的利润约 5.1 亿元，占赢合科技净利润的 92%[①]。

2024 年半年报显示，赢合科技锂电设备仅盈利约 1800 万元，电子烟却贡献了 3.2 亿元的利润，从而保障了公司中期净利润同比增长 13.46%[②]。相较而言，先导智能 2024 年中报净利润为 4.593 亿元，同比下滑高达 61.74%[③]；利元亨 2024 年中报净利润为−1.728 亿元，同比下降 447.56%（见表 6）。

截至 2024 年 8 月 30 日收盘，赢合科技的市值为 93.53 亿元，先导智能的市值为 224 亿元，虽然仍有一倍多的差距，但差距在逐步缩小。这里面，并购斯科尔带来的价值不言而喻。

---

① 资料来源：《深圳市赢合科技股份有限公司 2023 年年度报告》。
② 资料来源：《深圳市赢合科技股份有限公司 2024 年半年度报告》。
③ 资料来源：《无锡先导智能装备股份有限公司 2024 年半年度报告》。

表6　　锂电设备公司2023年、2024年中期利润情况汇总

公司	2023 年利润（同比）	2024 年中期利润（同比）	备注
赢合科技	5.538 亿元（+13.62%）	3.381 亿元（+13.46%）	斯科尔分别贡献 92%、95%
先导智能	17.75 亿元（−23.45%）	4.593 亿元（−61.74%）	
璞泰来	19.12 亿元（−38.42%）	8.578 亿元（−34.24%）	
利元亨	−1.88 亿元（−164.94%）	−1.728 亿元（−447.56%）	
杭可科技	8.091 亿元（64.92%）	2.693 亿元（−43.39%）	

三、平台化战略——先导智能先下手为强

如果说赢合科技并购斯科尔是歪打正着，先导智能在锂电设备企业中的一马当先，则充分展现了并购在企业发展中起到至关重要的作用。

先导智能在并购市场也并非一帆风顺，其上市后的第一笔大额并购就无疾而终，并赔偿了 475 万欧元定金。但公司迅速回归主业并购，泰坦新动力的并购不但让公司获取了不错的收入和利润，还进一步打通了锂电后段设备，真正成为锂电整线公司——这让赢合科技垂涎欲滴。

锂电池龙头看宁德，锂电设备龙头看先导。先导智能的市值曾一度高达 770 亿元，并吸引了宁德时代参与其定向增发，成为举足轻重的二股东——绑定大树的战略同样适用于先导智能。

由于先天优势叠加后天平台化发展战略策略，先导智能的内生性成长远远高于同行业企业，公司的主营产品包括锂电智能装备、智能物流系统、光伏智能装备、3C 智能装备、激光精密加工装备、汽车智能产线、氢能装备七大项，协同效应凸显，抗风险能力也高于锂电同行业公司。

1. 第一次并购：失败了，还赔了钱

先导智能的并购之旅启动得也很早。2016 年 4 月，也就是其上市后

不到一年，公司便发布公告准备以现金 5204.42 万欧元收购 JOT 公司 100% 股权。同时，公司将通过非公开发行股票募资不超过 73980 万元，募集资金到位后予以置换。

资料显示，标的 JOT 公司是一家注册地在芬兰的公司，主营业务是为 3C 行业提供自动化检测与组装设备以及相关系统解决方案的研发、生产、销售和服务。根据 JOT 公司未经审计的财务报表，2014 年度、2015 年度，公司营业收入分别为 3038.29 万欧元、4085 万欧元，但净利润分别为 -841.01 万欧元、-336.77 万欧元①。对于标的企业亏损的问题，先导智能解释称，JOT 公司 2016 年订单比上年有明显增长，预计 2016 年的盈利状况将得到好转，同时能够与先导形成境内外业务协同效应。

上市还不到一年，自身年收入也才 5.36 亿元，先导智能便敢于开启一笔与其前一年收入几乎相当的并购，可谓是艺高人胆大。由于公司原有业务中并没有 3C 行业设备，这次并购在一定程度上属于跨界并购，但又属于对公司智能化设备覆盖领域的补强。

然而，半年之后的 2017 年 1 月，先导智能却发布公告终止了本次交易，具体原因并未写明，但实实在在地损失了 475 万欧元定金，为公司第一次大手笔并购交了学费。

值得注意的是，先导能率先找到 JOT 公司，也证明了其能力不一般。因为就在一年后的 2018 年 2 月，JOT 公司便被另一家 A 股上市公司胜利精密纳入麾下。胜利精密出资 5000 万欧元及相关费用收购 JOT 公司 100% 股份，这一价格较先导智能当年的出价略低。

2. 并购泰坦：真正打通整线优势

海外收购的终止，并没有挡住先导智能并购的热情，这一次，先导没有选择跨界，而是将目光对准了自己熟悉的锂电设备领域。

---

① 资料来源：《先导智能拟以 5204 万欧元收购 JOT 公司 100% 股权》，央广网，https：//news. cnr. cn/native/gd/20160525/t20160525_522236219. shtml。

2017 年 1 月 6 日，先导智能发布重大资产重组预案，拟以发行股份及支付现金的方式购买泰坦新动力 100% 股权，交易对价 13.5 亿元，其中现金支付和发行股份比例分别为 45% 和 55%，发行股份价格为 33.98 元/股；同时募集配套资金总额不超过 6.21 亿元。

与此同时，泰坦新动力业绩承诺为 2017—2019 年净利润分别不低于 1.05 亿元、1.25 亿元、1.45 亿元，年复合增速 17%。以此计算，先导智能是按照未来泰坦新动力 10.8 倍 PE 进行收购的[①]。

先导智能收购泰坦新动力的主要目的并不是扩大现有规模，而是为了迅速切入锂电后段设备领域。资料显示，泰坦新动力是一家专业研发、制造能量回收型化成、分容、分选及自动化仓储物流、各类电芯及模组测试设备的厂家，主要产品为动力软包电池设备及系统、动力硬壳电池设备及系统和圆柱电池设备及系统，属于锂电池制造产业的后端设备，对技术要求和自动化程度要求高。泰坦新动力是国内首家把高频能量回收技术应用于电池生产和测试的企业，电源模块产品回馈效率高达 80%，其下游客户包括比亚迪、宁德新能源、珠海银隆等知名锂电池制造商。

该笔收购完成后，先导智能原有的锂电池前端、中端生产设备制造业务和泰坦新动力的锂电池后端生产设备制造业务能形成较好的业务协同，完全打通了公司锂电池生产设备整线业务链——目前先导智能也是国内唯一一家能够自主提供整线制造能力的锂电池设备企业。

实际上，赢合科技也曾在上市后不久并购过一家名为深圳市新浦自动化的公司，该公司也是做锂电生产的后段工序检测、干燥注液的。但是没过多久就进行了剥离，这导致赢合科技虽然一直在喊做整线，但始终缺少了后段环节——完全靠外采后段设备来进行协同是不可靠的。

由此可见，并购的终极目标不是简单并表而是彻底融合。

---

① 资料来源：《无锡先导智能装备股份有限公司关于发行股份及支付现金购买资产并募集配套资金之限售股份上市流通的提示性公告》。

并购泰坦新动力后，先导智能和泰坦新动力的融合做得不错。在并购前（2016年），泰坦新动力的锂电收入仅1.8亿元；并购后（2017年），泰坦新动力的锂电收入猛增至4.81亿元，增幅高达167%。而到了2023年，泰坦新动力的锂电收入已高达27.87亿元，较并购前增幅高达1448%（见表7）。

值得注意的是，由于锂电后段设备的毛利率高于前中段设备，并购泰坦新动力后，在同行业公司毛利率普遍下滑的情况下，先导智能的整体毛利率依旧能维持在38%~39%的高位。

表7　先导智能、泰坦新动力并购前后锂电收入、总净利润对比

公司	2016年（并购前）		2017年（并购后）		2023年	
	锂电收入	总净利润	锂电收入	总净利润	锂电收入	总净利润
先导智能	7.31亿元	2.907亿元	18.23亿元	5.375亿元	126.42亿元	17.75亿元
泰坦新动力	1.8亿元	5464.9万元	4.81亿元	1.22亿元	27.87亿元	2.66亿元
	锂电毛利率39.55%		锂电毛利率39.45%		锂电毛利率38.69%	

3. 绑定大树："榜一大哥"宁德时代成二股东

大家都想大树底下好乘凉，但由于自身能力在锂电设备企业中首屈一指，先导智能仅仅递出二股东这一橄榄枝，最终吸引了锂电领域的"榜一大哥"宁德时代。

2020年9月14日，先导智能披露定增预案，公司拟募资不超过25亿元，投资于先导高端智能装备华南总部制造基地等五个项目，发行价格为36.05元/股。本次定向增发的唯一发行对象是国内锂电池绝对龙头宁德时代，也就是说，宁德时代将全额认购先导智能的25亿元定增。在本次定增前，宁德时代不持有先导智能股票。定增完成后，宁德时代将一跃成为先导智能的二股东，持股比例达到7.29%。

一个月前的2020年8月11日，宁德时代曾发布公告称，将围绕主

业以证券投资方式对境内外产业链上下游优质上市企业进行投资，投资总额不超过 190.67 亿元。这说明宁德时代已经与先导智能交换了投资入股的想法。

作为锂电设备企业的上游，宁德时代每年都会给下游设备企业众多订单，宁德和先导智能的合作早就有之。但随着宁德时代成为先导智能的二股东，双方的"关联交易"也大幅增加。

统计显示，在公告拟增发入股的前一年（2019 年），先导智能向宁德时代出售商品 18.1 亿元，占锂电设备收入比重的 47.5%；在公告入股的当年（2020 年），先导智能向宁德时代出售商品 11.26 亿元，占锂电设备收入比重的 34.77%；随着双方股权合作的开展，2021 年和 2022 年，先导智能来自宁德时代的收入大幅增加，分别达到 41.07 亿元和 55.46 亿元，占其锂电设备收入的比重达到 59.26% 和 55.77%（见表 8）。锂电设备签订采购协议与最终交货确定收入的时间大致相隔一年半，由此可见，2021—2022 年收入占比的放量得益于 2020 年的股权合作。

表 8 　　　　2019—2023 年宁德时代与先导智能业务交易

年份	宁德时代向先导智能采购金额（亿元）	占先导智能锂电设备收入比重（%）	先导智能向宁德时代采购金额（万元）
2019 年	18.1	47.5	—
2020 年	11.26	34.77	473（专利使用许可费）
2021 年	41.07	59.26	997.5（采购商品及服务）
2022 年	55.46	55.77	
2023 年	25.4	20.1	21.4（采购商品及服务）

4. 平台化战略：并购的同时也向内发力

在所有锂电设备企业中，无论是收入规模还是市值规模，先导智能都是当之无愧的龙头。宁德时代的入股是锦上添花，先导智能的内部优势性和平台化战略定位,才是其脱颖而出的关键。

相较浩能科技和赢合科技母公司基本只做锂电设备,先导智能具备了多业务发展的潜力——先导智能最开始的发家产业并不是锂电池。2001—2007 年,先导智能以电容器设备起步,相继研发出电容器自动检测设备、自动赋能分选机、自动灌注机、自动喷金机、自动卷绕机等,供货松下、法拉电子、日本 TDK、日本 OKAYA 等知名企业。

2008—2009 年,先导智能的电力电容器自动卷绕机开始出口美国,由于卷绕机也属于锂电设备的前段设备,先导智能开始涉足锂电行业,成立锂电池事业部。同时,先导智能为无锡尚德开发太阳能电池自动化生产配套设备,进入光伏自动化领域。

2010—2016 年,先导智能开始为索尼等企业开发锂电设备,并从消费类锂电设备切入动力锂电设备,相继研发出锂电池熔接机、自动注液机、自动叠片机、电极自动重绕机、成型组装机、动力锂电池卷绕机、数码锂电池焊接卷绕一体机、电极分切机、隔膜分切机、圆形电池高速自动卷绕机等锂电中前段设备。

2015 年 5 月,先导智能登陆创业板,正式踏上新征程。随后,先导智能收购珠海泰坦新动力,延伸锂电设备工艺链长度,成为锂电整线供应商。

值得注意的是,在锂电行业最红火的时期,先导智能也并没有只盯着锂电设备领域。随着资本实力的增强,从 2019 年开始,先导智能除了继续投入光伏设备研发,还进一步在自动化设备领域扩展了产品线,陆续进入 3C 装备、汽车智能产线、激光加工设备、智能物流系统、燃料电池装备等领域,产品线的扩大为公司未来抵抗锂电行业周期下行和需求下降奠定了基础。

对于上述新增的产品线,先导智能并没有盲目地"买买买",而是通过内部培育进行发展。目前,先导的各新业务板块分别通过母公司的事业部和控股子公司来完成，具体可分为锂电池智能装备业务、光伏智能装备业务、3C 智能装备业务、智能物流系统业务、汽车智能产线业务、氢能装备业务、激光精密加工装备业务等。其中，先导智能对子公司无锡光导精密科技有限公司（激光精密加工装备业务平台）、江苏氢导智能装备有限公司（氢能装备业务平台）、江苏立导科技有限公司（3C 智能装备业务平台）的持股比例依次为 82.56%、81.71%、81.49%，先导智能均控股但同时也留出了一部分股权比例给核心团队持股平台。

对于为何其他锂电设备企业产品结构单一，而先导智能的产品线如此丰富，公司解释为平台化战略发挥着至关重要的作用。

先导智能的平台化战略，指的是先导智能建立了一个内部交互的技术平台化和生态系统。首先，该平台化的技术架构使得核心技术可以在不同产品线之间共享和复用，从而提高研发效率。其次，通过平台化，先导智能实现了模块化设计和标准化生产，降低研发和制造成本；平台化设计加速了产品开发和部署，缩短交付周期，提高生产效率；平台化解决了快速响应市场和客户需求的变化，提供灵活的定制化服务。最后，技术平台化和生态系统的建设有助于知识共享和创新，提高整体竞争力；有利于调动各部门全体员工工作积极性，提高公司效益。

从公开数据来看，在市场如此内卷的情况下，先导智能凭借着平台化战略，其各产品的毛利率在同行业企业中都是首屈一指的（见表 9）。

表 9　　2023 年先导智能产品与同行业企业产品毛利率对比

产品	先导智能产品毛利率（%）	优秀同行业企业产品毛利率（%）						
		璞泰来	迈为股份	北自科技	科瑞技术	先惠技术	亿华通	逸飞激光
锂电池智能装备	41.85	27.8						
智能物流系统	19.53			16.15				

续　表

产品	先导智能产品毛利率（%）	优秀同行业企业产品毛利率（%）						
		璞泰来	迈为股份	北自科技	科瑞技术	先惠技术	亿华通	逸飞激光
光伏智能装备	35.33		31.18					
3C 智能装备	42.12				36.89			
汽车智能产线	27.92					33.61		
氢能装备	48.96						22.93	
激光精密加工装备	36.94							27.73

四、"同途殊归"之并购启示录

1. 认清行业，认清自己，绑对大树

每个行业有自身的特点，想要做好并购，企业首先要认清行业，认清自己，找准定位。资金依赖和重投入是锂电设备企业发展壮大的根本，无论是浩能科技、赢合科技还是先导智能，对这点都看得很明白。

尽快绑定一棵大树，央国企、行业龙头都可以。错嫁还不如不嫁，因为错误的联姻往往会带来持久的伤害。比如，浩能科技选择了没有实力也没有背景的科恒股份，而科恒股份又选择了没有产业背景的株洲高科，结果就是错失了锂电行业发展的黄金时期，即使最终迎来了格力集团的垂爱，但行业发展已经今非昔比。

赢合科技选择了上海电气，其背后是中国数一数二的地方国资。虽然上海电气未必能够给公司带来源源不断的订单支持，但有了国资背书，赢合科技扛过了原实控人造成的负面影响，也算是有所成。2024 年 3 月，赢合科技被划归给上海电气自动化集团直接控股；2024 年 10 月，上海电气集团将全球顶尖的机器人公司发那科 50% 注入上海电气自动化集团。作为上海电气自动化集团旗下唯一的 A 股市场公司，这后面的故事

或许还要精彩。

先导智能作为锂电设备龙头企业，靠自身发展也是可以的。但它抓住了机会，绑住了同行梦寐以求的龙头企业。

2. 不要自视过高，要用好并购工具

上市给企业提供了做大做强的工具，那就是并购。

先导智能的第一次跨界并购虽然失败，但其很快抓住了同行业并购机会。在资本市场本就红火的2015—2017年，通过并购深圳泰坦新动力，先导智能成功切入锂电设备后段领域，打通了整线环节。相反，赢合科技上市后不久便最早喊出了做整线的口号，但在并购环节出现了缺失。虽然赢合科技也通过增发并购了东莞雅康精密补强了锂电设备中段实力，但缺乏后段设备生产能力，使其"整线梦"雷声大雨点小。在2015—2017年的黄金时期，赢合科技还不是国企控股，其资本实力、品牌影响力都支撑不了其整合能力和谈判能力，想靠业务合作来嫁接后段设备显然是不现实的，最终落得应收账款坏账增多，"整线梦"就此作罢。

好在赢合科技不经意间的小额跨界并购为其带来了电子烟业务，稳定的现金流和逆周期的消费属性，成为其扛过锂电寒冬的重要武器。

科恒股份和浩能科技受制于实控人的实力，未能在前期锂电并购浪潮中有所作为，这导致公司已被落下很远。如今，锂电行业正在经历重新洗盘，格力集团的入主能否让公司通过并购重塑辉煌？

3. 并购的目的是长期发展，而不是市值管理炒股票

没有哪家上市公司不想做市值管理，但是做真市值管理还是做伪市值管理，其结果是天差地别的。

先导智能给市场传递的信息是打造平台型公司，而公司主营业务列表中的锂电池智能装备、智能物流系统、光伏智能装备、3C智能装备、激光精密加工装备、汽车智能产线、氢能装备七大项主营业务，诠释了

其平台化公司的要义，也给公司带来了首屈一指的毛利率。

始终围绕做强做大主营产业来做事，这是市值管理的核心要素，也让先导智能获得了锂电设备上市公司中最高的收入、最高的利润、最高的市值。相反，与先导智能几乎同期上市的赢合科技，一度想和先导掰掰手腕，但走了不少弯路。

所以，回头来看，企业只有坚守住产业初心，才能走得稳健，行得长久。

09

中流砥柱：优秀财务顾问之于并购交易成功的重要性

洪再春

在全球经济一体化的背景下，企业为实现快速扩张并提升竞争力，越来越多地将并购和重组作为核心战略手段。通过并购，企业不仅能够整合资源、汇聚优势，还能强化市场地位、提高整体竞争力。在某些特定行业中，并购尤为显著地推动了企业的业务增长。例如，在科技行业中，苹果公司收购了 Beats，从而拓展了其音乐流媒体服务和硬件产品线，进一步巩固了其在音频设备和数字内容分发领域的市场地位；在医药行业，辉瑞通过收购生物制药公司 Anacor 和 Array BioPharma，加强了其在抗感染和抗癌药物领域的产品研发；在消费品领域，雀巢通过收购 Blue Bottle Coffee 进入高端咖啡市场，进一步丰富了其产品线。

这种通过吸收优质资产或消除市场竞争的并购方式，帮助企业在较短时间内提升市场占有率和品牌影响力。同时，并购重组带来的协同效应还能优化企业的内部运营流程，提高效率并节约成本，为企业的长期增长奠定了坚实的基础。

进入 2024 年，在 IPO 市场低迷、企业利润水平回落的大环境下，并购重组政策的出台和实施节奏明显加快，新一轮宽松周期逐步开启。国家密集发布包括新"国九条""并购六条"在内的政策组合，证监会也不断放宽上市公司并购条件，旨在激发市场活力、提升投资吸引力。在资本市场中，并购重组正成为推动企业发展和资本优化配置的重要动力。

对上市公司而言，这些政策支持既是抓住扩张良机的催化剂，也为更多非上市公司提供了加速发展的机会。借助并购，公司能灵活应对市场波动，不断追求可持续的增长。

并购重组作为战略工具，不仅是提升公司市值的手段，还成为经济转型升级、推动高质量发展的重要市场机制。然而，尽管并购带来众多机遇，其复杂性和风险性也在不断增加。并购交易涉及的财务、法律、税务等领域繁杂，且需要协调多方利益。因此，企业在并购过程中愈发依赖专业的财务顾问的支持。财务顾问通过提供专业意见，帮助买方企业识别卖方价值、设计交易结构、确保合规性并控制风险，极大地提高了并购成功的概率。优秀的财务顾问不仅能发现目标公司的潜在风险，还能在谈判中争取到更有利的条款，确保交易符合企业的长期战略目标。

本文将进一步探讨财务顾问在并购交易中的关键作用，分析其如何在并购不同阶段提供深度支持，助力企业实现预期的战略成果。

并购金句：

战略到哪里，组织就要到哪里，并购就要到哪里。

一、并购交易的挑战及其复杂性

并购交易是一项极具复杂性的战略活动，涉及多个利益相关方，跨越多个专业领域，涵盖多个交易阶段。企业在完成并购过程中，从最初的策略制定到交易完成及整合，每一步都充满着潜在挑战和不确定性。这种复杂性主要体现在以下几个方面。

1. 多方利益协调

并购交易往往牵涉买方、卖方、股东、管理层、债权人以及监管机构等多个利益相关方。每一方都有不同的诉求与目标，如何在交易过程中平衡并满足这些多方需求，成为企业面临的首要挑战。例如，管理层可能更关注企业的长期发展与运营效率，而股东则更加注重并购的短期财务回报。协调这些不同立场的利益关系需要高度的沟通技巧和谈判能力，否则可能导致交易失败或后期整合的障碍。

2. 专业领域交叉

并购涉及财务分析、法律合规、税务筹划、行业分析等多个专业领域，每一个领域都要求企业具备高度专业化的知识和洞见。特别是在跨国并购中，不同地区的法律法规、税收政策和文化差异为交易增添了更多不确定性。仅靠企业内部资源往往难以满足并购所需的专业要求，因此企业通常需要外部财务顾问、法律团队和税务专家的支持。

3. 交易阶段众多

并购交易包括初步接洽、尽职调查、估值、谈判、交易结构设计、交割，以及最终的后期整合，每一阶段都对资源、时间和技能提出了特定要求。尽职调查和估值阶段可能揭示潜在的财务或法律风险，交易结构设计与谈判阶段则直接决定交易的成败和财务回报。而后期整合往往决定并购的长期成效，未能有效整合的并购常会在几年后暴露问题，影响企业的整体绩效。

综上所述，在这种背景下，企业往往面临"内生式成长"和"并购扩张"的两难选择。有一句形象的比喻，"不并购等死，并购找死"，即不进行并购可能会面临市场份额被蚕食的风险，而选择并购则可能遭遇复杂的整合失败。因此，缺乏并购经验的企业若没有专业指导，往往会在并购中遭遇困境，如同小学生参加高考般面临重重难关。因此，拥有熟练并购能力的企业更受投资者青睐。尽管企业可以考虑建立内部并购团队，但由于并购是偶发事件，长期维持一个高水平的并购团队会带来成本压力，同时专业性难以持续保障。相比之下，聘请外部财务顾问更为明智。这不仅降低了管理成本，也保证了专业资源的灵活调配，使企业能够在并购交易中更为稳健地应对挑战，实现并购目标。

并购金句：

并购必须坚持长期主义、坚持产业并购，初心要正。

不并购等死，并购找死，但是"国九条"新政之下，躺平的企业可能退市，并购是唯一机会。并购失败率高，但是内生式发展失败率一样高。

二、为什么要找财务顾问

1. 为什么要找卖方顾问

聘请财务顾问的核心意义在于，外部顾问通过专业能力和丰富经验，不仅能提高交易成功率，降低风险，还能帮助企业避免高成本的内部团队建设。顾问全职投入交易，确保专业支持与资源灵活调配，使企业稳步应对并购挑战，实现交易目标，提升长期价值。具体来说，寻找卖方顾问有以下几点关键原因。

第一，一旦有投行等财务顾问参与交易，通常意味着存在其他潜在买家关注卖方资产。这种多方竞争的局面，往往能为卖方带来显著的溢价收益，进而提升交易价值，效果立竿见影且不容小觑。

第二，聘请顾问更能保障交易的成功。顾问的专业经验和系统化的流程管理能大幅降低风险，使交易更顺利达成。

第三，若一方是专业机构，另一方是业余选手，交易的复杂性和高风险性可能导致非专业卖方独自操作时事倍功半。因此，只有专业的顾问才能以更快的速度和更高的效率促成交易，保障买卖双方的根本利益。

第四，聘请财务顾问还有助于保证交易过程的客观性。财务顾问能在情感因素较少的前提下分析各方诉求，提供冷静的建议，以更客观的态度帮助卖方做出理性决策。

第五，投资银行家能帮助买卖双方正视交易中的核心价格问题，避免漫无目的地兜圈子，从而推进交易进入实质性阶段。

第六，专业顾问通常投入700～800小时在交易上，而企业家难以投入如此巨大的时间和精力。顾问的全职投入可确保交易按计划进行，不受日常业务影响。

第七，投资银行家在交易中还充当"食罪者""出气筒"和个人情绪的"防火墙"，能有效缓冲买卖双方的情绪冲突，成为交易中重要的心理保护屏障。

第八，"媒人"通常被认为是投行的重要角色，即寻找和推荐潜在买家，但实际上这只是其中最简单的环节，真正关键的是顾问在交易各环节中的专业支持和价值提升。

2. 为什么要找买方顾问

聘请买方财务顾问的核心作用在于，顾问通过其专业知识和灵活的资源调配，帮助企业在并购交易中稳健应对挑战，并且主动带领企业做产业战略思考，确保并购战略与企业的长期发展目标一致。顾问协助买方明确并购目标，评估标的公司的文化整合难度，选择适当的融资渠道，确保资金链稳定。此外，财务顾问还通过深入的尽职调查，识别潜在风险，优化决策过程。相较于内部团队，外部顾问能降低管理成本，提供持续的专业支持与灵活应对策略，从而确保交易顺利推进并实现最大价值。具体来说，寻找买方顾问有以下几点关键原因。

第一，买方在并购前需要进行充分的战略思考，确保交易符合自身的长期发展目标：①并购的核心目标；②标的公司的企业文化，以及与自身整合的难度；③买方可行的融资渠道，确保资金链的稳定性。

第二，买方的战略目标包括：①进入新的市场领域；②扩大市场份额；③引入新产品以丰富业务线；④吸收有价值的人才；⑤增强企业的商誉；⑥降低运营成本以提升效率；⑦获得成熟的销售渠道；⑧引入先进技术；⑨减少潜在竞争对手；⑩获得新的品牌和市场认知。这些目标能帮助买方优化业务结构，增强竞争力。

第三，确定并购标的的画像：明确并购标的的特质，标的应具备更宽广的护城河（无形资产、成本优势、转换成本、网络效应和有限规模）而非单纯追求高成长潜力。重点应放在那些具备长远价值且当前正处于战略拐点的企业——关键在于未来发展前景，而非过去的业绩表现。这时企业如何做出更加有效的判断就成了财务顾问存在的意义。

第四，做好尽职调查。尽调是为了了解历史、判断未来，而非还原历史。并购过程中应具备多维度思维模式：权重思维以把握核心因素，系统性思维避免细枝末节上的纠缠，螺旋式思维让调查逐步深入。先获取整体框架，再逐步补充细节，最终达到阶段性成果的优化。

并购金句：

并购靠沙盘推演和调查研究。

并购必须做自己能力圈范围内的事情，必须能够赋能。

三、财务顾问在并购交易中的具体作用

在现代企业并购交易中，财务顾问的角色变得越来越重要。与传统的金融服务角色不同，财务顾问不仅是信息提供者和交易撮合者，他们的工作涵盖了并购全过程中的战略规划、目标设定、交易结构设计、风险管理等多个层面。优秀的财务顾问能够在并购过程中帮助企业识别并购时机、评估并购可能性、在交易中提供专业指导，并确保并购交易价值的最大化。

财务顾问在并购交易中的作用贯穿于交易的每个环节，包含但不限于以下几点。

1. 并购交易的策略制定并负责协调与沟通

财务顾问首先充当企业的战略顾问，协助其在复杂的市场环境中制定并购战略。这个阶段，财务顾问通过深入了解企业现状、行业发展趋势以及市场机会，帮助企业明确并购的目标，设计出合理的并购方向。这一阶段的工作至关重要，因为清晰的并购目标不仅能够帮助企业定位

自己的市场角色，还能够确保并购方案的有效性与可执行性。

财务顾问在项目执行阶段还会扮演协调者的角色，负责与律师、审计师、评估师、财经公关等各方合作，形成统一的执行方案，确保各方利益最大化，并推动并购交易的顺利实施。

2. 目标公司的筛选与评估

并购的成功往往取决于目标公司的选择。财务顾问将根据企业的并购战略，筛选出符合要求的目标公司。在此过程中，财务顾问会依赖广泛的市场调研和行业分析，结合财务分析工具，对目标公司进行多维度评估。这些评估包括对目标公司财务状况、市场地位、管理层能力、竞争优势等方面的深入分析。通过这些评估，财务顾问不仅能帮助买方识别潜在的增值机会，还能够揭示可能存在的风险点，确保买方做出更加理性和科学的决策。

3. 交易结构的设计

交易结构设计是并购交易中最为复杂的环节之一。财务顾问需要根据买卖双方的需求和市场环境，设计出可行的交易方案。具体来说，财务顾问需要考虑支付方式的选择（如现金支付、股票交换、混合支付等）、融资方案的安排、税务筹划、风险分配等多方面内容。一个合理的交易结构不仅能够平衡各方利益，还能够降低交易成本、提高交易成功率。在这一过程中，财务顾问需要充分发挥其对财务和市场的理解，确保交易结构既满足法律和财务要求，又能最大化实现买卖双方的共同目标。

4. 尽职调查的执行

尽职调查是并购交易中的核心环节之一，它能够帮助买方深入了解目标公司的真实情况，揭示潜在的风险，并为交易定价提供依据。财务顾问会组建由财务、法律、税务等领域的专家组成的尽职调查团队，对目标公司进行全面审查。这包括对目标公司财务报表、合同、知识产权、法律诉讼等方面的详细审查。通过尽职调查，财务顾问能够帮助买方揭示潜在的财务风险、法律问题和市场风险，从而为最终的交易决策提供更加准确和可靠的依据。

5. 融资方案的策划

并购交易通常涉及巨额资金流动，因此融资方案的策划和实施至关重要。财务顾问会根据买方的财务状况、并购目标以及市场环境，制定出最合适的融资方案。这可能包括内部融资、债务融资、股权融资等多种方式的组合。为了确保融资的成功，财务顾问还会协助企业与银行、投资机构等金融机构进行沟通和协商，以争取最优融资条件。融资方案的成功实施，不仅能为并购交易提供资金支持，还能确保并购后企业财务结构的稳健性。

6. 法律和监管合规的确保

并购交易涉及大量法律和监管问题，财务顾问需要确保交易符合所有相关的法律法规要求。特别是在跨国并购交易中，涉及的法律问题更加复杂。财务顾问通常与法律顾问紧密合作，确保交易的合法性和合规性。这包括对反垄断法、证券法、税务法规等的审查，确保并购过程不违反法律规定，避免因合规问题引发法律纠纷。

7. 谈判策略的制定与执行

在并购谈判中，财务顾问的角色至关重要。除了提供专业的财务分析，财务顾问还会协助企业制定谈判策略，确定谈判目标和具体的谈判技巧。财务顾问凭借其丰富的谈判经验，能够帮助买方在谈判中占据有利位置，争取最优的交易条件。通过合理的谈判策略，财务顾问能够帮助买方在价格、条款等方面达成最有利的协议，确保交易的成功。

8. 交易文件的准备与审查

财务顾问还参与交易文件的准备与审查工作，包括并购协议、股东协议、融资协议等关键文件。这些文件是并购交易的法律基础，对保障交易的顺利进行至关重要。财务顾问会确保这些文件的条款符合法律要求，并与法律顾问合作，避免文件内容中的潜在风险。

9. 交易的完成与后期整合

并购交易完成后，财务顾问的工作并没有结束。为了确保并购后的企业能够顺利整合，实现协同效应，财务顾问通常会继续为企业提供整合和运营改进的咨询服务。财务顾问帮助企业进行财务系统的整合、成本控制、优化运营流程、文化整合等方面的工作，确保并购后的企业能够实现预期的商业目标。这一阶段的工作对实现并购的长期价值至关重要。

总之，财务顾问在并购交易中扮演着不可或缺的角色，从并购策略的制定、目标公司的筛选与评估、交易结构的设计、尽职调查的执行、融资方案的策划到交易完成后的整合，他们都在不断为买方提供专业支持。通过财务顾问的参与，企业能够更加精准地把握并购机会，规避潜在风险，最大化并购价值，实现并购交易的成功。

四、财务顾问在实际操作中的作用

1. 多专业领域协同合作

在并购交易的实际操作中，财务顾问通常需要与多个专业领域紧密合作，包括法律、会计、税务、行业咨询等。由于并购交易涉及复杂的跨领域问题，单一领域的知识和经验往往难以应对所有挑战。财务顾问作为交易的核心协调者，承担着连接各个领域的桥梁作用。他们需要与法律顾问一起确保交易合同的合规性，与会计师共同进行财务尽职调查，和税务顾问一起优化税务结构，此外，还要与行业专家合作，提供关于市场前景、竞争态势及潜在风险的深入分析。

这种多学科合作有助于确保并购交易的全面性与细致性，从而降低交易中的潜在风险，确保交易方案的可行性和高效性。尤其在涉及国际并购时，财务顾问往往还需与国外的法律、税务及行业专家进行跨国合作，确保交易符合当地的法律法规要求并最大化交易价值。

2. 确保交易顺利进行

财务顾问在并购交易中的作用不仅限于策划和执行，还涵盖了交易的风险管理、融资安排和法律合规等多个关键领域。他们需要通过系统化的流程设计和精确的执行，确保交易能够按照预定的计划顺利推进。例如，财务顾问会帮助客户制定融资方案，协调各方资金来源，确保交易资金的顺利到位；他们还需要评估潜在风险并提出解决方案，及时化解交易过程中可能出现的问题；与此同时，财务顾问还要确保交易符合所有法律法规的要求，避免法律风险。通过全方位的支持，财务顾问为企业提供了专业的保障，帮助企业实现并购交易的商业目标，推动企业在市场竞争中脱颖而出。

并购金句：

财务顾问是并购交易中的桥梁，连接买卖双方并确保交易的顺利进行和价值最大化。

五、财务顾问的选择标准

在并购交易中，财务顾问的选择是一个至关重要的决策。尽管目前并购顾问领域没有严格的法律或行业牌照要求，任何公司只要具备咨询服务资质理论上都可以从事这一业务，但正因如此，这一领域的"软实力"尤为重要。如果财务顾问不能有效展现其独特的专业价值，不能帮助客户提升收益或降低风险，那么想要获得客户的信任和聘用就会变得极其困难。

对于企业来说，选择一个优秀的财务顾问，不仅是为了在复杂的并购交易中获得专业支持，更是为了确保交易的成功完成。因此，在选择财务顾问时，企业需要关注其专业能力、行业经验、成功案例以及其他一些重要的综合素质。具体来说财务顾问应具有如下能力。

1. 专业知识与经验

选择财务顾问时，企业最核心的考虑因素是顾问的专业知识和经验。一个优秀的财务顾问需要具备扎实的财务基础，精通并购交易中的财务分析、估值、税务筹划等多个领域。除此之外，法律和税务等相关领域的知识也至关重要。并购交易涉及众多复杂的法律和财务问题，顾问是否能够提供深刻的市场洞察、灵活的财务结构设计、合理的风险分配策略，这些都决定着交易的成功与否。

经验对于财务顾问来说同样非常关键。无论是过去的交易经验，还是在面对复杂问题时的应对能力，都能够直接影响到并购交易的效果。一个有着丰富实战经验的财务顾问，能够帮助企业预见可能出现的风险和挑战，并提前制定有效的解决方案。而这些解决方案的制定往往基于顾问多年的经验积累和对行业趋势的深刻理解。

2. 行业专长和战略规划能力

并购交易在不同的行业中有着不同的特点和需求，因此，选择具有相关行业经验的财务顾问尤为重要。行业专长不仅体现在对行业趋势和市场动态的理解上，还表现在对行业内部竞争格局、行业链条和客户需求的深刻认识上。例如，在科技行业并购中，财务顾问需要熟悉科技创新的周期性特征及相关的知识产权问题；而在消费品行业的并购中，财务顾问则需要对消费者行为变化和品牌整合有较强的把握。

此外，财务顾问的战略规划能力也是非常重要的。在并购交易中，财务顾问不仅仅是执行者，更是战略规划的参与者。企业的并购目标、战略定位和未来发展方向，都需要顾问从宏观视角来帮助分析和规划。一个优秀的财务顾问能够识别并购机会背后的战略意义，提供对行业发展趋势的预测，并帮助企业制定长远的并购战略。

3. 服务质量与声誉

财务顾问的服务质量和市场声誉是衡量其能力的重要标准之一。服务质量通常体现在顾问对客户需求的响应速度、专业的咨询意见、交易的执行力以及在整个并购过程中提供的增值服务上。一个服务质量高的财务顾问能够及时解答客户疑问，提供高效的解决方案，确保交易顺利进行。

同时，财务顾问的市场声誉也是选择时的一个关键因素。声誉好的财务顾问通常拥有广泛的客户资源和成功的案例，他们的专业水平和道德标准已得到市场的广泛认可。对于企业而言，与有声誉的财务顾问合作，不仅能够获得更高水平的服务保障，还能在谈判中为企业带来更强的议价能力。

4. 沟通与协调能力

并购交易中涉及的利益相关方繁多，包括买方、卖方、管理层、股东、债权人、法律顾问、税务顾问等多个方面。财务顾问在其中需要发挥协调和沟通的桥梁作用。一个优秀的财务顾问应具备强大的沟通能力，能够与不同的利益相关方有效沟通，并在各方的需求和立场之间寻找平衡。

同时，财务顾问还需要具备一定的谈判技巧，在复杂的并购谈判中能够帮助企业争取最有利的条件。在这个过程中，顾问不仅要有专业的技术分析能力，还需要具有良好的谈判策略和高超的人际沟通技巧。通过协调各方利益，财务顾问能够推动交易的顺利进行，确保交易各项条款符合企业的最大利益。

5. 创新解决问题与风险管理能力

并购交易中的复杂问题和风险往往是不可避免的，因此，财务顾问的创新能力和风险管理能力显得尤为重要。财务顾问需要具备灵活的思维方式，能够在面对复杂问题时提出创新的解决方案。例如，交易过程中可能涉及如何规避某些税务风险、如何设计合理的支付结构，或者如何有效解决交易中遇到的法律纠纷等。

此外，风险管理是财务顾问工作中非常重要的一部分。并购交易中涉及的风险类型繁多，包括市场风险、财务风险、法律风险、政策风险等。一个经验丰富的财务顾问能够帮助企业全面识别和评估交易中的潜在风险，并提出针对性的风险控制方案。通过合理的风险分配和管理，财务顾问能够帮助企业降低不确定性，确保并购交易能够顺利完成。

财务顾问在并购交易中的作用至关重要，企业在选择财务顾问时需要从多个维度进行考量。优秀的财务顾问不仅具备深厚的专业知识和行业经验，还具备良好的沟通与协调能力，能够在复杂的交易中提供创新的解决方案和有效的风险管理，将复杂交易转化为清晰路径，让股权交易不再难。随着市场环境的日益复杂，能否找到一个合适的财务顾问将直接影响并购交易的成功与否。一个有能力的财务顾问能够帮助企业在充满挑战的并购市场中把握机会，规避风险，实现长期的可持续发展。

在并购的浩瀚征途上，优秀的财务顾问不仅是交易的导航者，更是企业战略蓝图的建筑师。他们以敏锐的洞察力识别价值与风险，以深厚的专业知识织就交易的安全网，确保每一笔投资都能在未来的岁月中发芽成林。无论是跨越复杂的多方利益，还是在市场波动中稳步前行，他们都是企业腾飞的推手，将并购的潜力转化为持久的市场竞争力。

米度并购合伙人洪再春先生简介

重庆大学材料科学与工程专业学士，澳大利亚拉筹伯大学工商管理硕士，浙江大学管理学院董秘与财务总监精英班 EDP 项目毕业。

20 年董事会秘书执业经验，2002 年起先后取得上交所主板、科创板，深交所主板、创业板董事会秘书任职资格以及中国证监会独立董事任职资格；2003 年起历任多家主板上市公司董事会秘书；2020 年参与某科创板上市项目整体协调和推进工作。

同时具有跨行业上市公司及产业资本规范运作、投融资、产业并购等资本运作和产业投行经验，对上市公司 IPO、再融资、并购重组以及借壳上市等各种运作方式以及信息披露、市值管理工作都有丰富的实操经验。

10

无级变速：无级弹性对赌模型在估值弥合中的作用

张维明

在并购的世界里，对赌协议一直是一把双刃剑。它既能保护投资者的利益，也可能成为企业发展的枷锁。对赌协议的核心在于业绩承诺，这看似公平的机制背后隐藏着巨大的风险。一旦业绩不达标，企业可能面临巨额的赔偿，甚至影响企业的正常运营。这种风险在业绩暴雷时尤为突出，因此，如何管控这种风险成为并购中的重要议题。

在对赌过程中往往会陷入两个误区：一是在并购买卖双方没有深入了解对方的情况下，买卖双方对估值有出入，买方可能出 9 倍估值，卖方可能会出 12 倍估值；二是买卖双方对对赌有误读，卖方忌讳对赌，买方受惯性思维影响想对赌。这两点常常使并购交易铩羽而归、戛然而止。

在交易谈判中，交易技巧固然重要，但是通过在僵局中提出创新方案，掌握节奏，获取双方的进一步信任，是促成交易的重中之重。无级弹性对赌模型，可以让买卖双方直观面对数据，也增加了谈判的武器，提高交易完成度。本文将深入探讨如何通过创新的解决方案来弥合对赌的痛点。

一、无级弹性对赌模型

并购伊始，明确目标至关重要。以往我们注重战略契合，比如通过并购获取新的市场份额、先进技术等，而无级弹性对赌模型在此基础上增添了新的维度。它促使我们更加精准地衡量并购所能带来的潜在价值，不仅仅是从宏观的战略层面，更是深入到具体的业绩预期与风险把控上。

以往只有两种选择：要么进行对赌，要么不对赌。而无级弹性对赌模型则提供了更多的灵活性，允许在不对赌和对赌之间设计出多种方案，我们可以通过设置不同的目标，线性调整 PE 值，找寻买卖双方可以接受的方案，让买卖双方明白对赌在某种意义上是一种或有对价的体现，不是一种绝对风险的行为，这样可使交易更容易完成。

下面通过一个案例来呈现无级弹性对赌模型的应用。假设一家企业承诺的利润是 0.80 亿元，我们可以根据完成比例（100%、80%、70%、60%）来设计不同的对赌结构。通过这种方式，我们可以找到一个双方都能接受的点，从而继续磋商。

1. 刚性对赌

假设公司承诺利润为 0.80 亿元，按照 10 倍 PE 计算估值，实际估值为 8.00 亿元。若未实现承诺的利润，则需要以现金或者股权的方式相应调整初始估值。

若实现利润为承诺利润的 80%，即 0.64 亿元，调整后的估值为 8-（0.8-0.64）×10＝6.40 亿元；若实现利润为承诺利润的 70% 或 60%，调整后的估值分别为 5.60 亿元、4.80 亿元，但 PE 仍为 10 倍。在考虑 20% 所得税的情况下，实现利润为承诺利润的 80%、70%、60% 时，估值分别为 6.08 亿元、5.12 亿元、4.16 亿元（见表 1）。

表 1   刚性对赌下实现不同的对赌比例对应的估值及 PE 数据对比

实现对赌比例（%）	100	80	70	60
实际估值（亿元）	8.00	6.40	5.60	4.80
实际 PE（倍）	10.00	10.00	10.00	10.00

续　表

| 扣除所得税损失估值（亿元） | 8.00 | 6.08 | 5.12 | 4.16 |
| 扣除所得税损失 PE（倍） | 10.00 | 9.50 | 9.14 | 8.67 |

2. 不做对赌

我们原来认为在不做对赌的情况下，对卖方来说利益较大，但是真正用这个模型计算后发现并不是那么简单，要具体去分析。

（1）只补利润。

如果并购协议中不包含任何形式的对赌条款，可能会引起监管机构的关注。通常，为了避免直接的对赌协议，企业可能会采取变通的方式，例如仅对利润进行补偿，即所谓的"利润回退"。这种做法实际上等同于放弃了对赌机制。在这种情况下，如果选择不实施对赌，那么企业的市盈率需要低于原先的水平。假设原先的市盈率为 10 倍，那么在不实施对赌的情况下，市盈率可能会显著下降。合理的市盈率下降区间可能是从 10 倍降至 8 倍。这样的调整有助于反映企业在没有对赌条款支持下的真实价值，并符合监管要求。

若实现利润为承诺利润的 80%、70%、60%，调整后的估值分别为 5.92 亿元、5.68 亿元、5.44 亿元。在考虑 20% 所得税的情况下，实现利润为承诺利润的 80%、70%、60% 时，估值分别为 5.82 亿元、5.54 亿元、5.25 亿元，与刚性对赌估值的差额分别为 -0.26 亿元、0.42 亿元、1.09 亿元（见表 2）。

表 2　　只补利润下实现不同的对赌比例对应的估值及 PE 数据对比

实现对赌比例（%）	100	80	70	60
实际估值（亿元）	6.40	5.92	5.68	5.44
实际 PE（倍）	8.00	9.25	10.14	11.33
扣除所得税损失估值（亿元）	6.40	5.82	5.54	5.25

续　表

与刚性对赌估值的差额（亿元）	-1.60	-0.26	0.42	1.09
扣除所得税损失 PE（倍）	8.00	9.10	9.89	10.93

普遍的观点认为，放弃对赌协议对卖方似乎是有益的，因为它减少了潜在的风险。然而，通过详细的财务模型分析后发现，这种直觉并不总是正确的。对赌协议并非纯粹的风险承担，它实际上为双方提供了风险和收益的双向敞口。具体来说，对赌协议的核心在于它为交易设定了一个目标，如果目标达成，一方可能会获得超出预期的收益。因此，对赌协议的存在不仅是一种风险控制机制，也是一种激励机制，它鼓励双方共同努力以实现更高的业绩目标。

在与客户沟通时，仅凭口头解释可能难以使客户充分理解这一概念。然而，通过使用财务模型进行计算，可以更直观地展示对赌协议对交易价值的影响。这种量化分析有助于客户更清晰地认识到，在某些情况下，保留对赌协议可能比放弃它更为有利。通过这种方式，客户可以基于更全面的信息做出更为明智的决策。

（2）满足一定的业绩承诺只补利润。

在制定并购交易的对赌协议时，最初讨论的结果显著减轻了对赌带来的担忧。这是因为对赌协议本质上是一种有对价的承诺，从数字角度来看，刚性对赌并不一定是最糟糕的结果。实际上，除了刚性对赌，还存在一种被称为"无级对赌"的灵活方案。所谓"无级"，意味着可以线性调整出多种对赌方案，介于刚性对赌和不做对赌这两个极端之间。

例如，在业界常见的做法是，在完成80%业绩目标的前提下，只补偿利润。这种方法在"中科"案例中也得到了尝试。换句话说，不做对赌是有前提条件的，即业绩达到80%的情况下，可以只补偿利润，这种情况下可以不进行刚性对赌，因为只补偿利润在本质上等同于不做对赌。

此外，还可以在完成70%业绩目标的前提下只补偿利润。因此，当出现 80%、70% 等完成比例时，无级对赌方案的优势就显现出来了。无论是在 70%、80%，还是 60%、65% 的完成比例，都可以灵活地进行试算。

只要找到一个双方都能接受的完成比例，相应的市盈率也可以线性调整。例如，如果完成 80%，可以补偿利润而不进行刚性对赌，那么市盈率可能是 9.5、9.2 或 9.1。如果只完成 70%，市盈率可能是 9 或 8.5，市盈率在 8 到 10 之间，可以随着完成比例的调整做线性调整，从 8.1 一直调整到 10，每一步按 0.1 进行调整，甚至可以更低或更高。

在完成 80% 业绩目标的前提下只补利润，模型如表 3 所示。

表 3　在完成 80% 业绩目标的前提下只补利润，实现不同的对赌比例对应的估值及 PE 数据对比

实现对赌比例（%）	100	80	70	60
实际估值（亿元）	7.60	7.12	5.32	4.56
实际 PE（倍）	9.50	11.13	9.50	9.50
扣除所得税损失估值（亿元）	7.60	7.02	4.86	3.95
与刚性对赌估值的差额（亿元）	-0.40	0.94	-0.26	-0.21
扣除所得税损失 PE（倍）	9.50	10.98	8.69	8.23

在完成 70% 业绩目标的前提下只补利润，模型如表 4 所示。

表 4　在完成 70% 业绩目标的前提下只补利润，实现不同的对赌比例对应的估值及 PE 数据对比

实现对赌比例（%）	100	80	70	60
实际估值（亿元）	7.20	7.12	6.48	4.56
实际 PE（倍）	9.00	11.13	11.57	9.50
扣除所得税损失估值（亿元）	7.20	7.02	6.34	3.95
与刚性对赌估值的差额（亿元）	-0.80	0.94	1.22	-0.21
扣除所得税损失 PE（倍）	9.00	10.98	11.31	8.23

通过这个模型，可以计算不同对赌程度的价值，即可以产生不同对赌程度的多种方案。这些方案对应多种估值，通常能够达到最终目的，

即解决估值冲突。这种方法不仅提供了灵活性，交易双方还能够根据实际情况调整对赌条款，以达成双方都能接受的交易条件。

二、总结

总之，无级弹性对赌模型为整个并购过程带来了诸多新的思路和方法，它使并购活动从目标设定到最终整合的各个环节都更加灵活、精准且富有动态性，有助于提升并购的成功率和实现更为可观的协同效应，无疑是并购领域一项极具价值的创新应用。在并购交易中，我们需要不断精进我们的交易技术，深入研究与并购相关的技术。通过深入研究和实践，我们可以找到更多的武器，从而在并购交易中争取更多的主动权。最终，我们的目标是实现买卖双方的共赢，让并购交易更加公平和合理。